成都国际交往
发展报告

（2024）

《成都国际交往发展报告》编委会 / 编

ANNUAL REPORT ON THE DEVELOPMENT
OF INTERNATIONAL EXCHANGES
OF CHENGDU
(2024)

西南交通大学出版社
·成 都·

图书在版编目（CIP）数据

成都国际交往发展报告. 2024 /《成都国际交往发展报告》编委会编. -- 成都：西南交通大学出版社，2025.5. -- ISBN 978-7-5774-0457-8

Ⅰ. D827.711

中国国家版本馆 CIP 数据核字第 2025QJ5443 号

Chengdu Guoji Jiaowang Fazhan Baogao (2024)
成都国际交往发展报告（2024）

《成都国际交往发展报告》编委会　编

策划编辑	黄庆斌　郑丽娟
责任编辑	杨　倩
责任校对	左凌涛
封面设计	墨创文化

出版发行	西南交通大学出版社 （四川省成都市金牛区二环路北一段 111 号 西南交通大学创新大厦 21 楼）
邮政编码	610031
营销部电话	028-87600564　028-87600533
网址	https://www.xnjdcbs.com
印刷	成都蜀通印务有限责任公司

成品尺寸	170 mm×240 mm
印张	17.5
字数	207 千
版次	2025 年 5 月第 1 版
印次	2025 年 5 月第 1 次
定价	80.00 元
书号	ISBN 978-7-5774-0457-8

图书如有印装质量问题　本社负责退换

版权所有　盗版必究　举报电话：028-87600562

Preface 前言

2024年，世界百年未有之大变局加速演进，地缘冲突威胁世界和平稳定，中国大国外交奋发有为，为全球发展事业注入动力，为改善全球治理、应对全球性风险挑战贡献力量，在构建人类命运共同体的伟大征程上留下浓墨重彩的印记。成都主动服务国家总体外交，聚力推进西部对外交往中心建设，努力绘就更加美好的中国式现代化万千气象成都图景。

《成都国际交往报告（2024）》由中共成都市委外事工作委员会办公室、成都市经济发展研究院和成都市社会科学院联合编制，重点关注成都在国家对外开放大局中，主动担当作为深化国际交往的年度进展与成效，并结合先发区域实践经验与专家观点为成都高质量推进国际交往提供参考。本报告包括三个部分："综合篇"总体回顾2024年度成都推进国际交往情况，梳理成都2024年在世界城市体系中的地位和表现，并结合国际形势变化与国家部署安排提出下一步展望。"他山之石篇"聚焦先发城市国际交往特质总结提炼经验做法，为成都深化国际交往提供启示及借鉴。"专家建言篇"聚焦成都国际交往重点领域和关键环节，邀请专家献智献策，为成都进一步深化国际交往实践提供参考。

本报告力求全面客观反映成都推进国际交往的进展成效，以期为政府决策提供有力参考，为相关研究开展提供启发，为社会各界了解和参与成都国际交往提供翔实信息。

Contents 目录

综合篇 >>>

2024年成都在世界城市体系中的地位和表现 …………………………… 3

2024年成都国际交往主要工作及重点成效 …………………………… 17

成都深化国际交往未来展望 …………………………………………… 55

他山之石篇 >>>

北京：聚合国际交往资源 ……………………………………………… 67

上海：坚定国际化大都市目标做强国际平台 ………………………… 73

广州：稳步扩大制度型开放 …………………………………………… 80

深圳：积极提升全球市场"含深度" …………………………………… 85

杭州：坚持数字赋能城市国际化 ……………………………………… 91

专家建言篇 >>>

专家建言篇：服务国家总体外交 ……………………………………… 99

    成都构筑向西开放战略高地和参与国际竞争新基地的路径及建议 99

"双循环"新发展格局下提升成都国际门户枢纽城市能级的措施建议 … 123

专家建言篇：提质经济交往 … 136

新时代推动"成都造"产品出口出海现状、问题及对策 … 136

成都推动对外贸易高质量发展的措施建议 … 151

成都都市圈协同开放提升战略重点及路径举措 … 163

专家建言篇：深化文化交往 … 183

成都城市形象国际传播体系建设的建议
——基于"成都大运会"的考察 … 183

专家建言篇：做优科技交往 … 198

成渝地区加快共建成渝科创走廊的现状及建议 … 198

成都引领成都都市圈协同创新存在的问题及措施建议 … 206

专家建言篇：筑强交往平台 … 216

高质量建设"中欧班列+西部陆海新通道"成都集结中心的建议 … 216

成都参与共建面向印度洋国际陆海大通道的路径及建议 … 224

专家建言篇：优化服务环境 … 236

新发展阶段成都以推动制度型开放提升内外开放水平的路径及举措 … 236

从营商到宜商，世界银行新旧营商环境评估体系的比较分析及对成都的启示 … 257

综合篇

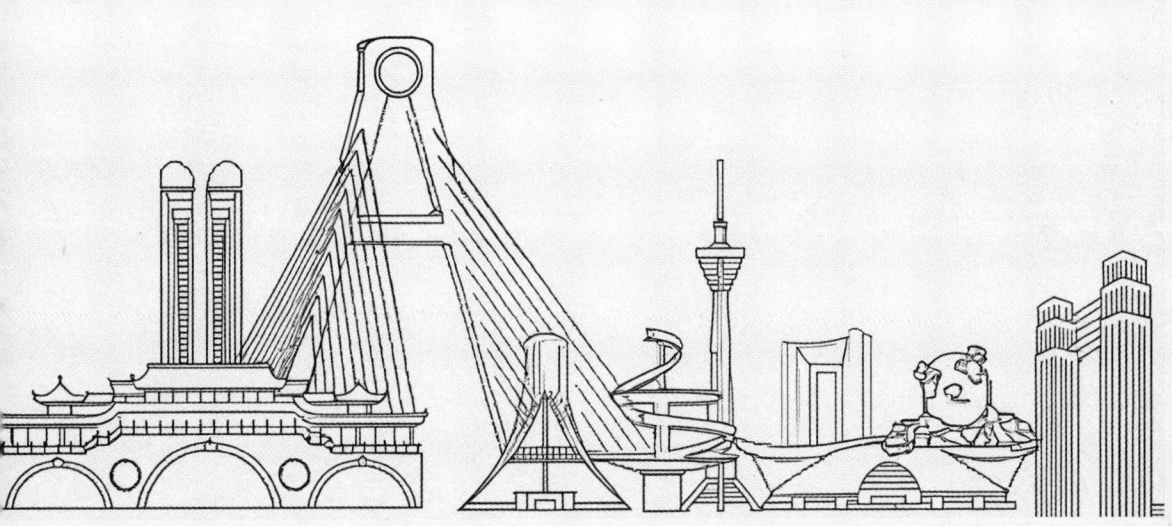

| 综合篇 |

2024年成都在世界城市体系中的地位和表现

2024年,成都紧扣全球时代趋势,主动融入国家、省、市重大战略,深化"五外联动"发展,主动担当服务国家外交大局,聚力推进经济、文化、科技等重点领域对外交往,持续向外展示中国式现代化的万千气象,在世界城市体系中的地位不断攀升。

一、GaWC世界城市排名成都入选Beta+城市居58位

世界城市排名由全球知名智库——全球化与世界城市研究网络(简称GaWC)发布,被誉为"全球关于世界一、二、三、四线城市最权威的排名"[①]。2000年以来,GaWC不定期发布《世界城市名册》,从城市发展水平、综合经济实力、辐射带动能力、人口、国际化联络、国际化交通、吸引外来投资等维度出发,主要衡量城市在全球高端生产服务网络中的地位。该名册将城市被划分为Alpha、Beta、Gamma、Sufficiency(+/-)四个等级(即全球一、二、三、四线),以表明不同城市在全球化经济中的位置及融入度。《2024世界城市名册》部分城市等级如表1-1所示。

在《2024世界城市名册》中,全球共有8个Alpha+(世界一线强

---

① 数据来源:《全球城市排名 成都上升至第58位》,载成都市人民政府网站,2024年10月31日,https://www.chengdu.gov.cn/cdsrmzf/c169603/2024-10/31/content_6b87eb2b953a40e498368d9ae6d4887c.shtml。

城市），我国香港、北京和上海入选；广州上榜 Alpha（世界一线城市）；台北、深圳为 Alpha－（世界一线弱城市）；成都入选 Beta+（世界二线强城市），位列全球第 58 位，较上期排名提升 13 个位次。在激烈的国际竞争和复杂的国际局势之下，成都在世界城市体系中实现位势能级持续上升，展现出强劲的发展韧性与经济活力，是探索超大城市转型发展新路径、加快建设国际门户枢纽城市、以高水平开放推动高质量发展的有力体现。

更优越的通达能力。成都双流国际机场和天府国际机场"两翼齐飞"，国际航线和国际班列网络不断"扩容"，2024 年成功跻身"全球航空大都市二十强"。国庆假期期间，成都创下出入境流量数据最高纪录，出入境人员同比增长 30.6%[①]。

更广泛的市场机遇。成都持续优化营商环境，吸引国内外的优质企业在蓉投资发展。成都推进"进万企、解难题、优环境、促发展"工作，研究解决企业拓展海外市场等关心关切问题，用真招实招为企业纾困解难。2024 年，英特尔、林德、日本出光兴产等多家世界 500 强纷纷在成都加码投资。

更广阔的交流舞台。成都正高质量建设世界赛事名城、打造国际会展之都，既是营城之路，也是成都跳进世界舞台的路径与机遇，带动掀起来蓉热潮。为期 186 天的 2024 年成都世界园艺博览会举办活动 3000 场，吸引千万游客到访参观[②]。在过境免签政策的加持下，2024 年成都

---

① 数据来源：《全球城市第 58 位！揭开成都"跃升"背后的活力密码》，载成都市发展和改革委员会网站，2024 年 10 月 31 日，https://cddrc.chengdu.gov.cn/cdsfzggw/fzggdt/2024-11/01/content_92242082cd604c4c905c421fbc49c8c1.shtml。

② 数据来源：《成都文旅市场生机勃勃》，载成都市统计局网站，2024 年 12 月 4 日，https://cdstats.chengdu.gov.cn/cdstjj/c154785/2024-12/04/content_e96f9c5455694dababee18f56e12764e.shtml。

接待入境游客同比增长 1.67 倍①。

表 1-1 《2024 世界城市名册》部分城市等级

Alpha++	Alpha+	Alpha	Alpha−	Beta+
伦敦	香港	首尔	卢森堡	波哥大
纽约	北京	米兰	台北	胡志明市
	新加坡	多伦多	深圳	罗马
	上海	法兰克福	布鲁塞尔	班加罗尔
	巴黎	芝加哥	苏黎世	布达佩斯
	迪拜	雅加达	布宜诺斯艾利斯	雅典
	东京	圣保罗	墨尔本	汉堡
	悉尼	墨西哥城	旧金山	多哈
		孟买	利雅得	**成都**
		马德里	圣地亚哥	迈阿密
		华沙	杜塞尔多夫	天津
		广州	斯德哥尔摩	达拉斯
		伊斯坦布尔	华盛顿特区	亚特兰大
		阿姆斯特丹	维也纳	奥克兰
		曼谷	里斯本	巴塞罗那
		洛杉矶	慕尼黑	杭州
		吉隆坡	都柏林	布加勒斯特
			休斯敦	利马
			柏林	蒙特利尔
			约翰内斯堡	布拉格
			波士顿	
			新德里	

资料来源:《2024 世界城市名册》。

① 数据来源:《奋进创新,成都踏上"风火轮"》,载《瞭望东方周刊》,2025 年第 5 期。

二、科尔尼全球城市指数成都提升至全球第79位

科尔尼全球城市指数由科尼尔管理咨询公司联合国际顶级学者与智库机构共同发布，是衡量一个城市吸引、留住和促进全球资本、人才和创意流动的综合性指标，评价维度包括商业活动、人力资本、信息交流、文化体验和政治事务五个方面。科尔尼全球城市指数报告由《全球城市综合排名》（GCI）和《全球城市潜力排名》（GCO）构成，分别对城市发展现状和城市未来发展前景进行评估。2024年度指数分别综合分析了全球156个城市，包含中国城市31个。结果显示，中国各城市活力持续复苏，北京、香港、上海等城市排名总体稳定，杭州、无锡等加速赶超。2024年全球城市综合排名（前90位）如表1-2所示。

报告显示，成都2024年全球排名上升至第79位，较上年提升4位，并首度进入前80名，标志着成都进入了一个全新的国际化发展阶段。2024年，成都持续保持在全球城市中的表现，主要归功于文旅火热、枢纽能级以及城市幸福感提升等因素。文旅方面，成都聚力打造世界文化名城，成功举办汤尤杯、世界园艺博览会等国际大型赛会活动，并带动众多高规格活动演出落地，跻身全国音乐演艺"第三城"；"到成都街头走一走"等系列文旅活动持续展示"中国式现代化的万千气象"，2024年累计接待游客突破3亿人次[①]。枢纽能级方面，成都扎实推进国际门户城市建设，"两场一体"高效协同，2024年实现旅客吞吐量8733.6万人次、货邮吞吐量102.8万吨[②]；国际班列联通境外城市增至118个，中欧班列

[①] 数据来源：《游客破3亿人次，成都谋划更多"爆款"》，载成都发布微信公众号，2025年3月31日。

[②] 数据来源：《再创新高成都国际航空枢纽2024年旅客吞吐量超8700万人次》，载四川省人民政府网站，2025年1月9日，https://www.sc.gov.cn/10462/10464/10465/10595/2025/1/9/58b0eb3b2441449581f1d8c924bbdb6e.shtml。

（成渝）开行量超5700列，成为中国开行量最多、区域合作最广泛、运输最稳定的中欧班列[①]。城市幸福感方面，成都是中国最具活力和幸福感的城市之一，"雪山下的公园城市、烟火里的幸福成都"特质鲜明，连续16年位居"中国最具幸福感城市"榜首，幸福宜居成为吸引和留住人才、资本等资源要素的重要因素。

表1-2 2024年全球城市综合排名（前90位）

城市	排名 2024年	较2023年	城市	排名 2024年	较2023年	城市	排名 2024年	较2023年
纽约	1	0	罗马	31	↑6	华沙	61	↑4
伦敦	2	0	法兰克福	32	↓5	明尼阿波利斯	62	↑9
巴黎	3	0	亚特兰大	33	↑1	赫尔辛基	63	↑5
东京	4	0	曼谷	34	↑11	利雅得	64	↓3
新加坡	5	↑2	休斯敦	35	↑4	波哥大	65	↓2
北京	6	↓1	墨西哥城	36	↓8	里约热内卢	66	↑10
洛杉矶	7	↑1	斯德哥尔摩	37	↑3	新德里	67	↓3
上海	8	↑5	苏黎世	38	↓6	深圳	68	↑5
香港	9	↑1	圣保罗	39	↑7	利马	69	↓7
芝加哥	10	↑1	温哥华	40	↓2	约翰内斯堡	70	↓12
首尔	11	↑3	里斯本	41	↑3	珀斯	71	↓15
多伦多	12	↑3	慕尼黑	42	↓11	开罗	72	↓12
马德里	13	↓1	达拉斯	43	↑5	杜塞尔多夫	73	↓6
旧金山	14	↑3	都柏林	44	↓1	雅加达	74	0

[①] 数据来源：《成都国际班列境外站点增至119个》，载成都市人民政府网站，2025年1月2日，https://www.chengdu.gov.cn/cdsrmzf/c169603/2025-01-02/content_b3070417779a437fb9b2da2fcf3845e3.shtml。

续表

城市	排名 2024年	排名 较2023年	城市	排名 2024年	排名 较2023年	城市	排名 2024年	排名 较2023年
华盛顿特区	15	↑4	日内瓦	45	↓9	夏洛特	75	—
布鲁塞尔	16	↓10	哥本哈根	46	↓5	卢森堡	76	↓1
墨尔本	17	↓8	布拉格	47	0	杭州	77	↑1
悉尼	18	0	西雅图	48	↓6	马尼拉	78	↓8
伊斯坦布尔	19	↑6	大阪	49	↑3	**成都**	**79**	**↑4**
柏林	20	↓4	费城	50	↑4	菲尼克斯	80	↑8
阿姆斯特丹	21	↓1	多哈	51	↓1	名古屋	81	↓2
巴塞罗那	22	↑2	广州	52	↑3	圣彼得堡	82	↑3
波士顿	23	↑3	圣地亚哥	53	↓2	南京	83	↑10
迪拜	24	↓1	奥勒松	54	↓5	吉达	84	↓3
迈阿密	25	↑5	吉隆坡	55	↑17	萨格勒布	85	↓5
莫斯科	26	↓5	布达佩斯	56	↑13	科威特城	86	↑1
维也纳	27	↑2	特拉维夫	57	0	横滨	87	↑9
米兰	28	↑7	台北	58	↑1	基辅	88	↑4
布宜诺斯艾利斯	29	↓7	阿布扎比	59	↑7	武汉	89	↑9
蒙特利尔	30	↑3	孟买	60	↓7	开普敦	90	↓6

资料来源：2024年《全球城市指数报告》。

三、全球金融中心指数（GFCI 36）成都居全球39位

全球金融中心指数由英国智库 Z/Yen 集团与中国（深圳）综合开发研究院联合发布，该指数从营商环境、人力资本、基础设施、金融业发展水平、声誉等方面对全球主要金融中心进行评价和排名。2024年，第

35、36期全球金融中心指数先后发布，在新的经济金融环境下，金融中心发展呈现新特征和新动向。全球十大金融中心排名依次为纽约、伦敦、新加坡、香港、旧金山、洛杉矶、上海、华盛顿、芝加哥、日内瓦。国内上海、深圳、北京三大金融中心表现稳定，青岛、南京、西安、大连等"后发"城市正逐渐凸显国际化特征。全球金融中心指数35~36期中国内地部分城市排名如表1-3所示。

成都在第36期全球金融中心指数中排名第39位、较第35期提升4位；同时，在金融科技专项排名全球第17位，居我国中西部第一。成都作为世界上首张纸币——交子的诞生地，推动西部金融中心建设成绩斐然，得益于金融机构平台聚集、金融服务、金融科技创新等多个方面持续发力。金融平台机构方面，成都集聚上交所西部基地、深交所西部基地、新三板西南基地、中欧国际交易所西部中心等区域性资本市场基地，是全国唯一拥有三大交易所区域基地的城市，2024年，成都市境内外上市公司总数达149家、居中西部地区第1位，其中A股120家[①]。金融科技方面，成都继央行数字人民币试点、金融科技创新监管试点之后，又获批国家级金融科技创新试点——资本市场金融科技创新试点。同时，成都将金融科技纳入重点产业链培育，打造全国首个金融科技创孵平台——交子金融梦工场，集聚金融科技企业超280家、金融科技从业人员6600余名[②]。金融开放方面，成都主动服务"一带一路"建设，积极开展跨境金融服务创新，多式联运"一单制"融资等模式持续助力国际班列高效开行，成功实现四川省第一支QFLP基金落地并率先到资，为合格境外投资者开展境内投资、进行全球化资产配置提供资金渠道。

---

① 数据来源：2024年成都市《政府工作报告》主要目标任务实施情况，载成都市人民政府网站，https://www.chengdu.gov.cn/cdsrmzf/c174167/zfgzbg_2024.shtml。
② 数据来源：《解码"成都金融"之三：立足"建圈强链"加快推动成都金融科技产业发展》，载新华网，2024年1月24日，http://www.sc.xinhuanet.com/20240124/eba849b3cb554917a6bdc1a97d3b522c93/c.html。

表 1-3　全球金融中心指数 35~36 期中国内地部分城市排名

金融中心	GFCI 35		GFCI 36	
	中国内地城市排名	全球排名	中国内地城市排名	全球排名
上海	1	6	1	6
深圳	2	11	2	9
北京	3	15	3	18
青岛	5	31	4	31
广州	4	29	5	34
成都	6	43	6	39
大连	7	59	7	65
杭州	10	71	8	72
南京	8	63	9	77
天津	9	65	10	78
武汉	12	91	11	82
西安	11	90	12	94

资料来源：第 35~36 期全球金融中心指数报告（GFCI 35~36）。

四、全球创新指数（GII）成都居科技集群第 23 位

全球创新指数（GII）由世界知识产权组织、康奈尔大学以及欧洲工商管理学院联合创立，该指数是对全球经济体创新能力表现的综合评价。2024 年，全球创新指数综合考量全球经济复苏迟缓、地缘政治冲突持续等因素，从制度、人力资本与研究、基础设施、市场成熟度、商业成熟度、知识与技术产出、创意产品七个方面出发，采用 78 项指标对全球 133 个经济体的全球创新趋势进行研判评价。报告显示，2024 年，瑞士、瑞典、美国、新加坡、英国创新力领先；中国、土耳其、印度、越南、

菲律宾进步最快。我国在全球经济体中排名第 11 位，仍是全球创新指数排名前 30 位中唯一的中等收入经济体；在百强科技集群中我国拥有 26 个，连续第二年居第一。2024 年全球创新指数（GII）全球科技集群前 30 强排名如表 1-4 所示。

在《2024 年全球创新指数报告》针对科技集群的专题中，成都位列全球科技集群第 23 位，较 2023 年提升 1 个位次，在入榜中国城市中排名第 9。2024 年，成都在全球科技创新集群中进位，是聚焦在推进科技创新和科技成果转化上同时发力，对科技创新的持续投入和驱动发展的生动体现，以及扎实推进具有全国影响力的科技创新中心建设的成果。技术创新方面，成都充分发挥高等院所、科创企业等研发机构，以及西部（成都）科学城等高能级平台优势，大力吸引集聚创新主体和科研人才，加强研发投入，为科技创新注入强劲动能。2024 年，成都国家级科技创新平台达 146 家、高新技术企业突破 1.4 万家、全球独角兽企业增至 9 家、位居中西部第 1①，获评"外籍人才眼中最具吸引力的中国城市"；2024 年 PCT 专利申请量达 2331 件。科技成果转化方面，成都将科技成果转化作为"一号工程"，推出"中试+研发+孵化+基金+应用场景"的"中试+"生态，推动科技成果转化实现闭环。成都科创生态岛 1 号馆正式运行后，截至 2024 年共引入科创服务机构 100 余家、链接中试平台 113 家②；2024 年成都技术合同成交额达 1931.3 亿元、同比增长约 28.0%③。

---

① 数据来源：《成都：向新而行 创新指数升至全球第 23 位》，载成都市人民政府网站，2024 年 12 月 31 日，https://www.chengdu.gov.cn/cdsrmzf/c174546/2024-12/31/content_e7087a55b5ec4ef591929fdc57158d09.shtml。

② 数据来源：《成都科创岛：创新转化服务区全面呈现》，载成都市人民政府网站，2024 年 12 月 1 日，https://www.chengdu.gov.cn/cdsrmzf/c169603/2024-12/01/content_0d1c921006ad47d9a8106423e77a96e6.shtml。

③ 数据来源：《经济日报：成都科技成果落地生金》，载成都市人民政府网站，2025 年 3 月 3 日，https://www.chengdu.gov.cn/cdsrmzf/c169606/2025-03/03/content_4de39216a08849cc8e51427c29fc796b.shtml。

表1-4 2024年全球创新指数（GII）全球科技集群前30强排名

科技集群	2024年排名	2023年排名	科技集群	2024年排名	2023年排名
东京—横滨	1	1	洛杉矶	16	16
深圳—香港—广州	2	2	大田	17	18
北京	3	4	西安	18	19
首尔	4	3	华盛顿特区—巴尔的摩	19	17
上海—苏州	5	5	青岛	20	23
圣何塞—旧金山	6	6	伦敦	21	20
大阪—神户—京都	7	7	慕尼黑	22	22
波士顿—剑桥	8	8	**成都**	23	24
南京	9	11	西雅图—华盛顿州	24	21
圣地亚哥	10	9	台北—新竹	25	27
纽约州纽约市	11	10	阿姆斯特丹—鹿特丹	26	26
巴黎	12	12	科隆	27	25
武汉	13	13	得克萨斯州休斯敦	28	28
杭州	14	14	斯图加特	29	29
名古屋	15	15	特拉维夫—耶路撒冷	30	30

资料来源：2024年《全球创新指数（GII）报告》。

五、成都国际传播影响力居全国第5位

由参考消息报社、新华社新闻信息中心和新华社研究院联合主办的《中国城市海外影响力分析报告》是综合评价我国城市国际传播的权威报告。报告重点追踪分析中国城市海外影响力现状与趋势，为讲好中国城市故事、传播好中国城市声音提供建言和参考。《中国城市海外影响

力分析报告（2024）》以省会城市（不含港澳台地区）、副省级城市、特色地方城市等100座城市为研究对象，从海外交往连接度、海外媒体呈现度、海外网络关注度、海外旅游美誉度、海外智库热评度五大维度，对城市国际传播工作进行剖析。

《中国城市海外影响力分析报告（2024）》显示，城市海外影响力基本形成五个梯队，其中，北京、上海处于国际传播第一梯队，深圳、广州、成都和杭州处于第二梯队，成都居全国第5位，并入选"海外社交亲和力领军城市""城市（区）国际传播示范案例"。2024年，成都以中国式现代化为引领，积极构建对外传播话语体系，区域化、分众化开展国际营销宣传，多渠道多维度在全球讲好中国故事、城市故事。搭建传播平台方面，成都组建多语种的国际传播专业团队，自主运营全球主流社交媒体账号Chengdu Plus，覆盖多个主流海外社交平台，有效触达130多个国家和地区①。2024年，Go Chengdu海外平台11个视频播放量超1 000万人次，账号传播力、内容影响力和用户活跃度均不断攀升。借势借力宣传方面，2024年成都以举办世界园艺博览会、国际乒联混合团体世界杯、汤尤杯羽毛球赛等为契机，利用新媒体账号矩阵，通过专题宣传片、动态视频等多种方式，面向世界讲好成都活力蓬勃的发展故事、市民的幸福生活故事。开展交流活动方面，成都策划"5+5+N"媒体城市采风活动线路，邀请来蓉参会的驻华使领馆官员、友城代表、国际机构代表、运动员、裁判员、媒体等走进大运场馆、科幻馆、成都国际铁路港、大熊猫基地等点位深入体验，到成都街头走走看看，感知古蜀文明、三国文化、大熊猫文化、幸福社区和乡村振兴。

---

① 数据来源：《成都获评"中国国际传播综合影响力先锋城市""国际沟通力领军城市""中国城市（区）国际传播示范案例"》，载CDRTV国传中心Chengdu Plus微信公众号，2024年1月27日。

专栏 1-1	《中国城市海外影响力分析报告（2024）》成都国际传播案例

> 为更好地让中国城市形象深入海外受众内心，搭建世界青少年友谊桥梁，成都积极打造交流品牌。从 2017 年起，成都充分发挥自身独特优势，精心策划并成功举办八季"'熊猫小记者'全球追访'一带一路'大型公益新闻接力行动"。该行动以青少年为参与主体，通过深入追访"一带一路"共建国家和地区，广泛开展形式多样的文化交流活动，搭建起中外青少年友谊的桥梁，形成品牌积累效应。2024 年 8 月，成都市精心策划并成功实施"'熊猫小记者'全球追访'一带一路'大型公益新闻接力行动"第八季（夏季），巧妙结合中法建交 60 周年、中法文化旅游年、巴黎奥运会、中马建交 50 周年、中阿建交 40 周年，共 34 名青少年作为文化传播使者，先后到访法国、瑞士、马来西亚、阿联酋 4 个国家 6 座城市。其间，共计开展含大使采访、文化探访、路演快闪、教育互鉴、美食体验等在内的 50 余场文化交流活动，海外宣传覆盖国际受众超 5000 万人。

六、"全球体育之都"成都跻身前 10 位

《全球城市体育发展报告》——《全球体育之都报告：奥林匹克生态系统》由国际专业体育智库量子咨询与英国杜伦大学商学院联合发布。"全球体育之都"是指在全球范围获得运动员、体育迷和体育组织关注，成为国际体育赛事主要举办目的地的城市，通常具备完善的体育基础设施、蓬勃的体育文化以及良好的体育生态。本次报告综合考量 2021—2028 年已举办或将举办赛事的数量、规模、规格和认可度，研究范围覆盖 95 个体育大项、156 个版权赛事和 355 个单届赛事，分析全球各大城市在奥林匹克生态系统下的国际赛事影响力。在本报告中，巴黎、布达佩斯、东京居前三位，北京凭借"双奥之城"的优势排名第 4。全球体育之都城市前 15 强如表 1-5 所示。

该报告显示，成都凭借第 31 届世界大学生夏季运动会、即将举办的

世界运动会等4项重大国际赛事优势,以1670的总得分在全球体育之都中排名第8位。成都在全球体育之都中的表现得益于世界赛事名城建设深入推进,坚持办赛营城兴业惠民一体推进,充分发挥赛事"乘数效应",推动赛事流量转化为城市活力。载体设施建设与赛事引进方面,成都高标准建设了东安湖体育公园、凤凰山体育公园等大型场馆设施,并推动各区(市)县"一场一馆一池两中心"基本实现覆盖,为赛事引进提供了良好的空间承载。2024年,成功举办国际乒联混合团体世界杯、汤尤杯羽毛球赛、霹雳舞世锦赛、世界体育舞蹈大赛等高能级赛事。赛事流量转化方面,成都充分发挥赛事溢出效应,大力发展文创、旅游、餐饮、住宿、商业等赛事关联产业,推动文体旅娱消费深度融合,为经济增长添加新动能。2024年,成都体育产业总规模突破1300亿元、体育消费总规模突破750亿元,分别同比增长约12%、13%[①]。成都国际乒联混合团体世界杯吸引近10万人次观众到场、带动消费3.8亿元;同时,成都高效利用各类场馆,推动演唱会、音乐节等演艺活动高频举办,共举办音乐演出5810余场,整体消费带动达63.5亿元[②]。体育文化培育方面,成都在举办大型赛事的同时积极为市民创造更多运动便利,打造一系列居民健身馆、社区多功能运动场等"家门口"运动空间,高质量构建"运动成都15分钟健身圈",运动健身及观赛参赛氛围浓烈。2024赛季中超联赛成都蓉城主场观赛总人数近60万人,每场平均上座数近4万人,上座率再次冠绝中超联赛,"金牌球市"魅力持续彰显[③]。

---

① 数据来源:《回顾2024赛事名城"拼"出产业新图景》,载运动成都微信公众号,2025年1月6日。
② 数据来源:《成都,变赛事和演唱会为"带货王"?》,载每日经济新闻网站,2025年2月26日,https://www.nbd.com.cn/articles/2025-02-26/3767215.html。
③ 数据来源:《回顾2024,赛事名城的名赛》,载成都体育产业商会微信公众号,2024年12月26日。

表 1-5　全球体育之都城市前 15 强

排名	城市	国家	赛事举办数量（2021-2028 年）	举办赛事总得分
1	巴黎	法国	5	2746
2	布达佩斯	匈牙利	7	2350
3	东京	日本	4	2075
4	北京	中国	2	1800
5	米兰	意大利	6	1763
6	多哈	卡塔尔	3	1710
7	贝尔格莱德	塞尔维亚	5	1680
8	**成都**	**中国**	**4**	**1670**
9	洛杉矶	美国	4	1385
10	柏林	德国	3	1130
11	塔什干	乌兹别克斯坦	4	1080
12	新加坡	新加坡	3	1040
13	格拉斯哥	英国	3	1005
14	伯明翰	英国	2	1000
15	哥本哈根	丹麦	4	989

资料来源：最新一期《全球体育之都报告：奥林匹克生态系统》。

| 综合篇 |

2024年成都国际交往主要工作及重点成效

本年度报告通过构建国际交往活跃度综合评价指标体系，测度成都深化国际交往总体水平。国际交往活跃度综合评价指标体系设置国家外交担当力、国际经贸竞争力、国际文化影响力、国际科技引领力、交往平台支撑力、服务环境吸引力 6 个一级指标、36 个二级指标，并采用客观赋权的熵值法①进行国际交往活跃度指数计算（见表 1-6）。其中，国家外交担当力指数衡量城市主动服务国家外交大局的参与度；国际经贸竞争力指数衡量城市参与全球经济的规模与质效；国际文化影响力指数衡量城市推进文化在国际交流互鉴所产生的影响广度和深度；国际科技引领力指数衡量城市在全球创新体系中对科技的集聚运筹转化能力；交往平台支撑力指数衡量城市链接国际、彼此交互的功能性枢纽或窗口发展水平；服务环境吸引力指数衡量城市为吸引国际国内高端资源要素创造的环境水平。

---

① 熵值法是一种依赖于数据本身离散性的客观赋值法，该方法根据各项指标观测值所提供的信息大小来确定指标权重，并利用指标权重计算综合得分，从而实现对多对象、多指标的综合评价。
计算步骤：第一步构建评价矩阵；第二步数据标准化处理；第三步计算信息熵 $e_j = -\frac{1}{lnk}\sum_{i=1}^{n} p_{ij} ln p_{ij}, 0 \leqslant e_j \leqslant 1, i = 1 \cdots n, j = 1 \cdots m$；第四步计算差异性系数 $d_j = 1 - e_j$，$0 \leqslant d_j \leqslant 1$，$j = 1, \cdots m$；第五步计算评价指标权重 $w_j = \frac{d_j}{\sum_{j=1}^{m} d_j}$，$0 \leqslant d_j \leqslant 1$，$j = 1, \cdots m$，$w_1 + w_2 + w_3 + \cdots + w_i = 1$；第六步计算综合得分 $S_i = \sum_{j=1}^{m} w_j X_{ij}', 0 \leqslant S_i \leqslant 1, i = 1, \cdots n, j = 1, \cdots m$。

表1-6 成都国际交往活跃指数指标体系

序号	一级指标	二级指标	单位
1	国家外交担当力	获批在蓉设立领事机构国家	个
2		国际友好城市和友好合作关系城市数	个
3		加入国际组织数	家
4	国际经贸竞争力	外商直接投资（FDI）	亿美元
5		对外直接投资额	亿美元
6		货物进出口总额	亿元
7		世界500强企业数	家
8		全球金融中心指数排名[①]	—
9	国际文化影响力	举办国际性展会数	次
10		举办国际性赛事数	次
11		入选世界文化遗产名录数	个
12		博物馆数量	个
13		入境游客数	万人次
14		旅游外汇收入	亿元
15		中国城市海外影响力排名[②]	—
16	国际科技引领力	在蓉高等院校数	所
18		世界一流学科排名[③]	—
19		PCT国际专利申请量	件
21		全球创新指数（GII）排名[④]	—
22	交往平台支撑力	国际（地区）航线数	条
25		航空旅客吞吐量	万/人次
26		航空货邮吞吐量	万吨
27		中欧班列开行量	列

[①] 全球金融中心指数由英国Z/Yen集团与中国（深圳）综合开发研究院联合发布。
[②] 中国城市海外影响力排名由新华社参考消息报社、新华社新闻信息中心和新华社研究院联合发布。
[③] 世界一流学科排名由高等教育评价专业机构软科发布。
[④] 全球创新指数（GII）排名由世界知识产权组织发布。

续表

序号	一级指标	二级指标	单位
28	交往平台支撑力	特殊商品进境指定口岸数量	个
29		综合保税区（保税港区）数量	个
30		国家级新区（园区）数量①	个
31	服务环境吸引力	具有国际化医疗服务能力的医疗机构	家
32		外籍人士子女学校	所
33		外籍人才眼中最具吸引力中国城市排名②	—
34		新设外商投资企业数	万户
35		空气优良天数比率	%
36		城市轨道交通通车里程	公里

总体来看，成都主动服务国家对外交往大局，积极推进经济、文化、科技等各领域国际交往。成都国际交往活跃度持续提升，2020—2024年国际交往活跃度指数由0.283提升至0.780。成都聚力推进国际对外交往中心建设，国际交往活跃度指数加快增长，尤其2023年疫情防控转段后，国际交往活跃度指数进一步提升（见图1-1）。

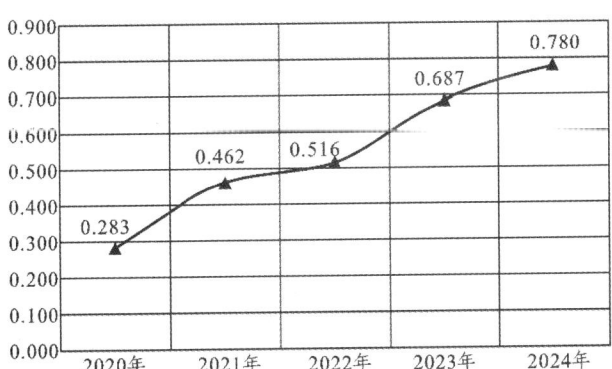

图1-1 2020—2024年成都国际交往活跃度综合指数

---

① 此处国家级新区（园区）为自贸试验区、国家级新区、国家级经开区、国家级高新区、经济特区等国家级园区数量加总。

② 外籍人才眼中最具吸引力中国城市排名由人社部国外人才研究中心发布。

服务国家总体外交方面，成都不断强化外事活动保障，高效能加强外事统筹、高水平承办重大活动，结合国际性赛事、会议等策划外事活动，获批在蓉领事机构数量、建立国际友好城市和友好合作关系城市数量均实现较大增长，国家外交担当力指数由0.030提升至0.093。经济交往方面，成都扎实推进开放型经济高质量发展，面对全球经济疲软等不利影响，经济交往仍展现出强劲韧性，世界500强企业持续聚集，外商直接投资规模保持中西部领先，外贸结构不断优化，国际经贸竞争力指数由0.049提升至0.092。文化交往方面，成都突出文化融汇，高水平举办科幻大会等国际性展会，持续开展"成都·欧洲文化季""成都国际非物质文化遗产节"等文化活动，面向世界舞台展现成都文化魅力；虽然受新冠疫情影响，2020—2022年成都国际文化影响力指数波动明显，但随着疫情防控转段，成都国际文化影响力指数逐渐恢复向好，2024年提升至0.117。科技交往方面，成都依托在蓉高校、大科学装置、科创平台等资源优势，主动融入全球创新网络，持续增强开放创新能力，在全球科技创新集群表现亮眼，国际科技引领力指数由0.038提升至0.148。交往平台支撑方面，成都扎实推进国际门户枢纽城市建设，以通道平台为支撑推动高质量国际交往，航空枢纽辐射能力显著增强、国际班列持续向外拓展、多式联运更加高效、开放平台改革创新成果不断涌现，交往平台支撑力指数由0.074提升至0.195。国际化环境建设方面，成都以提升国际交往品质为目标，不断优化国际化营商环境，持续完善国际医疗、教育等配套，促进国际交往环境体系提质升位，服务环境吸引力指数由0.072提升至0.134（见图1-2）。

| 综合篇 |

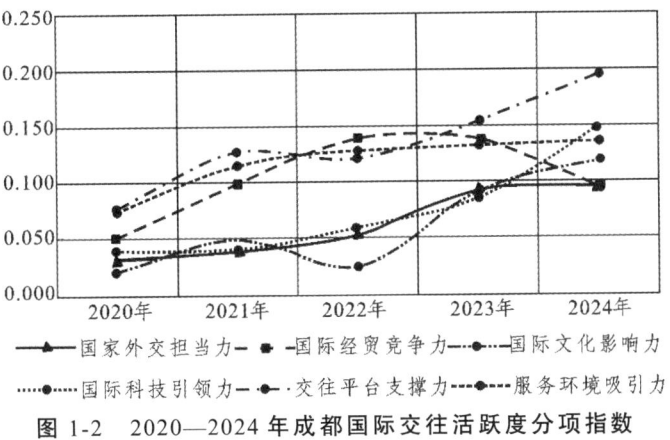

图 1-2 2020—2024 年成都国际交往活跃度分项指数

后续,本报告将结合成都国际交往发展最新进展,适时与相关研究机构开展合作,不断完善综合评价指标体系,推动国际交往活跃度指数成为可持续、专业化评价城市国际交往发展水平的综合性指标。

一、全力服务国家总体外交大局

(一)高水平承接重大活动

2024年中国—中亚外长第五次会晤圆满举行,六国外长就落实首届中国—中亚峰会成果、全方位推进中国—中亚合作进行深入沟通,会晤发布《中国—中亚外长第五次会晤联合声明》。2024年成都世界园艺博览会成功举办,围绕"公园城市、美好人居"为主题向世界展示人与自然和谐共生的生动实践,海外城市、地区和驻华使节团组、多国驻蓉(渝)领事官员出席世园会开幕式和相关配套活动的组织;多个成都国际友城代表团相聚世园会主会场共同庆祝成都国际友谊馆正式落成开馆。

> **专栏1-2　位于2024成都世园会主会场的成都国际友谊馆**
>
> 　　成都国际友谊馆位于世园会主会场，整体建筑共三层，分为四个主要篇章："魅力蓉城·开放之都""以心相交·成其久远""邂逅五洲·友城风采""凝聚友谊·放眼世界"，全方位展示成都与世界在经济、科技、产业、人文等领域的交流合作。整个展馆空间除满足展品展示、储藏、咨询、讲解等基本运营需求外，还可用于举办小型国际会议、跨文化沙龙，文创产品展销及承接国际性临展等。2024年4月26日来自世界各地的多个成都国际友城代表团相聚2024成都世园会主会场，共同庆祝成都国际友谊馆正式落成开馆。
>
>

（二）国际"朋友圈"持续扩容

驻蓉领事机构持续增长。巴西驻成都总领事馆顺利开馆，截至2024年，外国获批在蓉设立领事机构数量达23家、居中西部城市第1位①，继续保持内地领馆"第三城"优势。

---

① 数据来源：《活力成都　开放格局·整体跃升》，载成都市人民政府网站，https://www.chengdu.gov.cn/cdsrmzf/c169581/hlcd.shtml。

| 综合篇 |

> **专栏 1-3　巴西驻成都总领事馆开馆**
>
> 2024年6月27日,巴西驻成都总领事馆在成都举行开馆仪式,领区范围包括四川省、重庆市、贵州省、云南省和陕西省,塞萨尔·阿马拉成为首任巴西驻成都总领事。巴西驻成都总领事馆是巴西在我国内地设立的第三家领事机构。
>
>

国际友城合作拓展深化。2024年,成都与突尼斯首都突尼斯市、塞舌尔首都维多利亚市、澳大利亚墨尔本市建立友好合作关系;同时,与俄罗斯叶卡捷琳堡市升级为国际友好城市,国际友城和友好合作关系城市总数增至238个(市级113个,区市县125个),成都国际"朋友圈"进一步拓宽①(见图1-3)。成都以中法建交60周年为契机,邀请法国蒙彼利埃市市长代表团到访,签署《中华人民共和国成都市与法兰西共和国蒙彼利埃2025至2030年友城合作备忘录》;同时,以中美建交45周年为纽带,接待美国哥伦比亚大学青年学生代表团、美中贸易全国委员会代表团、美国青年自媒体代表团等重要团组,并促成美国费城交响乐团来蓉演出。在2024中国国际友好城市大会上,成都荣获"国际友好城市杰出贡献奖"。

---

① 数据来源:《国际蓉 2024 | 民间外交篇 Chengdu in 2024 | People-to-People Diplomacy》,载国际蓉微信公众号,2025年1月27日。

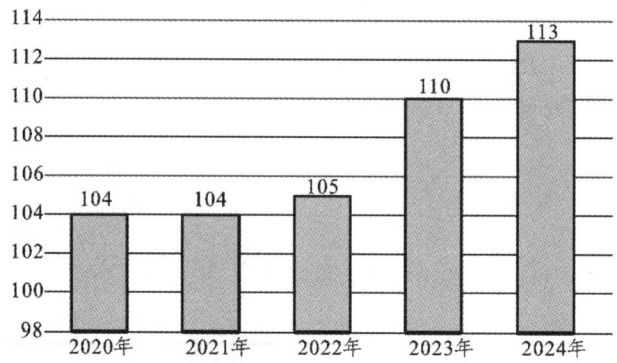

图 1-3 2020—2024 年成都国际友好城市和友好合作关系城市数量（单位：个）

数据来源：根据中共成都市委外事工作委员会办公室网站数据整理。

（三）外事（港澳）资源转化提质增效

搭建平台服务产业建圈强链。成功举办 2024 年领事官员新春联谊会、领事官员运动会、"领事官员区（市）县行——走进成都高新区"等活动，促进领馆资源转化。持续放大"蓉欧产业对话"品牌效应，为百余家中外企业搭建交流对接平台，服务产业建圈强链。2024 年，成功举办第八届意大利可持续发展日暨蓉欧产业对话、"蓉欧产业对话"中国（成都）—北欧科技创新合作交流会，有效促进中欧之间的经贸合作与产业交流。

专栏 1-4 2024 年"蓉欧产业对话"重点活动
"蓉欧产业对话"品牌旨在通过举行国际会议、论坛、展会、洽谈会等对欧交流活动，宣传推介成都重点产业领域、重点产业项目、产业功能区和投资机会清单，促进成都与欧洲国家产业资源与产业发展需求精准匹配对接，推动双方持续深化产业务实合作，为中欧交流合作注入新的活力。2024 年 5 月 16 日，"第八届意大利可持续发展日暨蓉欧产业对话"活动在蓉举行，活动设置废水处理、垃圾收集和管理、循环经济、环境监测四个主题，推动部分企业达成初步合作意向。2024 年 11 月 18 日，"蓉欧产业对话"中国（成都）—北欧科技创新合作交流会在成都科创生态岛 1 号馆成功举办，四川天府新区国际合作局、天

府国际技术转移中心承办，来自冰岛、丹麦、芬兰、挪威、瑞典等北欧国家的驻华机构、高校科研院所、科技创新企业及协会代表汇聚一堂，通过产业推介、企业路演、一对一洽谈等形式围绕人工智能、新能源、医疗器械、农业科技等领域，与四川天府新区科创平台、科研院所、科技企业深入开展需求对接，深化蓉欧两地科技创新国际交流合作，助力成都科学城打造成都科技对外交往核心区。

品牌活动助力城市国际影响力提升。举办"成都国际友城青年音乐周""2024成都·欧洲文化季""成都熊猫国际美食荟"、中日韩"东亚文化之都"社交网络大咖行等品牌活动，推动文化、美食等各领域交流。参与世界智慧可持续城市组织执委会会议、世界城市和地方政府联合组织亚太区理事会、世界大都市协会董事局会议等重要国际会议，共绘城市发展蓝图。举办2024智慧城市国际培训项目，向世界展示成都在智慧城市建设领域的优秀案例和丰富经验。

专栏1-5　2024成都·欧洲文化季

"成都·欧洲文化季"自2017年开始举办，是成都携手欧洲国家驻华使领馆、友好城市、文化组织和机构，共同举办的高品质蓉欧文化艺术交流活动，已经成为蓉欧民心相通的友谊之桥、蓉欧文化互鉴的重要平台。截至2024年，"成都·欧洲文化季"已连续举办8年，带来90余场高品质、接地气的文化艺术交流活动，活动免费开放、便捷参与，走进市井街区、深入群众生活。"2024成都·欧洲文化季"举办艺术展、音乐会、电影周等16项（23场次）惠民文化交流活动，是历年文化季中活动场次最多、内容最丰富的一届，也是现场演出最多、覆盖服务范围最广的一届，在四川掀起蓉欧文化交流互鉴的热潮。此外，本次活动举办的开幕式音乐会也是庆祝中法建交60周年的系列活动之一。

二、经济交往提质增效

（一）外贸创新发展动能不断增强

外贸基本盘保持稳定。2024年，成都新增外贸实绩企业591家，实现货物进出口总额8390.0亿元（见图1-4）、同比增长12.1%，进出口规模居中西部城市第1位，进出口增速分别高于全国、全省7.1个和2.7个百分点①。与"一带一路"共建国家市场进出口贸易增长13.5%。外

---

① 数据来源：《关于成都市2024年国民经济和社会发展计划执行情况及2025年国民经济和社会发展计划草案的报告》（书面），载成都市发展和改革委员会网站，2025年3月4日，https://cddrc.chengdu.gov.cn/cdsfzggw/jhbg/2025-03/04/content_5bfbeb3355944192aa93cf011017ee5f.shtml。

贸总量占成都都市圈进出口的总额95%、占四川省进出口总额的80.2%，成为都市圈乃至全省外向型经济主要力量①。

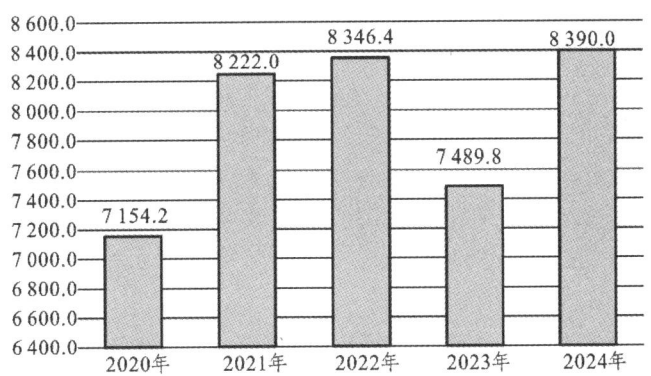

图1-4　2020—2024年成都市货物进出口总额（单位：亿元）
数据来源：根据成都海关发布数据整理。

外贸亮点不断涌现。成都创新支持"千团万企出海"，外贸结构持续优化。出口方面，集成电路、平板电脑、电动汽车等产品出口增幅较大，"新三样"出口增长13.2%，二手车出口增长38.1%，高新技术产品出口增长11.2%、占全市出口总额的66.3%②，出口产品持续向高端化、智能化、绿色化迈进。进口方面，电脑零附件、大宗商品等进口增长较快，有效助力都市圈乃至全省工业生产。消费品进口成为新的亮点和增长点，支撑全省消费品进口增速和净增额位居全国第二，其中，鲜榴梿、鲜樱桃、冰鲜三文鱼进口表现亮眼，来自成都口岸的智利、丹麦（法罗群岛）、

---

① 数据来源：《成都日报：2024年成都都市圈　实现进出口总额8823亿余元　占全省84.37%》，载中华人民共和国成都海关网站，2025年3月3日，http://gec.customs.gov.cn/chengdu_customs/519400/519403/6386751/index.html。
② 数据来源：《关于成都市2024年国民经济和社会发展计划执行情况及2025年国民经济和社会发展计划草案的报告》（书面），载成都发展和改革委员会网站，2025年3月4日，https://cddrc.chengdu.gov.cn/cdsfzggw/jhbg/2025-03/04/content_5bfbeb3355944192aa93cf011017ee5f.shtml。

挪威等地冰鲜三文鱼进口量居全国第二①。

> **专栏 1-6　"成都造"新能源汽车加速走向世界**
>
> 　　成都抢抓新能源产业及人工智能产业发展机遇，聚焦新能源汽车赛道持续发力，以中国重汽集团成都王牌商用车有限公司、成都大运汽车集团有限公司、希迪智驾（成都）科技有限公司等为代表的车企产销两旺，新能源汽车市场拓展至非洲、南美洲及中亚等多个国家和地区。建圈强链提升新能源汽车产业集聚度。成都印发《关于成都市促进新能源汽车产业发展的实施意见》《成都市新能源和智能网联汽车产业发展规划（2023—2030 年）》等政策措施，提出新能源车型产销奖励、稳链补链强链奖励等多项支持政策，精准支持汽车产业转型升级和高质量发展，推动成都汽车产业再次升温。
>
> 　　丰富场景机会供给推动新能源汽车创新发展。成都加快以科技引领的现代化产业体系建设步伐，围绕新能源汽车产业链上下游创新研发、成果转化等方面加强政策引导支持，并通过发布科技成果转化机会清单、创新中试服务模式、指定智能网联汽车测试道路等方式，切实支持车企创新研发与产品试验；同时，持续举办成都国际汽车展览会等高能级会展活动，为车企新技术、新产品展示交流提供平台，提振企业发展信心。
>
> 　　主动搭台推动新能源汽车拓展海外市场。成都持续推动新能源汽车拓展国际市场，出台《2023 年"成都造"产业出海系列活动方案》等措施，创新"借船出海""抱团出海"等模式，通过搭建政府与企业合作平台、开展"出海"专题辅导等方式，铺设本土品牌通往世界的桥梁，有效赋能"成都造"产品扬帆远航。

　　跨境电子商务蓬勃发展。成都深化跨境电子商务综合试验区建设，通过跨境电商专列周班常态化发运、搭建跨境电商货物集散平台、提升跨境电商通关效率、举办第三届中国西部跨境电商博览会等多措并举，推动跨境电商高质量发展。聚焦鞋靴、家具家居、川味川调、电子信息等特色产业带持续深入开展"蓉品出海　数通全球"系列活动，跨境电商赋能助推"蓉品"出海。2024 年，成都在西南地区率先成功

---

① 数据来源：《成都日报：2024 年成都都市圈　实现进出口总额 8823 亿余元　占全省 84.37%》，载中华人民共和国成都海关网站，2025 年 3 月 3 日，http://gec.customs.gov.cn/chengdu_customs/519400/519403/6386751/index.html。

实施跨境电商"1210（保税跨境贸易电子商务）出口"模式，跨境电商交易规模达到1400亿元以上[①]，跨境电商新增备案企业511家、累计达3523家[②]。

> **专栏1-7　成都探索创新打通跨境电商发展难点堵点**
>
> 2023年，成都印发《成都市推动跨境电商高质量发展政策措施实施细则》，发挥跨境电商综合试验区示范引领作用，聚焦堵点难点主动探索创新，推进跨境电商高质量发展，为建设国际消费中心城市注入新动能。
>
> 平台支撑推动跨境电商供应链金融创新。依托成都跨境电商公共服务平台线上贸易数据和保税监管仓信息化系统，支持银行、金融机构创新开展供应链金融服务，强化对跨境电商企业的融资增信支持。建设银行成都自贸试验区分行与成都信通信息技术有限公司合作，以公服平台内企业报关订单数据为基础，为成都跨境电商综合试验区内的各跨境电商企业，提供大数据、纯信用、直达手机端的跨境电商快贷。
>
> 首发标准流程推动跨境电商9810模式落地。9810全称"跨境电子商务企业对企业出口海外仓"，适用于国内企业先把货物出口到海外仓模式，通过跨境电商平台实现交易后，再从海外仓送到境外消费者手中。2023年，成都为推动这一标准流程落地，联动海关、税务、外管等部门，厘清跨境电商完整交易链条，并在全国率先发布9810（跨境电商出口海外仓）退税标准流程，打通跨境电商企业合规堵点解决合规关键问题。
>
> 构建跨境电商产业公共服务体系。成都依托跨境电商综合试验区，探索形成以产业地标（成都全球跨境电商服务资源中心）、公服平台（成都跨境贸易电子商务公共服务平台）、行业组织（成都市跨境电子商务协会）"三驾马车"为核心的"产业公共服务体系"驱动模式，依托产业公共服务体系，联动构建产业护航政策、金融、信用、统计"四大体系"，并将跨境电商深度融入现代商贸产业生态圈，形成了独具特色的"成都模式"。

---

① 数据来源：《2025年成都市政府工作报告》，载成都市人民政府网站，2025年3月13日，https://www.chengdu.gov.cn/cdsrmzf/c169603/2025-03/13/content_2cc09cd3b442499bac1d9a8361649d8c.shtml。

② 数据来源：《产业生态日趋成熟 成都正大步"跨"出新市场和新机遇》，载成都市人民政府网站，2024年12月31日，https://www.chengdu.gov.cn/cdsrmzf/c152802/2024-12/31/content_35768f3d9e4240399afd71d11524811f.shtml。

（二）外资稳量提质持续向好发展

引资规模保持中西部领先。2024年，成都实施"投资成都"计划以及外商投资服务专项行动，发布外商投资指引，创新出台鼓励外资研发中心专项支持政策，英特尔等多家世界500强企业扩大在蓉投资，新设外商投资企业711家（见图1-5）、外商直接投资16.7亿美元，均居中西部城市第1位[①]。

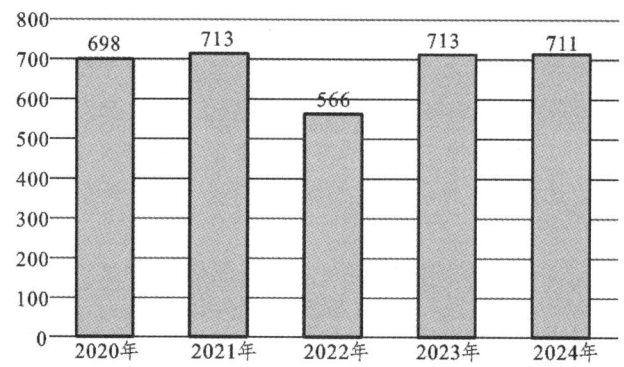

图1-5 2020—2024年成都新设外商投资企业数量（单位：家）

数据来源：2020—2024年成都市国民经济和社会发展统计公报。

多元活动推动招商引资提质。成都举办2024中国（成都）—东盟贸易投资大会、中欧经贸交流推介会等经贸交流活动，围绕电子信息、生物医药、装备制造等重点产业链，举办外资推介活动、项目集中签约仪式、外资项目对接沙龙、"出海招商"等系列活动，宣传推介重点产业领域，为产业领域交流合作注入新活力。举办成都国际商务机构交流会，启动"开放成都"合作伙伴计划，加强成都与国际商务机构交流交往。

---

① 数据来源：《关于成都市2024年国民经济和社会发展计划执行情况及2025年国民经济和社会发展计划草案的报告》（书面），载成都市发展和改革委员会网站，2025年3月4日，https://cddrc.chengdu.gov.cn/cdsfzggw/jhbg/2025-03/04/content_5bfbeb3355944192aa93cf011017ee5f.shtml。

（三）企业"走出去"步伐更实更稳

"走出去"投资合作更加活跃。成都大力引导鼓励企业"走出去"，在《区域全面经济伙伴关系协定》（简称 RCEP）成员、亚太经合组织成员、"一带一路"共建国家等重点区域投资活跃。随着成都科技实力增强，对外投资高质量发展趋势明显，投资拓展至人工智能、计算机信息技术、药物研发等领域。

民营企业"走出去"步伐加快。成都开展"千团万企出海"行动，组织民营企业赴国内外参展会、拓市场、增订单，支持超过1200家企业参加进博会、广交会、德国汉诺威工业展等125场国际展会活动，民间投资增长6.2%[①]，让"成都造"走向更广阔国际市场，民营企业成为"走出去"主力军。

（四）国际消费中心城市加快建设

消费活力不断迸发。2024年，成都消费持续提振，社会消费品零售总额达到10327.1亿元（见图1-6）、增长3.3%。在最新一期的《国际消费中心城市建设年度报告》中，成都的国际消费中心城市整体竞争力指数位居全国第4，居9座特色型消费中心城市（Beta级）首位[②]。夜间消费活力突出，在《2024中国夜间经济发展报告》中，成都以夜间消费

---

① 数据来源：《关于成都市2024年国民经济和社会发展计划执行情况及2025年国民经济和社会发展计划草案的报告》（书面），载成都市发展和改革委员会网站，2025年3月4日，https://cddrc.chengdu.gov.cn/cdsfzggw/jhbg/2025-03/04/content_5bfbeb3355944192aa93cf011017ee5f.shtml。

② 数据来源：《〈国际消费中心城市建设年度报告（2023）〉：中国城市消费愈趋多元化 29座城市消费魅力大比拼》，载21世纪经济报道网站，2023年12月29日，https://www.21jingji.com/article/20231229/a6404310b4aa6a968c1fe4e54f43f729.html。

54.6%的比例位居第1，夜间消费指数排名全国第4位[①]。

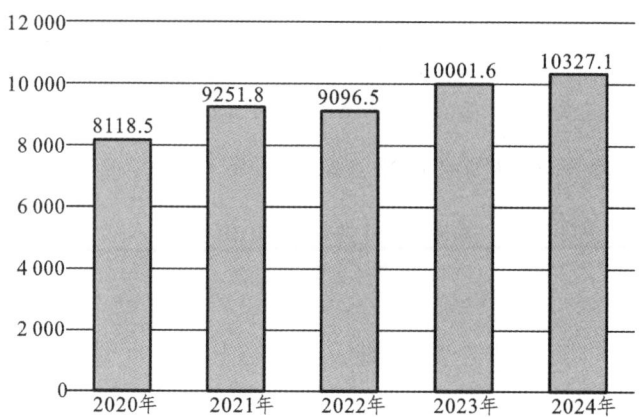

图1-6 2020—2024年成都社会消费品零售总额（单位：亿元）

数据来源：2020—2023年成都市国民经济和社会发展统计公报、《关于成都市2024年国民经济和社会发展计划执行情况及2025年国民经济和社会发展计划草案的报告》（书面）。

消费影响力持续提升。2024年，成都印发《成都市消费空间布局专项规划》，天府国际动漫城等110个商贸项目开业投运，持续推进重点商圈时尚引领和品牌聚集，外来品牌加速汇聚成都，全年引进首店820户[②]（见图1-7）。在2024年度《中国商圈商业力指数榜单》中，成都8个商圈进入2024年全国商圈商业力TOP100，其中，春熙路商圈、交子金融商圈进入全国前十位。

[①] 数据来源：《报告发布！成都，位居前列！》，载看度时政微信公众号，2025年1月21日。

[②] 数据来源：《关于成都市2024年国民经济和社会发展计划执行情况及2025年国民经济和社会发展计划草案的报告》（书面），载成都市发展和改革委员会网站，2025年3月4日，https://cddrc.chengdu.gov.cn/cdsfzggw/jhbg/2025-03/04/content_5bfbeb3355944192aa93cf011017ee5f.shtml。

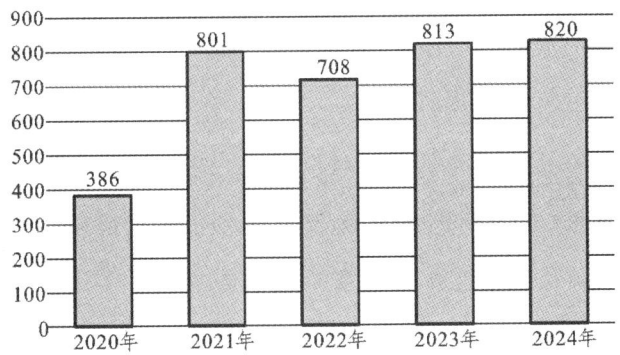

图1-7　2020—2024年成都引进首店数量（单位：家）

数据来源：根据成都零售商协会和中商数据联合发布的《成都首店经济发展报告》及成都市人民政府网站数据整理。

多样活动有效激发消费活力。2024年，成都实施汽车、家电、电动自行车等消费品以旧换新，拉动消费超430亿元，新能源汽车零售额增长28.9%。举办新"十二月市""成都好City"等促消费活动800余场次。焕新"到成都街头走一走"品牌，发放多轮文旅消费券，举办成都大庙会等重点活动1000余场次，推出"最成都·生活美学新场景"100个。获批设立市内免税店，全省首个"即买即退集中退付点"落地，离境退税商店达429家，入境游客增长167%[①]。

三、文化交往亮点纷呈

（一）赛事会展国际地位加速攀升

世界赛事名城影响力持续提升。成都先后举办国际乒联混合团体世界杯、世界体育舞蹈大赛、成都马拉松、U18世界女子水球锦标赛、世

---

① 数据来源：《关于成都市2024年国民经济和社会发展计划执行情况及2025年国民经济和社会发展计划草案的报告》（书面），载成都市发展和改革委员会网站，2025年3月4日，https://cddrc.chengdu.gov.cn/cdsfzggw/jhbg/2025-03/04/content_5bfbeb3355944192aa93cf011017ee5f.shtml。

界羽毛球赛事"汤尤杯"、成都网球公开赛-ATP250、WDSF 世界霹雳舞锦标赛等国际和全国性赛事 80 项,"金牌球市"持续火爆,成都蓉城代表四川足球首次走向亚洲赛场,体育产业规模突破 1300 亿元、同比增长 12.5%①。成都荣获亚洲体育舞蹈联合会"体育舞蹈卓越贡献城市"、世界体育舞蹈联合会"世界霹雳舞卓越贡献城市"等荣誉称号,在 2024 体坛榜样年度评选中获批"年度体育城市",中国城市生活体育指数总榜单蝉联第一。

专栏 1-8　2024 汤尤杯在成都举办

4月27日—5月5日,世界最高级别的羽毛球团体赛事之一——2024 年道达尔能源·汤姆斯杯暨尤伯杯决赛在成都高新体育中心举行。成都 2024 汤尤杯是继 2002 年广州、2012 年武汉、2016 年昆山之后,汤尤杯赛第四次在中国内地举办。成都 2024 汤尤杯赛事直接经济效益达 5.4 亿元。

国际会展之都建设呈现新亮点。成都高水平举办全国糖酒商品交易会、中国国际体育用品博览会、成都国际汽车展览会、中国国际光伏与

---

① 数据来源:《逆势上扬量质齐升——解码 2024 年成都经济增长的动力与活力》,载成都市发展和改革委员会网站,2025 年 1 月 26 日,https://cddrc.chengdu.gov.cn/cdsfzggw/fzggdt/2025-01/26/content_4193d6d099494c7aa620b15d4f7ab03c.shtml。

储能产业大会等重大会展活动，其中，第二十七届成都国际车展展览面积超过 22 万平方米，吸引全球近 130 家知名汽车品牌及企业参展，第 110 届全国糖酒会共吸引 63 个国家和地区的采购商到会，国际展商比例突破 13%。成都持续在 ICCA 国际会议研究及培训中心发布的"全球会议目的地竞争力指数"中居于前列，保持中国内地城市前 3 位，2024 年成都共举办重大会展活动 1115 场，其中产业类展会 240 余场，会展业总收入 1536.1 亿元、同比增长 3.7%①。

专栏 1-9　2024 第七届中国国际光伏与储能产业大会

自 2018 年起，中国国际光伏与储能产业大会已连续成功举办七届，已成为我国西部乃至全球规模最大、规格最高的三大国际光伏与储能盛会之一。第七届中国国际光伏与储能产业大会于 2024 年 11 月 17 日—20 日在成都举行，首次推出储能展览展示区、首次举行 15 场专业性、学术性平行会议，外籍嘉宾的参会人数、联袂组织的权威机构数量，均创历史之最。

（二）城市文化魅力持续彰显释放

入境旅游"热力"十足。成都紧抓我国免签"朋友圈"扩容、过境免签政策以及汤尤杯举办等契机，精选点位推出文化旅游线路，成都大熊猫繁育研究基地、金沙遗址、成都博物馆、杜甫草堂、都江堰—青城山等目的地成为国际游客热门"打卡点"。成都在携程旅行发布的外国游客搜索热门城市榜单中居于首位，在全国热门目的地、"00 后"最喜爱目的地、全国夜间旅游打卡地榜单中均位列前三。2024 年，成都累计

---

① 数据来源：《展新出发　成都将举办重大展会活动超 1000 场》，载成都会展微信公众号，2025 年 3 月 4 日。

接待入境游客 165 万人次、同比增长 1.67 倍①。文化活动精彩纷呈。第十一届中国网络视听大会、第 37 届大众电影百花奖、天府书展等文化交流活动在蓉举办，成都世园会圆满成功，3000 多场特色活动精彩纷呈，1000 多万中外游客流连忘返②。启动首届天问科幻文学大赛、首届金芙蓉文学艺术奖评选，开展"世界遗产之旅"等文化交流互鉴，向世界多方位展示中国式现代化的万千气象。借力"拉巴特"中国文化中心等海外平台，持续传播天府文化、讲好成都故事，推动城市文化国际影响力提升。

（三）国际传播渠道更加多元畅通

搭建新媒体矩阵精准营销。成都以市级境外宣传平台 GoChengdu 网站为主要发布核心，通过海外媒体矩阵，围绕主题话题，通过精品视频、精品直播、海报、手绘长图等多种形式，充分展示"雪山下的公园城市，烟火里的幸福成都"城市旅游形象，实现面向海外精准营销。2024 年，成都在《中国城市海外影响力分析报告》居全国第 5 位，并入选"城市（区）国际传播示范案例"。

专场宣传推介多视角展现蓉城魅力。成都乘着全球旅游业重启春风，先后赴东京、费城、新加坡、纽约、首尔、巴黎、曼谷、雅加达等城市举办文化旅游国际推广活动，吸引上百家国内外知名媒体刊载、覆盖超

---

① 数据来源：《成都亮 2024 年发展答卷：创新强劲、开放跃升、民生加码》，载中国新闻网，2025 年 2 月 26 日，https://www.chinanews.com.cn/gn/2025/02-26/10374775.shtml。

② 数据来源：《成都亮 2024 年发展答卷：创新强劲、开放跃升、民生加码》，载中国新闻网，2025 年 2 月 26 日，https://www.chinanews.com.cn/gn/2025/02-26/10374775.shtml。

10亿目标受众①，通过向目标客源地推介入境游产品与线路、展示体验传统非物质文化遗产、魅力影像全球巡展、品鉴成都特色美食、特色文创产品等多种形式，推动天府文化在全球绽放光彩。

四、科技交往创新引领

（一）国际科技创新合作持续深化

国际科技合作对象持续拓展。不断深化与新加坡、韩国、泰国、土耳其、巴基斯坦、奥地利、俄罗斯、克罗地亚、意大利、古巴、新西兰等国家国际科技合作。成都全球创新指数城市排名持续提升，2024年位列全球科技集群第23位、较2023年提升1个位次，在入榜的中国城市中排名第9位（见图1-8）。

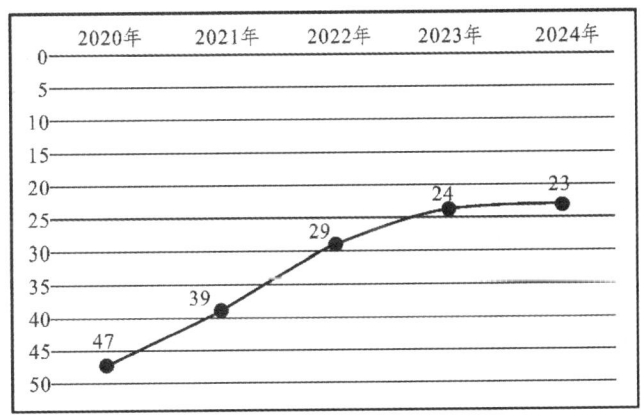

图1-8　2020—2024年成都全球创新指数排名变化情况

数据来源：世界知识产权组织（WIPO）发布的历年全球创新指数。

国际科技合作项目加速落地。成都中医药大学国际科技合作基地、

---

① 数据来源：《2023成都文化旅游推介活动全球开花》，载成都市文化广电旅游局网站，2023年10月10日，https://cdwglj.chengdu.gov.cn/cdwglj/c133186/2023-10/10/content_312b4def4f3b4295a622224c61ca0e3d.shtml。

新希望农产品加工国际科技合作示范基地等国际科技合作基地持续高质量建设，聚焦电子信息、大健康、绿色低碳等领域成功开展国际科技研发项目。中国科学院成都生物研究所与克罗地亚萨格勒布大学成功续签《中国—克罗地亚生物多样性与生态系统服务"一带一路"联合实验室（筹）谅解备忘录》，拟在生物多样性保护、生态环境恢复和生物资源利用深度合作。

国际科技合作主阵地加快建设。成都围绕前沿医学、能源基础设施、轨道交通、农业等领域，加快建设国际科技合作基地。2024年，依托四川大学华西医院建设前沿组学转化研究国际科技合作基地、依托电子科技大学建设装备可靠性国际联合研究中心、依托四川大学建设能源基础设施多灾韧性国际联合研究中心等8家国际科技合作基地成功创建[①]。

（二）国际技术转移通道持续畅通

综合性科技创新成果转化聚集区加快建设。作为成都科技创新和科技成果转化的重要承载，成都科创生态岛在1号馆、W7建成运行的基础上，全面建成2号馆、3号馆，为创新资源的加速聚集和转化注入新动能。成都科创生态岛1号馆正式运行以来，成功引入科创服务机构100余家，提供科技政务、知识产权、科技金融、技术转移、科创综合、路演培训等服务超100项，链接中试平台113家、科研仪器设备约1.1万台，累计提供科创服务5000余家/次[②]。W7成功签约入驻成都人形机器人创

---

① 数据来源：《上新！四川新增8家国际科技合作基地》，载四川在线网站，2024年11月20日，https://sichuan.scol.com.cn/ggxw/202411/82842108.html。
② 数据来源：《"上新"！科创岛2号馆、3号馆建成，创新转化服务区全面呈现》，载中国网，2025年1月7日，http://photo.china.com.cn/2025-01/07/content_117649733.shtml。

新中心、浪潮云、智汇合能等多家行业领军企业，成都人工智能特色楼宇已初具规模。

专栏1-10　成都科创生态岛高质量建成运行

作为成都科技创新成果的展示窗口，成都科创生态岛通过聚集科技创新成果转化上下游资源，建立成果转化直通车服务机制，构建"聚、服、展、孵"一体的综合性创新转化聚集区，打造创新资源的汇聚地、新兴产业的孵化器、技术成果的交易场，致力推动更多的科技成果从实验室走向大市场。自运营以来，成都科创生态岛已初步形成"聚、服、展、孵"科创服务功能，并与遂宁、德阳、攀枝花、巴中、东部新区、崇州签约建设分岛分中心，线上链接100多家中试平台，并储备20余家产业链上下游企业及科创平台，成为成都科技成果转化有力有效的主平台，服务串联供给和需求两端，帮助科技企业"破土而出"。

科创平台链接全球创新资源功能日益提升。作为成渝地区"一带一路"国际技术转移中心"众点协同"网络的支撑点之一，截至2024年，天府国际技术转移中心已与芬兰、英国、泰国、土耳其等50个国家和地区近100家的高校技术转移办公室和技术转移服务机构建立合作关系[1]，成功加入中国—东盟技术转移联盟、中国—上合组织国家国际技术交易联盟等国际重大机构技术创新组织，有效链接海外企业超200家，签约国际科技合作协议22个[2]，天府国际技术转移中心众创空间成功入选四川省级众创空间备案名单。

---

[1] 数据来源：《集聚要素打造科技成果双向转移转化高地》，载成都市科学技术局网站，2024年11月25日，https://cdst.chengdu.gov.cn/cdkxjsj/c108731/2024-11/25/content_e4bffd993a644cd1b431720401b02cd9.shtml。

[2] 数据来源：《四川天府新区：以高水平开放推动高质量发展　加快打造内陆开放经济高地》，载中央广电总台国际在线网站，2024年7月2日，https://sc.cri.cn/n/20240702/2e91cedf-463a-d040-9ec3-3784215f6a2c.html。

> **专栏1-11 天府国际技术转移中心推动科技成果"扬帆出海"**
>
> 天府国际技术转移中心是按照政府引导，市场化运作而打造的高能级技术转移转化平台，自2021年1月投运以来，始终践行"链接全球科技成果、服务创新策源转化"的使命，在更大范围、更高层面打通国内外技术转移通道、构建国际技术转移生态服务体系、搭建国际合作与交流平台，推动科技成果转移转化。截至2024年，天府国际技术转移中心目前已与50个国家和地区的高校、科研院所、企业建立起了常态化联系网络，开展项目往来。未来，天府国际技术转移中心将广泛吸纳四川大学、重庆大学、电子科技大学、西南大学等高校，以及国内外技术转移机构、企业、科研机构等单位，成立川渝国际技术转移联盟，共享国际技术转移经验、共享国际技术转移和科技合作渠道，为成都深度融入国际技术转移创新网络、提升科技创新国际影响力提供了有力支撑。

（三）国际科技交流活动高效举办

成都以办会办展为抓手主动搭建国际交流平台，积极拓展国际科技合作交流渠道，先后举办金熊猫全球创新创业大赛，中国（成都）—新加坡国际科技对接交流会，2024世界显示产业大会，成都科幻产业发展促进大会，"一带一路"科技创新合作对接沙龙——土耳其新能源、新材料专场等活动，促进科技资源跨区域精准对接。其中，中国（成都）—新加坡国际科技对接交流会成功促进中新双方与会企业与投资机构及科研机构深度对接，在医疗人工智能、AI产业等领域达成23个项目合作意向[1]。

---

[1] 数据来源：《2024中国（成都）—新加坡国际科技对接交流会圆满举行》，载成都市科技局官网，2024年10月30日，https://cdst.chengdu.gov.cn/cdkxjsj/c108724/2024-10/30/content_359ff39ac75f4f44bf11dd9e012f0492.shtml。

| 综合篇 |

> 专栏1-12　2024金熊猫全球创新创业大赛在蓉举办
>
> 　　金熊猫全球创新创业大赛由成都市人民政府主办，自2019年起已连续举办六年，累计参赛项目超过9000个，覆盖美国、英国、德国、韩国等27个国家，其中海外精英项目达1100余个，150余家机构及227位宣传大使成为大赛长期战略合作伙伴。大赛推动110余个项目落地，促成项目融资金额超16亿元，已逐渐成为中国中西部地区极具影响力与号召力的国际知名创业赛事品牌。2024金熊猫全球创新创业大赛共吸引来自全球35个主要创新城市的2136个项目报名参赛。大赛按照初创期和成长期企业类型，"MEMS硅晶振芯片量产项目""特种碳化硅功率芯片与系统"获电子信息领域一等奖，"神经调控降压设备自主研制与产业化""心衰有源器械研发开放平台"获尖端生物医药领域一等奖，"领航新一代AI驱动新能源生物识别数字芯片""高精度科里奥利质量流量计国产化项目"获新能源领域一等奖。本届大赛"最受投资人青睐项目TOP10"榜单，"高性能红外探测材料""小核酸新药引领慢性疾病治疗新范式""面向AI算力及数据中心的高速光芯片研发及产业化"等项目上榜。

（四）国际人才引进途径持续拓展

"岷山行动"计划持续实施。揭榜挂帅全球招募科学家创业，截至2024年，成都建立院士（专家）创新工作站超过250家，聚集800余位两院院士及高校专家，累计开展研发项目超1200余项，获得各种专利授权约2000项[①]。通过"揭榜挂帅"、产业链协同创新等方式开展关键核心技术攻关142项，建成市级中试平台、概念验证中心69家，服务成果转化项目超2000项，在蓉科研团队牵头或参与的22个科技项目获

---

① 数据来源：《成都新增20家院士（专家）创新工作站》，载成都市人民政府网站，2024年5月30日，https://www.chengdu.gov.cn/cdsrmzf/c169603/2024-05-30/content_70fb3167cfb040a9bd2b9e1dbfd50a9b.shtml。

2023 年度国家科学技术奖①。海智创新服务体系健全完善。深入实施海外智力城市服务行动计划，成功创建中国科协海智计划工作基地（成都环川大知识城）、中国科协海智计划工作基地（成都科学城）。以中国科协海外人才离岸创新创业基地为支撑，布局建设离岸基地、海智基地、服务中心、海内外站点，"区域性上下联动、海内外互联互通"的引才引智创新服务网络初见成效。

五、交往平台持续赋能

（一）国际通道枢纽链接力持续增强

国际航空枢纽功能持续增强。成都天府国际机场完成客运航线转场，国内外客运航线持续恢复拓展，成都航空枢纽运营国际地区客运航线 50 条、货运航线 33 条②，基本形成畅通丝路、直达欧美、联通五洲的"四川空中金桥"。2024 年，成都"双机场"完成运输航班 58.9 万架次、旅客吞吐量 8733.6 万人次、货邮吞吐量 102.8 万吨（见图 1-9），分别较 2023 年增长 9.9%、16.6%、33.0%。成都双流国际机场、成都天府国际机场旅客量分别同比增长 7.6%、22.6%③。在航旅纵横发布的《2024 中国航空枢纽城市六维榜》中，成都居 4 个榜单前三名，其中，国内航线热门目的地和国内航线中转旅客量居全国第二，航班量与旅客吞吐量居全国第三。

---

① 数据来源：《服务成果转化项目超 2000 项！2024 年成都科创成绩单发布》，载技术转移研究院微信公众号，2025 年 2 月 15 日。
② 数据来源：《最新榜单出炉！成都"飞"出全国第二》，载成都发布微信公众号，2025 年 1 月 3 日。
③ 数据来源：《成都国际航空枢纽 2024 年旅客吞吐量达 8733.6 万人次》，载人民网—四川频道，2025 年 1 月 6 日，http://sc.people.com.cn/n2/2025/0106/c345167-41099702.html。

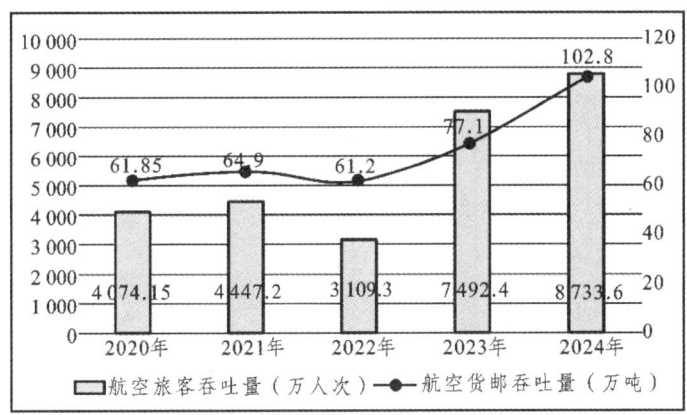

图 1-9 2020—2024 年成都机场旅客、货邮吞吐量

数据来源：2020—2023 年民航行业发展统计公报及《2024 年全国民用运输机场生产统计公报》。

国际陆港枢纽能级不断提升。成都针对产业外向型发展需求，在全国首发"中老泰马""越滇蓉欧"和"亚蓉欧"空铁联运国际班列；针对冷链产品进出口需求，强化中欧班列、西部陆海新通道班列、中老班列协同运行，常态化开行欧洲、东南亚等冷链运输班列。2024 年，成都国际班列境外站点增至 119 个，中欧班列（成渝）开行量超 5700 列[①]（见图 1-10），通道运营线路超 50 条、覆盖欧亚近 120 个城市节点，年度开行量占全国开行总量的三分之一[②]。成都国际班列冷链班列累计发运量超 2300 柜，同比增长 5.5 倍[③]。

[①] 数据来源：《成都国际班列境外站点增至 119 个》，载成都市人民政府网站，2025 年 1 月 2 日，https://www.chengdu.gov.cn/cdsrmzf/c169603/2025-01/02/content_b3070417779a437fb9b2da2fcf3845e3.shtml。

[②] 数据来源：《关注 | 唱好"双城记"，中欧班列（成渝）号从"一条轨道"驶向"遍地开花"》，载成都国际铁路港微信公众号，2025 年 1 月 6 日。

[③] 数据来源：《2024 年成都国际班列冷链班列同比增长 5.5 倍》，载成都市人民政府网站，2025 年 1 月 24 日，https://www.chengdu.gov.cn/cdsrmzf/c152802/2025-01/24/content_a5aca531f42d422190c6ab76fdf7447d.shtml。

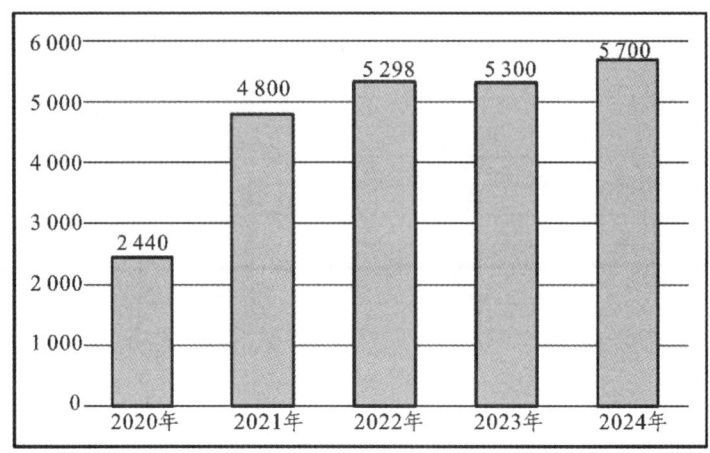

图 1-10　2020—2024 年中欧班列（成渝）开行数量（单位：列）

数据来源：根据中华人民共和国中央人民政府网站、央广网、中华人民共和国国务院新闻办公室网站等的公开数据整理。

国际性区域通信枢纽加快建设。成都获批在国家数据基础设施数据流通利用方向、全国一体化算力网方向先行先试，成功创建全国首批数据标注基地，天府云一期、立昂云一期等正式投运。2024年，国家超级计算成都中心服务范围覆盖45座城市、35个服务领域，用户数量超过1700家[①]。成都智算中心算力占有率超过95%，为近50家科研机构和高校提供全方位服务[②]。

（二）自贸试验区改革创新红利加速释放

制度创新"策源地"功能不断增强。成都自贸试验区自挂牌成立以

[①] 数据来源：载国家超级计算成都中心网站，2025年4月8日，https://www.nscc-cd.cn/index.html;jsessionid=7904F737A35328FC7CC2986C7E641C14。

[②] 数据来源：《全国首批！成都这个创新平台进入"国家队"方阵》，载澎湃新闻网站，2023年7月7日，https://www.thepaper.cn/newsDetail_forward_23765829。

来，探索形成720余项改革实践案例，其中14项制度创新成果被国家层面采纳并面向全国推广[①]。2024年，综合保税区"同企跨片"通关模式、"数据要素×应急治理"新模式等案例入选中国（四川）自由贸易试验区（协同改革先行区）第八批制度创新成果[②]，成都自贸试验区连续七年在"中国自由贸易试验区制度创新指数"排名中位列第三批自贸试验区城市首位，在中山大学自贸区综合研究院发布的"2023—2024年度中国自贸试验区制度创新指数"中，成都居全国第8位。2024年，成都自贸试验区新增企业超2.8万家、新增注册资本超过700亿元，成为全市开放型经济最为活跃的区域[③]。

制度规则持续接轨国际。成都自贸试验区主动对接CPTPP、DEPA等国际高标准经贸规则，在贸易自由化便利化、公平开放的投资管理制度、外籍人才引进和管理服务制度、国际运输管理制度等方面稳步扩大制度型开放，成功争取双流空客区外保税维修业务试点，持续优化生物医药特殊物品进口"关地协同"监管模式，顺利服务高风险特殊物品风险评估和检疫审批，助力百利多特、科伦博泰创新药企业技术出口，打破创新药出海授权纪录，自贸试验区便利化营商环境实现优化升级。

[①] 数据来源：《七载芳华路 奏响开放音 成都：奋勇争先建设更高水平自贸试验区》，载中国发展网，2024年4月2日，http://www.chinadevelopment.com.cn/zxsd/2024/0402/1889222.shtml。

[②] 资料来源：《成都高新自贸试验区6项案例入选！》，载成都高新区管理委员会网站，2025年3月27日，https://www.cdht.gov.cn/cdht/c139818/2025-03-27/content_b2e8d4df8e6f48db9f978a20c2998a55.shtml。

[③] 数据来源：《成都发力建设更高水平自贸试验区》，载四川自贸试验区微信公众号，2024年9月25日。

专栏1-13　四川首个区外保税维修业务试点成功落地

2024年6月19日，空中客车（成都）飞机全生命周期服务有限公司正式获得商务部等部委批准，可在海关特殊监管区域外以保税监管方式开展全球航空维修业务，标志着我省首个区外保税维修业务试点成功落地。

维修服务是该项目实现全链条运转的核心环节。由于空客项目位于海关特殊监管区域外，待维修的境外飞机在入境申报时，无法享受区内保税维修优惠政策，而境外飞机以"修理物品"监管方式申报进境，需依据飞机货值对应的关税及代征增值税向海关提供担保。为助力企业节约成本，四川省商务厅会同生态环境厅、成都海关、成都市、双流区制定"一企一策"制订监管方案，成功争取试点获批。试点的成功获批将有效简化项目的进出口流程，减免企业维修物资关税担保，助企降本增效、提升竞争力、深度链接全球航空产业链、价值链。

（三）综合保税区开放发展能级不断提升

成都高新综合保税区持续提质发展。成都高新综合保税区抢先布局电子信息、数字经济、生物医药等战略性新兴产业，加快推进集成电路、新型显示、AI、创新药等重点产业链建圈强链。2024年，成都高新综合保税区（含双流园区）实现进出口总额达5021亿元、同比增长23.4%，占全省进出口总值的48.0%，进出口规模连续七年居全国综合保税区第一[①]。成都国际铁路港综合保税区建设成效凸显。根据海关总署发布的2023年度综合保税区发展绩效评估榜单，成都国际铁路港综保区在全国150个综保区中位列第28位、评估等级为A类，在西部和东北地区43个综保区中位列第3位、评估等级为A类。2024年，成都国际铁路港综保区整车贸易额突破75亿元，跨境电商单量超过540万单[②]，发展

---

① 数据来源：《5021亿！成都高新综保区进出口总值继续名列第一》，载成都高新区管理委员会网站，2025年2月5日，https://www.cdht.gov.cn/cdht/c150881/2025-02/05/content_e67998731613472387596e58e63ada25.shtml。

② 数据来源：《青白江区外贸突破500亿元：开放枢纽助力高质量发展》，载青白江商务微信公众号，2025年2月11日。

势头日益强劲。成都天府国际空港综合保税区加快建设。成都天府国际空港综合保税区成功获国务院批复同意设立，成为四川省首个空港型综合保税区，也是成都第三个综合保税区，并成功入选国家综合货运枢纽补链强链重点项目、四川省"一带一路"进出口商品集散中心建设项目、成都市首批"平急两用"示范项目。截至2024年，成都天府国际综保区已招引和储备重点项目20余个[①]。

（四）立体化开放口岸功能体系日益健全

航空口岸建设取得新进展。天府国际机场综合性指定监管场地正式启用，天府国际机场快件中心建成投运，在西南地区首推24小时直接过境免办边检手续便利措施。成果创新"成都双流航空口岸一体化运营"模式，货物运输效率提高50%以上、运输时间节约4~6小时[②]，被中国民用航空局纳入《航空前置货站发展指南》，成为全国先进典型案例。

铁路口岸功能持续完善。成都国际铁路港和成都国际铁路港综合保税区持续探索"区港一体化"模式，实现区、港之间货物快速流转，物流成本大幅降低。探索创新"提前申报+铁路快通"通关模式，目前该模式已在"进口冷链+铁路快通""进口整车+铁路快通"等多业务场景应用，进口肉类冷链班列整体通关时间压缩24小时以上，跨境贸易通关便利化水平迈入全国先进行列。

---

① 数据来源：《四川首个！一期首开区预计2025年一季度全面完工》，载腾讯网，2025年1月6日，https://news.qq.com/rain/a/20250106A07SEK00?suid=&media_id=。
② 数据来源：《成都双流航空口岸创新模式入选全国案例 通关效率提升50%》，载《人民日报》客户端四川频道，2025年3月1日，https://www.peopleapp.com/column/30048377948-500006117624。

（五）国别合作园区对外交流合作优势凸显

中日（成都）地方发展合作示范区建设取得实效。中日联合创新中心已招引落地三菱重工及其生态链创新企业，作为产业核心承载地的瞪羚谷片区已签约入驻多个重点项目，初步形成了数字文创产业生态圈，截至2024年示范区聚集企业1433家，其中日资企业及机构54家[①]。中德中小企业合作园建设高质量推进。永川—蒲江中德产业合作示范园建设持续推进，截至2024年，园区已聚集中外企业约347家，成功吸引10余家关联配套企业落地园区，特别是德国博世电动本地配套率由入驻时的5%提升至目前的80%[②]。中法成都生态园建设扎实推进。成功落地科创中国·绿色低碳会地联合创新中心、全国碳市场能力建设（成都）中心创新实践基地、中德工业4.0学习平台项目（成都试点）等功能性平台，获评2024（区域）最具投资营商价值园区，并连续五年在四川省商务厅国际（地区）合作园区综合发展水平评价中位居全省第一。中意文化创新产业园交流合作功能显现。成功举办2024四川天府新区天府数字文创城（中意文化创新产业园）知名川商招商推介会等活动，赴意大利罗马、米兰、都灵开展投资促进，中意两地机构及企业合作程度日益加深。中韩创新创业园创新创业企业加速集聚。成功举办2024中韩生物医疗产业未来合作交流暨对接会等活动，累计举办交流活动70余场[③]，成为中韩创新资源对接的标杆平台。截至2024年，中

---

① 数据来源：《跨国企业"成都园区行"·中日（成都）地方发展合作示范区考察活动在成都高新区举行》，载成都高新区管理委员会网站，2025年2月24日，https://www.cdht.gov.cn/cdht/c139673/2025-02/24/content_6f862bee8d934df4b8968aea9b132475.shtml。

② 数据来源：《中德（蒲江）中小企业合作区"引资聚链"促发展》，载新浪财经头条，2024年12月9日，https://cj.sina.com.cn/articles/view/1663612603/6328b6bb02001odt0。

③ 数据来源：《跨国企业"成都园区行"——中韩创新创业园活动在蓉成功举办》，载成都韩国国际客厅微信公众号，2025年2月21日。

韩园已累计引进企业超过 800 家，其中韩资或中韩合资企业超过 100 家①。新川创新科技园科创平台建设取得新突破。天府软件园二期、新川创新科技园车载智能系统产业智车总部岛、5G 科创中心一期项目建设顺利推进，AI 创新中心二期全面竣工，园区产业创新发展集聚效应日益凸显。

专栏 1-14　2024 中韩生物医疗产业未来合作交流暨对接会

2024 年 5 月，在四川省经济合作局的大力支持下，由成都高新区科技创新局、大韩贸易投资振兴公社、大韩民国驻成都总领事馆联合主办的 2024 中韩生物医疗产业未来合作交流暨对接会在成都顺利举行。

会上，中韩两国生物医药、医疗器械等 80 余家企业代表在现场开展对接交流，16 家韩国企业展示了各自在生物医药、医疗器械、健康管理等领域的技术动态及最新成果，其中 LILLYCOVER（株）利利蔻铂、企鹅点（我的健康城）等 8 家企业代表详细推介了重点项目开展情况。会议期间，双方企业代表就技术研发、产业合作和市场拓展等方面进行了深入探讨，并达成了多项初步合作意向。此次交流会不仅为双方提供了展示和交流的平台，更为未来的深度合作奠定了坚实基础。

六、服务环境品质提升

（一）国际化营商环境持续优化

营商环境改革纵深推进。深入实施营商环境 6.0 版政策举措，打造"蓉易+"系列服务品牌，惠企政策"蓉易享"、社会资本"蓉易投"、人才用工"蓉易聘"、征纳互动共治"蓉税乐企"等服务提质增效，首批

---

① 数据来源：《成都加快推进科技创新开放合作 技术成果扬帆出海 科技合作多点开花》，载成都市人民政府网站，2024 年 6 月 4 日，https://www.chengdu.gov.cn/cdsrmzf/c169603/2024-06/04/content_783e3f71bba8429aae009b3e52014cee.shtml。

13个"高效办成一件事"事项全面落地。推出"12345亲清在线"系列创新应用场景,推动"12345亲清在线"成为成都政企互动的"总客服"、便企利企的"总平台"。印发《关于进一步促进民营经济发展的若干政策》《成都市惠企政策全生命周期管理办法》,开展"进万企、解难题、优环境、促发展"常态化服务企业工作,创新设立民营经济发展促进中心,持续举办"蓉易见·民企会客厅"活动,切实破除市场主体"成长的烦恼"。2024年,成都经营主体增至395万户,居副省级城市第2位[①],获评2024国际化营商环境建设标杆城市。

专栏1-15　打造"12345亲清在线"亲商助企营商环境品牌

2024年,成都推出的"12345亲清在线"系列创新应用场景,发布"蓉易享""蓉易贷""蓉易诉""蓉税乐企""蓉易用"和信用报告代替无违法违规证明实施方案等六大创新应用场景,让政策所"供"与企业所"需"同频共振,以数字化思维、智慧化手段提升为企服务质效,加快营造市场化、法治化、国际化一流营商环境。成都"12345亲清在线"是以12345热线企业问题为导向,集成让企业少跑路的"蓉易办"、让企业多受益的政策"蓉易享"、让企业少烦恼的"12345助企热线"和企业多沟通的"蓉易见"四位一体服务方式,为各类市场主体提供更加便捷、优质、高效、公平的服务。目前,该平台已累计受理企业诉求超十万件,提供各类惠企服务超过三万次[②],逐步成为成都政企互动的"总客服"、便企利企的"总平台"。

外商投资促进与保护体系更加健全。出台优化外商投资环境"20条",举办"蓉企海外会客厅"。主动对接CPTPP、DEPA等国际高标准经贸

[①] 数据来源:《关于成都市2024年国民经济和社会发展计划执行情况及2025年国民经济和社会发展计划草案的报告》(书面),载成都市发展和改革委员会网站,2025年3月14日,https://cddrc.chengdu.gov.cn/cdsfzggw/jhbg/2025-03/04/content_5bfbeb3355944192aa93cf011017ee5f.shtml。

[②] 数据来源:《成都市经营主体增至395万户》,载成都市人民政府网站,2025年2月21日,https://www.chengdu.gov.cn/cdsrmzf/c169603/2025-02/21/content_426a8be61dab4401b0138cf860d277b7.shtml。

规则，推动贸易规则、监管模式和贸易工具创新，启动天府中央法务区涉外法务中心建设，修订成都市合格境外有限合伙人（QFLP）境内股权投资试点管理办法，完善企业认定备案程序。搭建游戏出海发行服务平台，签订国内最大单笔创新药订单。

涉外商务服务体系持续完善。提质打造外事服务电子平台，完善海外人才出入境和停居留配套服务措施，推动外国人来华邀请、领事认证等外事服务工作标准化、便利化。深化涉外法律服务，举办涉外法治服务企业高质量发展大会，推动成都律师行业打造的"国际仲裁、商事调解、外国法查明"商事法律服务平台，实现仲裁裁决可在168个国家（地区）有效执行，可查询135个"一带一路"共建国家（地区）的法律和判例。截至2024年，成都拥有685名涉外律师，成都律所成立有境外分支机构17个可以联系境外169家中国法律机构[①]。

专栏1-16 天府中央法务区涉外法务中心启动建设

2024年11月20日，天府中央法务区涉外法务中心建设启动，该中心建设完成后，将依托天府中央法务区的法务资源集聚优势，结合企业的涉外法律需求，提供更加精准的"定制化"服务，在100个国际节点城市为涉外企业提供全方位、一站式的涉外法律服务，积极服务企业"走出去"和"请进来"，推动法治护航成都及四川高水平开放。

（二）城市生态宜居品质日益提升

绿色生态本底进一步彰显。成都以建设践行新发展理念的公园城市示范区为统领，协同推进降碳、减污、扩绿、增长，加快发展方式绿色低碳转型，构筑布局均衡、功能丰富、业态融合的全域公园体系，"雪

---

① 数据来源：《成都律师行业涉外法律服务成果报告亮相省律协新闻发布会》，载成都市律师协会微信公众号，2024年12月31日。

山下的公园城市"特质更加鲜明;成功举办第四届公园城市论坛,全面展示公园城市建设理念与实践,完整呈现一座公园城市从"首提地"的起步到"示范区"的进阶,向世界输出城市治理经验,为全球城市可持续发展贡献更为创新、完善和可行的范式。兴隆湖入选国家美丽河湖优秀案例,城市绿心计划获世界绿色城市大奖。

专栏1-17　第四届公园城市论坛向世界输出城市治理经验

2024年8月26日,第四届公园城市论坛以"公园城市——推动'一带一路'城市现代化创新实践"为主题,在成都天府国际会议中心举行,全面展示成都公园城市建设的魅力与成果。本届公园城市论坛由国家发展和改革委员会、住房和城乡建设部、国家林业和草原局、四川省人民政府指导,成都市人民政府、国家发展和改革委员会城市和小城镇改革发展中心主办。第四届公园城市论坛作为2024年举办的国际性会议,已被纳入《第三届"一带一路"国际合作高峰论坛多边合作成果文件清单》。会上,《成都市建设践行新发展理念的公园城市示范区技术标准体系》《天府新区公园城市规划管理创新实践》等重要成果发布。

国际化大都市生活氛围更加浓厚。深入实施外籍人士"家在成都"工程,上线开播《今日成都》英语新闻电视栏目,完善境外来蓉人士便利化服务体系,通过"成都领事服务""家在成都"微信号推送信息,为外籍人士提供蓉城生活便捷指南,不断提升外籍人士融入感、归属感。持续推进公共场所外语标识规范化建设,出台《组织机构与职务职称英文译写规范》,规范城市公示语标识,国际化标识覆盖面不断扩大。依托"智慧蓉城"建设,持续夯实数字底座、建设智慧蓉城运行中心、打造智慧治理应用场景,智慧城市基础支撑能力进一步提升。

| 综合篇 |

专栏1-18 2024年外籍人士"家在成都"中秋活动

2024年9月16日，由成都市文化广电旅游局主办、成都市对外文化交流中心承办的"外籍人士·家在成都"活动在诗歌圣地杜甫草堂举行，来自英国、巴基斯坦、约旦、南非等国25名在蓉外籍友人参加了此次活动。通过组织开展"外籍人士 家在成都"系列活动，发挥成都历史文化名城优势，通过丰富的文化活动，多层次讲好成都故事、传播成都声音、丰富成都旅游内涵，让"家在成都"活动成为一座促进文明互鉴，展示成都形象的重要桥梁。

（三）公共服务国际化水平不断提高

国际教育环境持续优化。有序实施"一区一品""一校一特色"中外人文交流特色学校建设工程，搭建基础教育中外人文交流"4+1+N"课程体系，实施"熊猫走世界"成都本土文化特色课程及国际理解教育课程。由西南交通大学与美国俄克拉荷马州立大学合作举办的环境工程专业本科教育项目等中外办学项目持续推进。

国际医疗服务能力稳步提升。持续拓展国际医疗服务医疗机构，优化就医服务流程，鼓励有条件的医疗机构探索开展会员制、特需医疗等服务项目，为外籍人士在蓉生活创造更好的就医环境。借助"天府云医·蓉侨康"海外惠侨远程医疗服务平台,举办云端中医讲堂及在线问诊活动,持续在多国开展常态化远程中医医疗服务,有效满足当地侨团、侨胞、留学人员的医疗保健需求。

外籍来蓉人员支付体验不断升级。成都在西南地区首推24小时直接过境免办边检手续便利措施,印发《成都市关于进一步优化支付服务提升支付便利性的工作实施方案》,推出《外籍来蓉人员消费支付服务指引》,升级景区、酒店、餐饮、出行等场景支付便利和数字服务,引导外籍游客快捷体验支付便利。推动21个境外电子钱包在蓉实现直接支付,天府国际机场境外来宾支付服务中心正式启用,为境外来宾提供"一站式"办银行卡、开电话卡、兑换钱币等服务。截至2024年,成都累计外卡收单商户约6.3万户,基本实现春熙路大型商业综合体、星级酒店等重点商户外卡支付全覆盖[①]。

> **专栏1-19 《成都市关于进一步优化支付服务提升支付便利性的工作实施方案》**
>
> 2024年3月26日,成都市委金融委员会办公室、成都市商务局、中国人民银行四川省分行营业管理部正式印发《成都市关于进一步优化支付服务提升支付便利性的工作实施方案》。方案指出,成都市将以2024年3—6月为集中推动期,开展成都市支付环境集中提升行动,4月15日前,推动成都市大型商圈、旅游景区、度假区、文博场馆、文娱场所、酒店、交通枢纽、医院等重点场所及重点商户全部具备境内外银行卡、现金和移动支付受理能力,其他商户全覆盖受理现金和移动支付;6月底前,老年人、外籍来蓉人员在蓉选择使用多种支付方式更加便利;12月底前,基本构建各类支付服务兼容共生、协同发展的支付服务体系,形成多样化、包容性支付环境,全方位保障各类消费群体支付服务需求,并从切实改善银行卡受理环境、持续优化现金使用环境、进一步提升移动支付便利性、提升账户服务水平、有效提升适老支付服务水平、持续加强支付服务宣传推广6个方面提出28项重点任务。

---

① 数据来源:《入境游首选城市!外国人游成都,so easy!》,载成都发布微信公众号,2025年1月17日。

| 综合篇 |

成都深化国际交往未来展望

一、国际环境形势新变化

(一)全球经济前景面临不确定性

国际货币基金组织(IMF)发布的世界经济展望报告显示,2024年及2025年(预计)的全球经济增速将稳定在3.2%[①]。虽然整体经济态势稳健,但全球经济前景仍面临诸多不确定性,部分地区和行业正面临增速放缓的潜在风险。在未来五年内,全球经济增速将维持在3.1%左右[②],这一增速与疫情前相比并无明显优势,生产率增长缓慢、人口老龄化等结构性问题持续抑制着全球经济的增长潜力。在全球范围内,虽然通胀压力有所改善,但受气候变化、地缘政治冲突、公共卫生危机等因素的影响,经济下行风险依然不容忽视。不同地区和国家经济表现呈现出显著分化态势,美国等发达经济体的表现好于预期,欧洲主要经济体的增长预期则有所下调,亚洲新兴经济体展现出强劲增长势头,中东、中亚以及撒哈拉以南非洲地区的增长前景因大宗商品供应链中断、冲突以及极端天气等多重因素而蒙上阴影。此外,如果各国实施不可取的贸易和产业政策,产出可能会低于基线预测。

[①] 数据来源:《全球中期经济发展趋势与中国经济增长路径》,载国际货币研究所微信公众号,2025年3月31日。
[②] 数据来源:《IMF:全球抗通胀基本胜利,但经济下行风险更显著》,载财经杂志微信公众号,2024年10月23日。

（二）地缘政治冲突影响广泛深远

当前，国际政治纷争和军事冲突多点爆发，乌克兰危机、巴以冲突及难以遏制的扩散性效应，对全球政治、经济、外交格局产生深远影响。国际货币基金组织（IMF）指出，地缘政治动荡激化了贸易与金融的"泛安全化"，制裁与反制裁浪潮在全球涌现，各国经济政策以及全球产业链、供应链面临调整和重构。就目前来看，冲突尚未有缓解迹象，将放大经济周期波动且对全球整体经济活动产生长期负面影响。同时，地缘政治冲突或将诱发全球新的极端主义抬头。例如，巴以冲突引发民众情绪性对抗、干扰破坏中东地区航运和能源安全的外溢效应不断显现，对全球能源供应和货物运输带来重大冲击；欧盟内部及欧洲国家间就巴以问题存在分歧，导致欧盟难以采取统一立场并有效发挥外交影响力，给国际社会稳定带来不确定性。

（三）全球分工体系深度调整变革

在外部冲击和内在动能转换等因素推动下，世界经济进入深度变革期，全球资源将面临重新配置，全球分工体系将面临系统性重组。大国博弈持续升级，部分发达经济体从地缘政治和国家安全角度看待国际经贸关系，国际经济规则成为部分大国与竞争对手拉开更大差距的重要手段，推动整个国际体系加速分化重组。新兴市场国家和发展中国家快速崛起，其推动国际经济规则体系变革的诉求日益强烈，当前全球治理体系与国际形势变化的不适应性愈发明显。由于不同国家和社会群体未能公平地享有经济全球化的成果，阵营对抗、地区冲突和民族宗教矛盾等问题日渐突出，成为推动世界经济集团分化和体系重构的重要变量。此外,全球气候变化引发粮食安全、世界交通、能源结构等方面的问题,人工智能等新技术突破推动全球治理方式及机制变化的同时带来新挑战,这些因素都加速全球技术和经济联系的重塑。

(四)新兴技术"双刃剑"效应显现

新一轮科技革命深入推进,以人工智能为代表的一批极具潜力的颠覆性技术正在不断加速发展,在为经济增长创造崭新空间的同时也为经济稳定注入了诸多不确定性。一方面,美国科技公司 OpenAI 发布生成式人工智能应用 ChatGPT、中国深度求索(DeepSeek)问世,各产业各组织均在快速部署生成式人工智能工具。人工智能领域的突破带动新兴技术的整体发展,5G、人工智能、区块链、物联网等网络基础设施日益发展,显著提高整体社会生产率、催生新的产业业态和模式,极大振奋高科技产业界的信心,有利于增强国际社会对于世界经济复苏的信心。另一方面,科技进步又带来新的安全问题,生成式人工智能的出现使得利用"深度伪造"(Deepfakes)实施欺骗成为可能,其既能被犯罪分子用来实施经济诈骗,也能被政治力量甚至国家用来制造和传播"虚假信息",或者用于战争中武器装备的自动化。

二、新时代中国特色大国外交新导向

(一)紧紧围绕推进中国式现代化的中心任务

2023 年 12 月,中央外事工作会议指出"新征程上,中国特色大国外交将进入一个可以更有作为的新阶段。要紧紧围绕党和国家中心任务,稳中求进、守正创新,坚定维护国家主权、安全、发展利益,开辟中国外交理论与实践新境界，塑造我国和世界关系新格局，把我国国际影响力、感召力、塑造力提升到新高度，为以中国式现代化全面推进强国建设、民族复兴伟业营造更有利国际环境、提供更坚实战略支撑。"党的二十届三中全会通过《中共中央关于进一步全面深化改革、推进中国式现代化的决定》，紧紧围绕推进中国式现代化对进一步全面深化改革作出系统部署，并明确指出"开放是中国式现代化的鲜明标识。必须坚持对外开放基本国策，坚持以开放促改革，依托我国超大规模市场优势，在扩大国际合作中提升开放能力，建设更高水平开放型经济新体制"。党中央统筹中华民族伟大复兴战略全局和世界百年未有之大变局，指出我国对外工作要"展现新气象，实现新作为，奋力开创新时代中国特色大国外交新局面"。

（二）以构建人类命运共同体为目标

构建人类命运共同体是习近平外交思想的核心理念，是我们不断深化对人类社会发展规律认识，对建设一个什么样的世界、怎样建设这个世界给出的中国方案，体现了中国共产党人的世界观、秩序观、价值观，顺应了各国人民的普遍愿望，指明了世界文明进步的方向，是新时代中国特色大国外交追求的崇高目标。新时代以来，构建人类命运共同体从中国倡议扩大为国际共识，从美好愿景转化为丰富实践，从理念主张发展为科学体系，成为引领时代前进的光辉旗帜。构建人类命运共同体，是以建设持久和平、普遍安全、共同繁荣、开放包容、清洁美丽的世界为努力目标，以推动共商共建共享的全球治理为实现路径，以践行全人类共同价值为普遍遵循，以推动构建新型国际关系为基本支撑，以落实全球发展倡议、全球安全倡议、全球文明倡议为战略引领，以高质量共建"一带一路"为实践平台，推动各国携手应对挑战、实现共同繁荣，推动世界走向和平、安全、繁荣、进步的光明前景。

（三）倡导平等有序的世界多极化和普惠包容的经济全球化

中央外事工作会议指出，针对当今世界面临的一系列重大问题重大挑战，我们倡导平等有序的世界多极化和普惠包容的经济全球化。平等有序的世界多极化，是坚持大小国家一律平等，反对霸权主义和强权政治，切实推进国际关系民主化。要确保多极化进程总体稳定和具有建设性，就必须共同恪守联合国宪章宗旨和原则，共同坚持普遍认同的国际关系基本准则，践行真正的多边主义。普惠包容的经济全球化，是顺应各国尤其是发展中国家的普遍要求，解决好资源全球配置造成的国家间和各国内部发展失衡问题。要坚决反对逆全球化、泛安全化，反对各种形式的单边主义、保护主义，坚定促进贸易和投资自由化便利化，破解阻碍世界经济健康发展的结构性难题，推动经济全球化朝着更加开放、包容、普惠、均衡的方向发展。

三、成都国际交往展望

（一）锚定责任与使命，主动服务总体外交大局

习近平总书记来川视察时赋予四川构筑向西开放战略高地和参与国际竞争新基地的使命任务，国务院批复《成都市国土空间总体规划（2021—2035年）》明确成都"西部对外交往中心"等核心功能定位。2024年，四川省委外事工作会议以及全省开放发展大会均强调，要切实担负起党中央、总书记赋予的使命任务，积极服务和融入新发展格局，更好服务国家对外开放总体战略布局。成都既是"一带一路"的重要节点，又是国家战略腹地建设的重要承载地，对外交往的资源优势和区位优势明显。当前和今后一个时期，成都应主动担当构筑向西开放战略高地和参与国际竞争新基地的使命任务，主动融入"一带一路"建设，全力服务国家总体外交，充分挖掘外事资源优势，优化"五外联动"机制，增强对外开放平台功能，加快建设西部对外交往中心，在新的更高起点奋力开创成都外事工作新局面。

（二）着眼当前与长远，推动经济交往深化提质

《中共中央关于进一步全面深化改革、推进中国式现代化的决定》指出，依托我国超大规模市场优势，在扩大国际合作中提升开放能力，建设更高水平开放型经济新体制，提出稳步扩大制度型开放、深化外贸体制改革、深化外商投资和对外投资管理体制改革等任务。四川省对外开放发展大会强调，要大力发展更高层次的开放型经济。成都具有向西向南开放区位优势、枢纽优势和广阔战略腹地优势，应主动服务大局，加快构建开放型经济体系，提升参与国际合作和竞争的能力。聚力推动外资外贸增量提质，坚定不移"走出去、引进来"，扎实开展"蓉欧产业对话""成都造·全球行"等经贸交流活动，推动外贸提质发展，深化外资招引和对外投资，着力打造双向投资合作新基地，持续建设国际消费中心城市，着力营造"买全球、卖全球"国际消费环境。

（三）注重开放与包容，多元推进文明交流互鉴

习近平总书记强调："文明因交流而多彩，文明因互鉴而丰富。文明

交流互鉴，是推动人类文明进步和世界和平发展的重要动力。"①四川省委外事工作会议强调，深入实施文化走出去工程，润物无声做好民心相通、人民友好这篇大文章；四川省对外开放发展大会提出，要深化人文交流合作，在开放合作中讲好四川故事。成都历史文化底蕴深厚，古蜀文化、三国文化、大熊猫文化等城市文化资源富集，应坚持以开放包容的态度，深化人文交流合作，运用国际化语言和全球叙事方式展示中国式现代化的万千气象。立足自然人文资源，把握方向、精心谋划，提升成都·欧洲文化季等品牌节会影响力，积极推动蜀锦蜀绣、川酒川茶、川剧艺术等特色文化产品走向世界。用好涉外媒体成熟渠道，做大做强网站、杂志、智库、社交账号等国际传播矩阵，统筹运用国际经贸活动、国际展会论坛、民间交流平台等资源加强城市宣传，持续提升公园城市国际影响力和美誉度。

（四）加强创新与转化，主动融入全球科技网络

推动科技创新是我国支持高质量共建"一带一路"的八项行动之一。习近平总书记在全国科技大会上指出，要积极融入全球创新网络，深度参与全球科技治理，同世界各国携手打造开放、公平、公正、非歧视的国际科技发展环境，共同应对气候变化、粮食安全、能源安全等全球性挑战，让科技更好造福人类②。四川科技大会强调打造西部地区创新高地建设科技强省。成都集聚高等院校、科创平台等众多科技资源，正加快建设具有全国影响力的科技创新中心。面向未来，成都应加强科技创

---

① 习近平：《习近平谈治国理政》第一卷，外文出版社2018年版，第258页。
② 习近平：《在全国科技大会、国家科学技术奖励大会、两院院士大会上的讲话》，载中国政府网，2024年6月24日，https://www.gov.cn/yaowen/liebiao/202406/content_6959120.htm。

新开放合作，不断用好重大科学基础设施，构建完善全过程、全链条、全要素的国际技术转移体系，鼓励各类创新主体积极参与国际科技合作，支持更多境外知名企业、高校、研发机构等在蓉发展。积极承办"一带一路"科技交流大会，提升成都国际创新创业大赛等活动能级，为国际科技合作和交流搭建更多平台。

（五）统筹提能与赋能，做强国际交往平台支撑

开放平台是促进国际交流与合作的重要载体。中央外事工作会议指出，推动高质量共建"一带一路"搭建了世界上范围最广、规模最大的国际合作平台。四川省委外事工作会议与四川省对外开放发展大会强调，持续提升自贸试验区、各类园区、开放口岸等开放平台效能，打造高能级开放平台载体。成都"两场两港"①枢纽和立体化开放通道优势明显，集聚自贸试验区、国别合作园区等开放平台。未来，成都应主动融入"一带一路"建设，持续推动通道枢纽提能增效，"客货并重"打造国际航空枢纽，"四向拓展"优化国际班列陆海联运体系，"聚流为留"促进枢纽流量转化为经济增量。推动开放平台能级提升，主动参与川渝自贸试验区协同开放示范区建设，高水平建设国家级临空经济示范区、成都国际铁路港经开区等平台，持续提升国别合作园区开发共建水平，进一步强化国际交往平台赋能。

（六）突出宜人与宜业，不断做优国际交往环境

中央外事工作会议指出，构建人类命运共同体是以建设持久和平、

---

① "两场两港"："两场"指成都天府国际机场、成都双流国际机场，"两港"指空港型国家物流枢纽、陆港型国家物流枢纽。

普遍安全、共同繁荣、开放包容、清洁美丽的世界为努力目标。习近平总书记在省部级主要领导干部学习贯彻党的二十届三中全会精神专题研讨班开班式上讲话强调,要营造市场化、法治化、国际化一流营商环境[①]。改革开放以来,国家省市各层面持续打造更加开放包容的发展环境。成都正加快建设践行新发展理念的公园城市示范区,奋力打造中国西部具有全球影响力和美誉度的社会主义现代化国际大都市。展望未来,围绕人的需求,成都应持续推动外国人来华邀请等外事服务便利化,提升国际化医疗、教育等服务水平,完善外籍人士社区服务,推进公共场所外语标识规范化建设,不断优化国际化生活环境。围绕企业发展需求,积极对接国际高标准经贸规则,健全外商投资促进与保护体系,不断提高政务服务水平,打造全国一流的市场化、法治化、国际化营商环境。

---

① 《习近平在省部级主要领导干部学习贯彻党的二十届三中全会精神专题研讨班开班式上发表重要讲话强调 深入学习贯彻党的二十届三中全会精神 凝心聚力推动改革行稳致远》,载《人民日报》,2024年10月30日,第1版。

他山之石篇

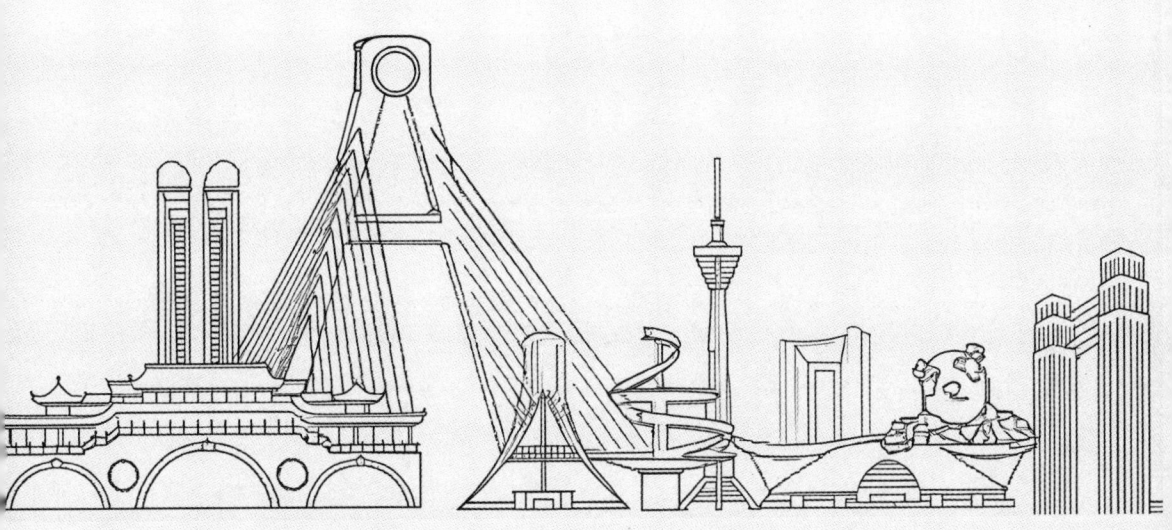

北京：聚合国际交往资源

一、基本情况

北京作为首都和国际交往中心，是新时代元首外交的重要舞台，是国家主场外交和重大国事活动主要承载地。近年来，北京围绕"建设具有世界影响力的中国特色国际交往中心"目标，以"服务国家总体外交"和"服务首都高质量发展"为主线，着力提升国际交往功能。近年来，北京坚持和强化中国特色大国外交核心承载地功能，前瞻谋划空间布局、重大项目、品牌活动等，持续优化国际交往环境，积极培育国际合作竞争新优势，取得了新进展新成效。先后保障三届"一带一路"国际合作高峰论坛、中非合作论坛北京峰会等重大主场外交活动。截至2024年，北京市区两级国际友好城市和友好交流城市共268个[1]，累计认定跨国公司地区总部达260家、外资研发总部40家[2]，各类国际组织总部和代表机构数量均居全国首位。

---

[1] 数据来源：《北京市荣获"国际友好城市杰出贡献奖"》，载北京外事港澳微信公众号，2024年11月19日。

[2] 数据来源：《北京市商务局组织召开2025年全市商务工作会》，载北京市商务局微信公众号，2025年1月26日。

二、亮点做法

（一）超前谋划软硬件建设

主动适应新时代中国特色大国外交需要，超前谋划推进国际交往中心软硬件建设。围绕"一核、两轴、多板块"，加强国事活动区域专项综合整治。利用"两区"政策叠加优势，着力营造国际一流营商环境。优化国际交通枢纽功能，建成大兴国际机场，构建"双枢纽"机场体系，提升航空连通性；建成国家会议中心等重大会议会展设施，强化会议承载能力；完善国际人才服务体系，设立国际人才社区，推出人才签证、永久居留等便利措施；提升城市国际化水平，建设国际学校、国际医院等配套设施，营造国际化生活环境。同时，出台《北京市国际交往语言环境建设条例》等政策措施，制定国际交往中心功能建设五年规划，推动国际交往中心建设落地落实。

> **专栏 2-1　北京市国际语言环境建设 10 件大事**
>
> 2022 年《北京市国际交往语言环境建设条例》(以下简称《条例》)正式实施。三年来，北京市以贯彻落实《条例》为牵引，一年一个台阶，国际语言环境建设进步明显。
>
> 一、推出英文版《境外初次来京人员城市服务指南》。该指南采用"文字+二维码"形式，按照"抵达机场、前往市内、市内游玩"的流线，依次呈现通信、支付、交通、娱乐、旅游和购物、医疗六个场景的有效信息，基础信息直接在指南展示，详细操作指引可扫码获取。该指南分纸质版和电子版，可分别在机场境外来宾支付服务中心免费领取或在北京市国际版门户网站、BeijingService 微信公众号等渠道获取。
>
> 二、推出双语版《外籍来京人员支付指南》。详细介绍银行卡、移动支付、现金、账户和数字人民币 5 种支付方式，包括服务获取的方式、使用流程和具体操作方法等。如还有疑问，也可拨打《指南》提供的服务电话进行咨询。
>
> 三、推出英文版《外国人游北京攻略》。聚焦游客来京所需的必要信息，提供北京简介、签证、入出境手续、市内交通、住宿、旅游、就餐、购物、支付、离

境退税和电话卡办理等指南信息。手册自8月起已面向海外市场投放。根据前期投放情况，市文旅局制作了折页版攻略指南，便于外籍游客随身携带，将在机场、海外中国签证中心、中国文化中心、驻外旅游办事处等海外机构以及在境内外举办的北京文旅宣传推广活动中进行发放。

四、市政府国际版网站改版优化。改版后的网站坚持服务型主定位，为外籍人士和外资企业提供一站式、全周期、9个语种的网上服务。改版后总体访问量上升20%，境外访问量占比提升超过四成。网站"我的北京故事"专栏建设进一步加强，全年发布9个语种"全球服务伙伴话北京"和"大使话北京"系列视频共67期，全面展示北京"国际范儿"。

五、医疗领域外语便利化服务显著改进。北京市卫健委推动建成北京市114预约挂号平台英文版，协和医院、清华长庚医院、北京大学第三医院等8家国际医疗试点医院分批上线，提供线上英文预约挂号服务。

六、推出电信领域国际化服务星级示范厅。市通信局指导北京联通、北京移动、北京电信等3家公司积极推进国际化服务星级营业厅建设，配备翻译器和在线翻译工具，设立国际服务专席，全年设有星级营业厅39家，其中五星级营业厅13家，四星级营业厅26家，进一步提升全市通信行业国际化服务水平，优化营商环境及消费环境。

七、优化交通领域外语服务。在工人体育场站等29座外籍乘客较多的轨道交通车站配备多语种翻译机，可实现英、法、俄、德、日等8个语种在线翻译，提升车站涉外服务能力和智能化水平。上线"北京地铁"英文版，提供首末车时间、实时客流量和路线查询以及购票等服务。

八、应急预警信息英文推送服务稳步推进。通过市政府国际版门户网站和BeijingService公众号等渠道，提供气象灾害预警等19种预警信息和路况安全提示等23种安全提示信息，进一步提升北京涉外服务精细化水平。2024年累计发布预警及安全提示信息160多条。

九、推出英文版《朝阳区外国人手册》。手册覆盖外籍人士在朝阳日常生活中必不可少的食、住、行、游、购、娱、子女教育、医疗健康等多个维度，为外籍人士提供全方位的生活指南和信息服务，切实提高外籍人士在朝阳的居住体验与生活质量。

十、推出"学标准，译标识"系列宣贯短视频。系列短视频共5期，旨在面向社会宣传推广北京市地方标准《公共场所中文标识英文译写规范》。短视频推出后，通过《北京日报》等市属媒体、各行业主管单位和各区宣发渠道宣传推广，总阅读量超过200万人次。同时，各地铁线路滚动播放，进一步提升了外语标识地方标准的社会知晓度，以标准宣贯带动《条例》落实。

（二）完善重大国事活动服务保障常态化工作机制

整合利用外事资源构建涉外接待服务体系，进一步细化重大国事活动服务保障常态化工作机制，持续健全"一办九组"服务保障运行机制。充分发挥各区委外事工作委员会协调机制作用。建设"两库两机制一平台"，保障新形势下高层来访接待需求。挖掘培育特色外交外事活动场所。建立"北京外事礼物"品牌体系、参访活动线路库、专场文艺演出节目库，打造专业化服务保障人才队伍等。各区相继组建国际交往中心功能建设领导小组，梳理任务清单。通过实施《北京推进国际交往中心功能建设综合监测评价实施方案》《关于加强国际交往中心功能建设经费管理的意见》等，规范促进北京国际交往中心建设。

专栏 2-2 北京"两库两机制一平台"

北京外事的"两库两机制一平台"是一套完善的接待资源体系，它涵盖了丰富的参访项目、专业的评审专家、高效的沟通联络和跟踪反馈机制以及信息化共享平台。这一体系的建立不仅提升了北京外事接待工作的水平和效率，还为来访者提供了更加优质、高效的服务体验，为北京市的国际交往和合作注入了新的活力和动力。

一、"两库"

参访项目库。参访项目库收录了涵盖党建、文旅、经济、社会、科技等5大类，以及新消费商圈、网红打卡地、高水平科研机构等34个子类的440余个参访项目。为来访者提供了丰富多样的参访选择，满足了不同来访者的需求，提升了接待工作的针对性和实效性。

评审专家库。评审专家库汇聚了来自各个领域的专家，他们具备丰富的专业知识和实践经验。在接待工作中，评审专家库为参访项目的筛选、评估和优化提供了专业的意见和建议，确保了参访项目的高质量和可行性。

二、"两机制"

沟通联络机制。建立了与相关中央单位和市级部门的党宾国宾接待工作沟通联络机制。加强了部门间的信息共享和协作配合，确保了接待工作的顺利进行。同时，也提高了接待工作的效率和响应速度。

> 跟踪反馈机制。针对接待工作建立了跟踪反馈机制，对接待过程中的各个环节进行实时跟踪和及时反馈。及时发现和解决接待工作中存在的问题和不足，为后续的接待工作提供改进和优化的方向。同时，也提升了来访者的满意度和信任度。
> 三、"一平台"
> 信息化共享平台。该平台是一个集项目管理、资源整合、信息共享、数据分析等功能于一体的数字化平台。通过该平台，可以实现对参访项目的在线管理、资源的优化配置、信息的实时共享以及数据的深度分析。这不仅提高了接待工作的效率和准确性，还为接待工作的决策提供了有力的数据支持。

（三）拓展国际对外交流合作深度和广度

拓展友城网络，与世界主要城市建立友好城市关系，发起世界城市联盟等多边合作平台，在科技创新、文化交流、教育合作等领域开展项目对接，推动城市间深度交流。做优国家级对外开放平台，擦亮中国国际服务贸易交易会、中关村论坛、金融街论坛"三平台"的金字招牌。持续打造国际性科技交流活动品牌。构建丰富多彩的民间外交体系，培育世界"朋友圈"。探索推广"云外事"模式促进线上国际交往。

（四）优化国际资源要素配置

构建国际资源集聚区，在北京城市副中心规划建设国际交往功能区，布局国际会议中心、国际人才公寓等设施，打造高端要素集聚新平台。在怀柔科学城集中布局国际科技组织总部，形成国际创新要素集聚效应；在金融街集聚各类金融机构总部，打造国际金融资源集聚区。创新国际要素服务模式，建立国际人才"一站式"服务中心，为国际人才提供工作许可、居留证件、子女就学等全方位服务；设立国际商务服务区，为跨国企业提供专业化服务；打造国际社区服务中心，满足国际人士工作生活需求。完善要素跨境流动机制。在人才方面，实施更加开放的国际人才引进政策，在签证便利、永久居留等方面提供支持；在资金方面，推进跨境资金便利化试点，支持跨国企业跨境资金运营；在技术方面，支持国际技术转移和创新合作，促进创新要素跨境流动。

上海：坚定国际化大都市目标做强国际平台

一、基本情况

上海作为我国改革开放的前沿阵地和深度链接全球的国际大都市，是世界观察中国的重要窗口，也是代表国家参与全球合作竞争的重要承载地。近年来，上海市明确了建设具有世界影响力的社会主义现代化国际大都市的目标，聚焦建设"五个中心"，努力发展新质生产力，持续建设市场化、法治化、国际化的一流营商环境，坚定不移推动更深层次、更宽领域、更高水平的对外开放，奋力谱写中国式现代化国际对外交往的上海新篇章。2023年，上海外贸进出口总额达4.2万亿元，实际使用外资达240亿美元，创历史新高；跨国公司地区总部新增65家、累计达956家；外商投资研发中心新增30家、累计达561家[①]。

二、亮点做法

（一）做强顶层政策制度部署

注重规划引领，确立目标导向。上海一直致力于建设成为世界前沿的国际大都市，《上海市城市总体规划（1999年—2020年）》提出将上

[①] 数据来源：《上海：以更高水平对外开放》，载《光明日报》，2024年3月13日，第1版。

海建成社会主义现代化国际大都市，发展国际经济、金融、贸易、航运，是对上一轮城市规划在功能布局与发展方式方面的重大调整。《上海市城市总体规划（2017—2035年）》延续1999—2020年规划定位，围绕"迈向卓越的全球城市"，树立"五个中心"的取向，将"建设成为卓越的全球城市和具有世界影响力的社会主义现代化国际大都市"作为目标。上海市"十四五"规划在"五个中心"建设既定目标如期实现的基础上，强调对外开放枢纽门户功能和开放型经济体系构建的提升。其中，金融市场、数字贸易国际枢纽港、市场主体创新、集聚人才、临港新片区制度创新、外商投资、上海城市整体形象等领域都提出借助对外交往和对外开放渠道进一步提升上海在国际层面的联系、影响力和治理绩效。

开展政策设计，链接国际资源。从上海市近十几年的发展规划细节来看，上海对外交往围绕"五个中心"定位和"卓越全球城市"目标展开政策制度设计，尤其关注数字、服务、绿色转型、教育、文化、旅游、金融、临港/虹桥/北外滩贸易服务等方面的"走出去"工作。此外，上海为抢抓开放型经济"新窗口期"，在RCEP生效后迅速发布《上海市关于高质量落实〈区域全面经济伙伴关系协定〉（RCEP）的若干措施》，将涉沪产业和境外产业"结链化"，放大对外交往对上海经贸发展的强力支持。

> **专栏 2-3　上海《关于支持虹桥国际中央商务区建设国际贸易中心新平台的若干措施》**
>
> 《若干措施》聚焦五个重点领域，提出33项具体措施。
>
> 　　一是更好承接进博会等展会溢出效应。聚焦"展品"变"商品"，提出：提升"6天+365天"常年展销平台功能；支持建立特殊食品注册备案、CCC产品认证指导服务协作机制；支持打造进博新品首发平台等5项措施。
>
> 　　二是更大力度发展新型国际贸易。聚焦跨境电商、数字贸易、服务贸易等新型国际贸易，提出：提升虹桥空港口岸跨境电商服务能力；提升全球数字贸易港能级，鼓励区内数字龙头企业成立数字贸易产业联盟；打造"丝路电商"数字技术应用中心，在电子提单、电子支付等多方面开展国际合作；提升新虹桥国际医学中心服务能级，推动国际医疗、医疗旅游等新业态加快发展等10项措施。
>
> 　　三是加快集聚高能级贸易主体和贸易平台。聚焦打造出海总部集聚区，提出：设立对外投资咨询服务点，做好企业"走出去"政策指导和服务；引进更多国际行业协会、贸易促进机构等国际经济组织，提升国际交流、经贸往来等功能；支持商务区创建上海自贸试验区联动创新区等7项措施。
>
> 　　四是加快提升专业服务业能级。聚焦提升专业服务机构国际化服务能力，提出：鼓励本土专业服务机构建国际服务市场网络；鼓励支持各类法律服务机构入驻法务区；支持设立知识产权服务基地，提供知识产权交易、运营管理、维权保护等全链条服务；支持引进第三方合格评定服务机构，提供质量标准、检验检测、认证认可等一站式服务等6项措施。
>
> 　　五是夯实国际贸易中心新平台建设的人才支撑。聚焦人才引进，提出：加大人才引进重点机构推荐力度；为商务区外籍人才签证、居留等提供更便利的服务；支持境外人员参加商务区内的重点展、会、活动，出入境管理部门及边检部门给予口岸签证和口岸通关便利等5项措施。

（二）构建五大国际城市网络

构建创新国际网络。在基础设施领域，上海建立面向"一带一路"共建国家（地区）开放共享的交通信息基础框架体系，推进铁路、公路、港口和航空枢纽互联互通，促进城市间物流便利化。把上海自贸试验区作为制度创新的载体，以经贸合作为突破口，在金融服务的支持下，着力抓好基础设施建设，通过人文交流、人才培训等环节，以与全球各友好城市及跨国公司的合作为焦点。联结"一带一路"和"长江经济带"等国家战略，在新一轮深化改革过程中，以贸易创新带动长三角、长江中上游地区、成渝城市群和皖江地区经济发展与"一带一路"共建国家（地区）联结，起到了"双循环"的纽带作用。

构建国际友好市场网络。着眼于维护世界和平、增进友好关系、促进共同繁荣，积极与国际友好城市在政治、经济、科技、教育、文化、卫生等领域开展交流与合作。上海深化与活跃型国际友城的产业合作，特别是在装备制造、生物医药、汽车产业等领域，通过建立长期合作机制，定期举办产业对接会、技术交流会等活动，推动双方企业在技术研发、市场开拓等方面的合作。对于平静型国际友城，上海通过"非正式"项目合作的方式逐步激活这些城市的合作潜力，通过短期项目、试点项目等形式，重新启动合作对话，探索新的合作领域。上海推动长三角国际友城资源的共建共享，发起组建"一带一路"国际友好城市发展联盟，在国际友城中建立起了良好的合作基础和广阔的合作空间。

构建上海世博会城市绿色创新网络。抓好 2010 年世博会契机，上海以高质量发展为导向，通过绿色创新网络展示上海对城市绿色转型的理解和展望，并就城市生活、经济、环境、社会等城市绿色转型重点领域提出具体构想和倡议，既不断更新上海城市治理的制度设计和行动路径，又提升上海的国际地位和影响力。以世博会为平台，各国展示了最新的绿色技术和产品，这些技术和产品的展示不仅促进了国际技术交流与合作，还为全球绿色经济的发展注入了新的活力。同时，世博会设立了城市最佳实践区，展示了全球范围内解决城市发展问题的优秀案例，特别是绿色创新和可持续发展方面的实践，为各国提供了宝贵的借鉴和启示。世博会的成功举办增强了国际社会对绿色创新和可持续发展的认识，也提升上海的国际地位和影响力。

> **专栏 2-4　上海世博会城市最佳实践区**
>
> 　　上海世博会城市最佳实践区，占地面积约 15 公顷。世博会期间，这里因汇聚了全球 50 个优秀城市案例而有世博会"展中展"之称，展示内容涉及四个领域，分别是宜居家园、可持续的城市化、历史遗产保护和利用、建成环境的科技创新。实践区是 2010 年世博会的一个亮点项目。其一，它是世博会历史上的一个创举，使城市首次能够直接参与世博会；其二，它为城市发展、管理、规划、建设领域的最佳实践提供全球层面上的展示、交流和推广平台，将对城市未来发展产生重要的积极影响；其三，它将成为世博园区中新理念、新技术、新材料、新工艺的集中示范基地。世博会结束后，依托后世博开发和黄浦区建设世博滨江文化博览商务区的发展契机，实践区将打造成集创意设计、交流展示、产品体验等为一体，具有世博特征和上海特色的文化创意街区。

　　构建跨国公司上海总部网络。上海立足自身产业集聚效应优势，2002 年出台全国首个吸引跨国公司设立地区总部的政策，随后相继出台《上海市人民政府关于本市促进跨国公司地区总部发展的若干意见》等政策文件，在国内首创总部企业集成服务新模式，通过整合政府和社会资源，为总部企业提供集成式、精准化服务，吸引集聚大量跨国公司在上海设立地区总部。上海市政府大力推行"放管服"改革，优化商业注册、税收优惠、融资服务等一系列政策，积极搭建以开放式创新为导向的合作平台，促进本土企业与跨国公司研发总部的创新合作，吸引跨国公司人才加盟本土企业，促进人才回流。这些举措为跨国公司创造了良好的发展生态，吸引了大量跨国公司地区总部集聚上海。截至 2024 年 10 月，在上海设立地区总部的跨国公司已经达到 998 家。

　　构建教育和科技国际交流网络。在教育国际交流方面，上海深入贯彻国家关于教育对外开放的重要指示，通过举办高水平中外合作办学机构和项目,如上海纽约大学等,吸引了大量国际优质教育资源。同时,上海连续参加国际学生评估项目(PISA)和教师教学国际调查(TALIS),其测评结果一直位居全球前列,为基础教育课程改革提供了国际视野和思路借鉴。上海还与全球顶尖大学合作,共建了多个国际合作联合实验室,如"一带一路"中老铁路工程国际联合实验室等,推动了高校创新能力的开放合作。在科技国际交流方面,上海积极响应国家关于牵头组织国际大科学计划的号召,重点在生命科学、天文、海洋等领域布局培育有能力主导或参与国际大科学计划的主体。上海还通过浦江创新论坛、世界顶尖科学家论坛等国际性会议,搭建了国际创新交流的"大舞台",吸引了全球科技精英的参与和合作。

(三)注重国际活动品牌建设

加强活动平台建设。积极做好中国国际进口博览会、上海合作组织峰会等重大活动保障,并充分发挥高能级活动的外溢效应,赋能国际经贸、交流交往等领域。持续开展"上海之帆'一带一路'经贸巡展"活动,吸引"一带一路"共建国家(地区)参与,促成各国贸易投资,"上海之帆"经济团体合作伙伴会议(BTPC)是各国商会及专家合作交流的重要纽带。

城市可持续发展议题下的城市交流。"世界城市日"是中国首次在联合国推动设立的国际日。在世界城市日平台上,《上海宣言》《上海手册:21世纪可持续城市发展指南》"上海全球可持续发展城市奖"作为全球城市可持续发展治理的公共产品被相继推出,这些公共产品也是上海在城市管理领域的重要品牌。此外,上海完成17项可持续发展目标的评估,并向联合国提交完整的自愿陈述报告,向外传递上海经验。

加强民间外交品牌活动。上海市人民对外友好协会等组织通过举办各类民间交流活动,如中日智能网联新能源汽车产业交流会、中日城市更新与工业遗产活化利用论坛等,不仅促进了中外企业间的技术合作与市场对接,还加深了各国人民之间的了解和友谊。同时,上海还积极利用进博会、世博会等大型国际活动的平台,为民间外交提供了新空间。例如,进博会为在沪商会、协会代表处、跨国公司等搭建了与中国企业、各类社团、民间代表进行直接对话的桥梁,整合了上海开展民间外交的资源。通过民间外交的桥梁作用,上海成功地搭建起了中外人民之间的友谊之桥,为推动构建人类命运共同体贡献了重要力量。

广州：稳步扩大制度型开放

一、基本情况

广州是国家中心城市和综合性门户城市，拥有链接全球的世界级海陆空交通体系和多层面多维度交流网络，汇聚全球人流、物流、资金流、信息流，强大的辐射力是广州构建国际交往中心的底气。近年来，广州高水平建设国际交往中心城市，以"领头羊"之姿，坚持"链"接世界、融通内外，大力推动城市层面多边交流合作，友好伙伴遍及全球，国际吸引力进一步增强，逐步构建起富有活力的全球城市朋友圈。截至2023年，广州国际友城增至106个、友好城区50个、广州国际友城大学联盟成员达22所、国际姊妹学校121对、穗港澳姊妹学校（园）387对、广州港友好港口55个、位居全国第一[①]。在华南美国商会《2024年华南地区经济情况特别报告》中，广州连续第七年被列为最受欢迎投资城市。在中国美国商会的年度商业环境调查中，广州经常被商会会员评为未来在华投资的首选目的地之一。

---

① 数据来源：《扩大高水平对外开放 朋友遍及全球"新"怀天下》，载广州市人民政府网站，2024年4月7日，https://www.gz.gov.cn/ysgz/xwdt/ysdt/content/post_9580251.html。

二、亮点做法

（一）打造制度型开放高地

构建全方位对外开放新体系。在平台搭建方面，广州充分发挥广东自贸试验区、粤港澳大湾区等重要平台的制度创新优势，重点突破贸易投资便利化、金融服务开放、要素流动等关键领域。特别是通过与海南自贸港建立战略合作机制，搭建区域合作平台，有效实现制度创新成果向粤西地区溢出，带动形成更大范围的开放发展格局。在政策创新方面，广州探索形成了一套务实高效的举措。例如，针对外贸企业发展痛点，出台"外贸供应链畅通13条"，从通关、物流、金融等多维度打通堵点；建立企业海关AEO认证帮扶机制，培育壮大高级认证企业群体，提升通关效率；深化服务贸易创新发展试点，在金融、科技、文化等领域探索形成一批可复制可推广的开放经验。

专栏2-5　广州外贸供应链畅通13条政策

一、促进物流供需对接。加强对海陆空物流资源的信息监测，加大为外贸企业推送物流供给信息力度。支持外贸骨干企业与物流龙头企业签订长期合作协议，推动建立稳固合作关系。

二、搭建信息共享平台。加快建设航空物流公共信息平台，实现通关、物流全链条信息互通共享，促进航空物流作业协同和通关效率提升。

三、支持物流企业拓展国际业务。发挥白云机场、南沙港和广州东部公铁联运枢纽、广州国际港等枢纽口岸的集聚效应，全力吸引和支持货代行业龙头企业，深度融入广州交通物流网络共同发展。

四、提升国际航空货运能力。支持航空公司加大全货机运力投放，加密航班航线，发展"客改货"航班业务。

五、强化国际海运竞争力。支持全球班轮公司在广州港新增外贸班轮航线，全年国际航线力争超过150条。推动外贸班轮公司实施直接针对中小型进出口企业的舱位保障项目，为中小型企业纾困解难。

六、推动中欧中亚班列提质扩容。拓展中国（广州）至"一带一路"沿线国家铁路货运班列，优化班列监管通关模式，适度增加班列的频次、密度。

七、优化创新多式联运模式。以南沙港疏港铁路开通为契机，发展公铁、空铁、海铁、江海联运等多式联运，为外贸进出口企业提供多种国际物流备选方案。

八、完善物流仓储设施建设。支持企业利用综合保税区等海关特殊监管区域建设国际集散仓和国际中转仓、开展国际物流集散和中转业务。

九、提供船舶保税油加注优质服务。全力打造粤港澳大湾区航运"超级加油站"，优化保税船油许可权试点相关配套服务，推动开通更多国际航线，吸引更多国际航行船舶停靠广州。加快实现保税油加注全流程无纸化、可视化，将保税油仓库、供油现场等场地和设施纳入经营管理信息化平台监管。

十、构建高效便捷的通关体系。充分利用广州国际贸易"单一窗口"国际会展、市场采购、跨境电商等模块优势，为企业提供便利化服务。

十一、精准实施疫情防控。制定更有效和更精准的防疫措施，确保对企业经营的负面影响最小化。

十二、加强物流行业自律和管理。清理整治强制服务收费、哄抬价格、明码标价不规范等违法违规收费行为。

十三、加强普惠性金融物流支持。支持银行等金融机构利用普惠性金融政策，向符合条件的小微外贸企业提供物流方面的普惠性金融支持。

强化都市圈城市群合作共建与协同布局。面对全球化、区域化和信息化加速推进的发展趋势，广州立足粤港澳大湾区核心引擎定位，与佛山共同探索形成了一套特色鲜明的都市圈协同发展。在协调机制方面，广州创新构建了多层级联动体系。自 2009 年两市正式签署战略合作协议以来，建立起"党政四人领导小组—市长联席会议—分管副市长工作协调会议—专责小组"的协调机制。这一机制的特点在于：既有高层决策推动，又有执行层深度对接。既保持组织架构精简高效，又确保重点工作有效落地。在产业协同方面，广州探索出差异化发展新路径。通过明确"广州服务+佛山制造""广州创新大脑+佛山转化中心"的产业协同发展模式，推动形成产业发展互补格局。

（二）加强国际语言环境建设

国际语言环境建设是广州市积极参与全球城市治理体系、构建立体化友好城市网络的需要，也是提升城市外籍常住人口比例、吸引更多国际人才集聚的支撑条件。近年来，作为公共服务领域的外语服务快速发展，语言种类及服务类型不断丰富。广州已初步形成英语标识地方审核机制，重点公共场所英语标识基本规范，外语标识纠错渠道更加广泛，各窗口行业外语服务能力显著提升，多语种服务热线960169开通，并与政府、企业公共服务及应急热线建立联通工作机制，涉外便民服务不断创新，国际语言环境水平大幅提升。广州市还积极开发"外语标识纠错"小程序，为市民了解公共英文标识相关知识、提供纠错意见建议搭建便捷渠道，外事部门出台《广州市公共标识英文译法规范》，并定期向各部门收集新增词条，组织专家进行翻译。目前，广州正在积极探索以政府令的形式出台政府规章和通过人大立法出台管理条例。

（三）用更加开放的姿态参与国际竞合

在全球治理参与方面，广州率先探索城市层面的可持续发展新路径。在全国率先加入联合国可持续发展目标地方自愿陈述行动，向联合国提交发展目标实施报告，展现了城市践行可持续发展的积极姿态。此外，成功引入联合国世界粮食计划署全球人道主义应急仓库和枢纽，为国际社会提供全球抗疫应急响应支持。在国际交流合作方面，广州创新采用"请进来"与"走出去"相结合的模式。通过举办《财富》全球论坛、世界航线大会、世界港口大会、海丝博览会、从都国际论坛等重大国际会议，打造高水平对外交流平台。同时，积极组织开展广州故事会等城市推介活动，持续强化"花城""千年商都""美食之都"等城市品牌影响力。

专栏 2-6　广州国际城市创新奖

　　"广州奖"倡导城市创新发展的科学理念，旨在交流城市创新发展的先进经验，表彰城市和地方政府推动创新发展的成功实践，最终推动全球城市的可持续发展。在 21 世纪初，我国很少主动构建跨国城市网络，在国际多边合作组织中也缺乏主导权。即使在某些多边机制中担任重要职位，中国城市在话语权建构、议程设置以及形象塑造上也落后于发达国家。作为国际大都市，广州以敢为人先的精神成为中国国际交流合作的先行者，及时把握全球治理的机遇，开拓创新，在城市层面推出首个以中国城市命名的国际性奖项——"广州奖"。此后，"广州奖"与广交会、中国海外人才交流大会暨中国留学人员广州科技交流会共同成为广州对外交流合作的三大品牌，极大地提升了广州的知名度和国际影响力。"广州奖"每两年举办一次，截至 2024 年 1 月已完成第六届评选活动。每届均有超过 50 个国家和地区的 150 多个城市报名参评，参评项目累计超过 1600 个。"广州奖"参评项目主题主要涵盖基础设施和公共服务、城市规划治理、伙伴关系、技术、韧性城市、社会包容和性别平等多个领域。

深圳：积极提升全球市场"含深度"

一、基本情况

深圳是我国改革开放桥头堡，在国际交往特别是国际经济交往中始终走在前列。改革开放以来，深圳坚定不移推进改革开放，放眼全球市场，充分利用全球资源，加快建设更具全球影响力的经济中心城市和现代化国际大都市。2023年，深圳出口31年居我国内地城市首位，对外贸易覆盖全球200多个国家和地区；PCT国际专利申请量连续20年居全国城市首位，深港穗科技集群连续4年排名全球第二；国际及地区货运通航点通达5个大洲、26个国家和地区，基本实现深圳始发的国内货物1天送达[1]，国际货物最快2天内送达亚洲各主要城市、最快3天内送达全球其他主要城市[2]。

---

[1] 数据来源：《2024年深圳市政府工作报告》，载深圳市政府网站，2024年2月7日，https://www.sz.gov.cn/cn/xxgk/zfxxgj/zwdt/content/post_11141398.html 。

[2] 数据来源：《鹏城建设｜深圳机场三跑道计划于2025年建成！》，载鹏城智库观察微信公众号，2024年8月14日。

二、亮点做法

（一）搭建国际经贸桥梁纽带

深圳持续完善国际经贸服务网络，强化企业"走出去"平台支撑。目前，深圳在"一带一路"共建国家和地区设立 11 个驻外经贸联络处，及时提供当地经贸咨询、供需信息以及营商环境等相关信息，助力深圳企业对接境外经贸信息与资源。此外，深圳还设立了 4 个海外展示交易中心，定期举办开放日、对接会、洽谈会等活动。据统计，各驻外经贸联络处已促成超 51 亿元企业合作协议，超亿元海外订单，并协助完成 11 场海外招商活动、举办超 100 场海外经贸合作交流会[①]。

积极亮相国际展会。深圳鼓励支持企业参加世界专业展会，通过展会争取海外订单、拓展国际市场，深圳企业在"东京人工智能展览会""印尼国际消费类电子及家用电器展""德国纽伦堡传感器及测试测量展览会"等各类国际展会频频亮相。2023 年，深圳 700 余家企业通过参展达成超 24 亿元的贸易订单[②]。

打造"跨国企业深圳行"名片。针对世界 500 强企业、行业领军企业、隐形冠军企业等有合作意向的企业，深圳通过持续举办"跨国企业深圳行"，为外资企业了解深圳投资环境、对接深圳本土优质企业提供良好平台。2023 年，深圳举办的"跨国企业深圳行"系列活动共组织生物医药、汽车制造、金融等领域约 200 家企业赴深考察调研，有效促进了深圳国际经贸交流。

[①] 数据来源：《做好国际经贸桥梁纽带，提升全球市场"含深度"》，载深圳贸促微信公众号，2024 年 8 月 19 日。

[②] 数据来源：《权威发布 | 深圳如何增加全球市场"含深度"？》，载深圳发布微信公众号，2024 年 6 月 7 日。

（二）强化知识产权保护

完善知识产权制度体系。深圳以"对标国际、引领全国、服务湾区"的知识产权强市样板为目标，积极与国际先进制度接轨。2023年出台并实施《深圳市国家知识产权保护示范区建设方案》，率先建立并实施知识产权侵权惩罚性赔偿制度、率先以立法形式规定"应当赋予科技成果完成人或者团队科技成果所有权或者长期使用权"，激励创造、保护投资，强化创新链与产业链融合发展的制度支撑与法律保障。作为首批国家知识产权强市建设示范城市，深圳知识产权快速协同保护工作、海外纠纷应对指导两方面考核蝉联全国第一[1]。

积极提升海外知识产权布局能力。构建"海外风险防控、案件监测响应、纠纷应对指导、意识能力提升、资源整合共享"的"五位一体"的全流程海外知识产权维权工作体系，指导和帮助企业积极主动应对海外知识产权风险。据统计，深圳的美欧日韩专利公开量、专利授权量在全国各大城市中均排名第一[2]。

专栏2-7　深圳"创新海外知识产权保护工作机制"

2024年12月31日，国家发展改革委公布了《关于推广借鉴上海浦东新区、深圳、厦门综合改革试点创新举措和典型经验的通知》，深圳的"创新海外知识产权保护工作机制"名列其中。

"创新海外知识产权保护工作机制"，即完善风险预警防控—案件监测响应—纠纷应对指导—意识能力提升—资源整合共享"五位一体"的海外知识产权一体化服务平台，构建"国外布站点、国内建基地"的保护格局，聚焦"事前"风险防控、"事中"应对指导、"事后"总结提升等环节，打造海外知识产权纠纷应对指导"全流程"服务机制。创新做法主要表现在三个方面：

---

[1] 数据来源：《深圳实施最严格知识产权保护》，载人民网，2023年10月10日，http://sz.people.com.cn/n2/2023/1010/c202846-40597927.html。

[2] 数据来源：《深圳知识产权多项指标居全国第一》，载深圳市政府网站，2024年4月26日，https://www.sz.gov.cn/cn/xxgk/zfxxgj/zwdt/content/post_11262351.html。

> 一是实时监测热点地区和重点行业案件动向，紧盯案件立案、禁令发布、案件审结等关键环节，为深圳企业提供有针对性的海外专利、商标预警分析服务。
>
> 二是首创"国内专利预审+海外PPH"通道，加快国内专利和国际专利联动，建立海外专利快速预审机制，推动1700余件预审专利快速开展海外专利布局，将全球专利布局周期从3年以上缩短至1年以内。
>
> 三是提供"一对一"纠纷应对指导，建设海外法律信息库、海外维权专家库以及海外典型案例库。
>
> 截至2025年初，已累计监测海外知识产权纠纷案件1905件，为1943家企业提供应对指导服务，帮助企业节省诉讼费用超5000万美元，减少经济损失超21亿美元。

（三）激发创新能力

大力推进科技创新。深圳统筹推进教育科技人才体制机制一体改革，加快打造具有全球重要影响力的产业科技创新中心。通过"平台+团队"整建制引进首席科学家及团队成员，为全球顶尖人才提供创新平台。推广经费"包干制"和"负面清单制"，助力科研人员专心科研。探索建立以创新价值、能力、贡献为导向的人才分类评价体系，优化科技人才评价考核。此外，深圳还积极扩大国际科技交流与合作。一方面，通过深化"一带一路"科技创新载体空间合作以及在全球创新资源集聚地区布局海外创新中心，借力国际创新资源。另一方面，聚焦人工智能、工业互联网以及绿色环保技术等领域，推动与科技发达的"一带一路"共建国家携手开展研究工作。此外，携手新加坡等国家，推动智慧城市、大数据以及云计算等建设与发展。

塑造创新文化。敢闯敢试、敢为人先、创新求变、开放多元、自由包容是深圳创新文化的根基。深圳提出"来了就是深圳人"的城市口号，成为深圳包容与创新的基础。深圳还颁布《深圳经济特区个人破产条例》，并实现我国境内首宗个人破产案审结执结,为"诚实但不幸"者提供重新再来的制度保障,也增强创新创业者的信心。良好的创新文化吸引国内外众多民众赴深交流、求学、居住。截至 2024 年 8 月,共有 18 位外国元首或政府首脑到访深圳,深圳边检总站累计查验出入境外国人 246.7 万次,2024 年深圳高校共录取来自 80 多个国家和地区的 2393 名外国学生①。

专栏 2-8　深圳重磅发布《关于实施更加积极更加开放更加有效的人才政策　促进人才高质量发展的意见》

2023 年 11 月 1 日,即第七个"深圳人才日",深圳发布了《关于实施更加积极更加开放更加有效的人才政策　促进人才高质量发展的意见》(以下简称《意见》)。《意见》从人才引进、培养、开发、使用、服务等方面发力,充分彰显了深圳"不唯地域、不问出身、不求所有、不拘一格、不遗余力"的求才之道。

一是不唯地域引进人才。就是要摒除地域偏见,放眼全球,拓展国际视野。《意见》提出,实施顶尖人才汇聚项目、企业人才汇聚项目、创业人才汇聚项目、青年人才汇聚项目、构建海外引才支持体系、优化海外人才寻聘机制等。显示深圳唯才是举,彰显引才大思路、大视野,凸显"聚天下英才而用之"的气魄和格局。

二是不问出身培养人才。就是要聚焦人才的真才实学和创新成果,以实干实绩来评定人才,既能够打通人才向上晋升的"天花板",又能够让有才华的人才,找到实现抱负的舞台。要让人才不靠"出身"也可以"出彩",在深圳营造"只要有真本事就能做成事"的良好环境。

三是要不求所有开发人才。就是要为充分释放人才的潜力潜能创造条件,不用拘泥于是不是"属于"深圳。人才就像水一样,深圳这个蓄水池,需要的是打通跟大江大海的渠道,让更多的水能够流入、流动,推陈出新,永葆活力。《意见》提出加快建设战略人才力量,优化实施杰出人才培养专项,定期遴选若干名具有成长为大师和战略科学家潜力的培养对象,也提出实施人才素质提升项目,贯通

---

① 数据来源:《深圳发力写"外"文:9 个月 18 位外国领导人"打卡",入出境外国人暴增 1.5 倍》,载第一财经网站,2024 年 9 月 5 日,https://baijiahao.baidu.com/s?id=1809319280983166703&wfr=spider&for=pc。

技能人才成长通道和发展路径。同时，明确提出落实破除"唯论文、唯职称、唯学历、唯奖项"要求，建立以创新价值、能力、贡献为导向的人才分类评价体系。

四是不拘一格用好人才。就是要深化改革，让人才能够"放开手脚"，让人才的聪明才智充分涌流。《意见》提出，实施顶尖科学家全权负责制，建立以信任为基础的人才使用机制，允许失败、宽容失败，对顶尖科学家赋予其用人权、用财权、用物权、技术路线决定权、内部机构设置权和人才举荐权；探索制定境外人才为深圳市工作认定办法，纳入人才政策服务保障范围；支持保障人才潜心科研；推进赋予科研人员职务科技成果所有权或长期使用权试点工作。

五是不遗余力服务人才。就是要做到全方位、千方百计，就必须"不遗余力"、毫无保留，把深圳的诚意百分之百传递给人才。《意见》提出，"事业无忧"拓展人才创新创业支持举措、"往来无忧"提升人才出入境便利化水平、"安居无忧"构建人才住房多元化保障体系、"生活无忧"打造教育养老医疗配套宜居环境、"申办无忧"完善人才政策福利兑现渠道。体现了深圳构建全方位、全周期人才服务体系，营造人才发展"好环境"的胸怀与承诺。

杭州：坚持数字赋能城市国际化

一、基本情况

杭州早在 13 世纪便被马可·波罗赞叹为"世界上最美丽华贵之天城"。近年来，杭州充分利用数字经济优势，着力打造世界一流的社会主义现代化国际大都市。杭州先后成功举办 G20 杭州峰会、第 19 届杭州亚运会、第二届全球数字贸易博览会。2023 年，杭州经济总量达 2847 亿美元、人均 GDP 近 2.3 美元，分别相当于世界排名 47 位、52 位左右的经济体。2023 年，杭州市对外贸易进出口总额达 8030 亿元，跨境电商进出口总额 1400 亿元、服务贸易出口额 182 亿美元、离岸服务外包合同执行额 93.6 亿美元，服务外包示范城市综合评价全国第一[1]。

---

[1] 数据来源：《2023 年杭州市国民经济和社会发展统计公报》，载杭州市统计局网站，2024 年 3 月 15 日，https://tjj.hangzhou.gov.cn/art/2024/3/15/art_1229279682_4246532.html。

二、亮点做法

（一）深化数字贸易合作

积极推动制度开放。杭州制定并实施全国首部数字贸易地方立法《杭州市数字贸易促进条例》，推动数字贸易统计体系建设工作，争取到国务院批准允许外商捐资举办非民营性养老机构、向外资开放国内互联网虚拟专用网业务。服务外包示范城市综合评价位列全国第一，服务业扩大开放综合试点任务落地实施率领跑全国第三批试点城市①。深化国家科创金融改革试验区建设，开展智能信贷、智能投顾等智能化金融服务，深化本外币合一银行结算账户体系试点，打造全球首个跨境支付结算中心，支持第三方支付企业获取境内外支付牌照，面向全球搭建数字金融服务网。

主动拓展跨境电商市场。杭州联合阿里巴巴、亚马逊、eBay、Wish、Shopee、日本乐天等全球主要电商平台，借助海外主流营销渠道，针对"一带一路"共建国家或地区的不同消费特性定向推广杭州地区的跨境电商产业带，引导企业以数字营销带动品牌建设，开拓"一带一路"海外市场，助力杭州品牌出海。

打造数字经济产业集群。直播电商方面，以全国直播电商第一城为目标，杭州积极构建数字人虚拟主播、元宇宙消费场景等新业态新模式，发展电商直播基地、公共直播间，推动供应链金融、智慧物流融合发展，不断探索电子商务创新。数字内容产业方面，杭州充分发挥数字影视、数字游戏、数字阅读、数字音乐、数字动漫等方面的比较

---

① 数据来源：《服务业扩大开放综合试点评估成绩揭晓，杭州位居全国第二！》，载杭州商务微信公众号，2024年12月12日。

优势，持续推进数字文化融合创新，打造线上线下融合的沉浸式数字文化产品和空间。

专栏 2-9　杭州制定并实施全国首部数字贸易地方立法《杭州市数字贸易促进条例》

2024 年 3 月 29 日批准、2024 年 6 月 1 日起实施的《杭州市数字贸易促进条例》(以下简称《条例》)，是全国首部数字贸易领域地方性法规。《条例》共七章、四十八条，结合杭州数字贸易发展实际，在清晰界定数字贸易概念的基础上，围绕数字贸易业态模式、主体培育、数字营商环境、开放与合作、保障措施等方面作了规定。

第一条　为了促进数字贸易发展，优化数字贸易市场环境，促进经济高质量发展，根据有关法律、法规的规定，结合本市实际，制定本条例。

第二条　本市行政区域内促进数字贸易发展相关工作，适用本条例。本条例所称数字贸易，是指以数据资源为关键要素、数字服务为核心、数字订购或者数字交付为主要特征的对外贸易活动。其中，数字交付贸易包括数字技术贸易、数字服务贸易、数字产品贸易和数据贸易等，数字订购贸易包括跨境电子商务活动等。

第三条　发展数字贸易应当遵循扩大开放、深化改革、创新引领、包容审慎的原则。

第四条　市人民政府应当加强对本市数字贸易发展工作的领导，将数字贸易发展纳入本市国民经济和社会发展规划纲要，建立健全数字贸易发展工作协调机制，统筹政策制定，督促检查政策落实，协调数字贸易发展中的重大问题，推进数字贸易开放发展和对外合作，推动杭州成为数字贸易国际枢纽。区、县（市）人民政府应当根据本市数字贸易发展规划和本行政区域内数字贸易发展状况，制定并实施符合本行政区域数字贸易发展实际的政策措施。

第五条　市和区、县（市）商务主管部门负责推进、协调、督促本行政区域内的数字贸易发展工作。市经济和信息化主管部门负责协调推进本市数字贸易信息基础设施建设等工作。市网信主管部门负责统筹协调网络数据安全和相关监管工作。发展和改革、财政、公安、科技、数据资源、文化广电旅游、市场监督管理、地方金融监管、规划和自然资源、人力资源和社会保障、教育、统计、贸促等部门和单位，应当按照各自职责协同推进数字贸易发展工作。

第六条　市商务主管部门会同发展和改革、经济和信息化、规划和自然资源等主管部门编制数字贸易发展规划，报市人民政府批准后组织实施。

第七条　鼓励和支持对标国际国内先进经验和规则，在法治框架内探索促进数字贸易发展的改革创新措施。改革创新措施涉及调整现行法律、法规、规章等有关规定的，依照法定程序经有权机关授权后，可以先行先试。改革创新出现失误，但是符合国家和省确定的改革方向，决策程序符合法律、法规规定，且勤勉尽责、未牟取私利，主动挽回损失、消除不良影响或者有效阻止危害结果发生的，对有关单位和个人不作负面评价。

（二）推进文明互学互鉴交流

主动服务国家总体外交。杭州主动争取国家和省级相关部门支持，以经济发展为基础与保障，重点突出安保及环保，成功举办G20杭州峰会。为充分发挥"一带一路"建设重要节点城市，高质量参与"一带一路"建设，杭州协同中国人民对外友好协会在世界城市和地方政府联合组织（世界城地组织）框架内联合发起成立"一带一路"地方合作委员会（简称BRLC），且BRLC秘书处作为常设机构永久落户杭州。积极推动BRLC秘书处实体化运作，举办"一带一路"地方合作委员会第二届全体会议及理事会会议，拓展会员网络2023年会员总数达91个[①]。

打造国际"赛""会"之城。赛事方面，积极承办国际重要赛事，成功举办杭州亚运会、2023—2026年世界羽联世界巡回赛总决赛、世界短池游泳锦标赛、世界水上运动大会、CBA联赛等，并积极筹备首届国际皮划艇超级杯。与此同时，杭州充分利用"亚运遗产"，积极申办国际顶级赛事，与世界羽毛球联合会、国际皮划艇联合会、国际曲棍球联合会集中签约，有望举办羽毛球、皮划艇、曲棍球相关的国际顶级赛事。会议方面，杭州是国际标准化组织会议基地，中国国际茶叶博览会、世界工业设计大会、世界旅游联盟总部永久落户杭州，且国内唯一一个以数字贸易为主题的国家级、国际性、专业型展会"全球数字贸易博览会"在杭州成功举办第二届后继续举办第三届。2024年，杭州举办了AIPPI世界知识产权大会。

加强城市交流与合作。杭州在积极拓展国际朋友圈的同时，注重优化友城布局，深入拓展交流合作领域，通过签署友好合作备忘录及相关

---

① 数据来源：《高质量书写"一带一路"地方合作杭州篇章》，载杭州外事港澳微信公众号，2024年6月6日。

合作协议、举办推介会、设立全国首个"杭州国际日"、举办"杭州国际友城市长论坛""杭州国际日"品牌活动等多种方式,提升友城交流交往水平。杭州国际友好城市(市级)达 31 个,国际友好交流关系城市(市级)44 个[①]。

专栏 2-10　杭州实施"亚运记忆工程"

2023 年 9 月 23 日,杭州第 19 届亚运会盛大开幕并圆满结束,为杭州留下了宝贵的物质和精神财富。为了永久留存这些珍贵的亚运记忆,杭州依托杭州亚运会博物馆,实施"亚运记忆工程",打造亚运品牌传播阵地。

一方面,杭州永久性保留城市地标性景观、主火炬塔、开闭幕式演出、数字应用场景等具有辨识度的亚运成果,将这些具有辨识度的亚运成果固化下来留存亚运经典记忆。另一方面,杭州创新开发"湘湖·雅韵"实景演艺,进一步将亚运记忆融入城市文化标识中,让亚运印记成为杭州的鲜明文化标识。此外,为了更广泛地传播亚运精神,杭州市还开展了"亚运记忆"图片展活动,邀请市民分享他们与亚运会相关的照片,这些作品不仅记录了赛事的精彩瞬间,也成了亚运文化遗产的一部分。同时,通过数字化手段,系统性地收集和整理了大量与亚运会相关的档案资料,以确保这些珍贵的历史信息能够被长期保存和利用。

"亚运记忆工程"不仅注重物质遗产的保存,还通过创新的数字技术和文化活动,使亚运精神得以广泛传播和深入人心。这一工程的实施,不仅为杭州留下了宝贵的亚运遗产,也为其他城市提供了宝贵的经验和参考。

---

① 数据来源:《杭州市国际友好交流关系城市(市级)》,载杭州市人民政府外事办公室网站,http://fao.hangzhou.gov.cn/col/col1693393/index.html?key。

专家建言篇

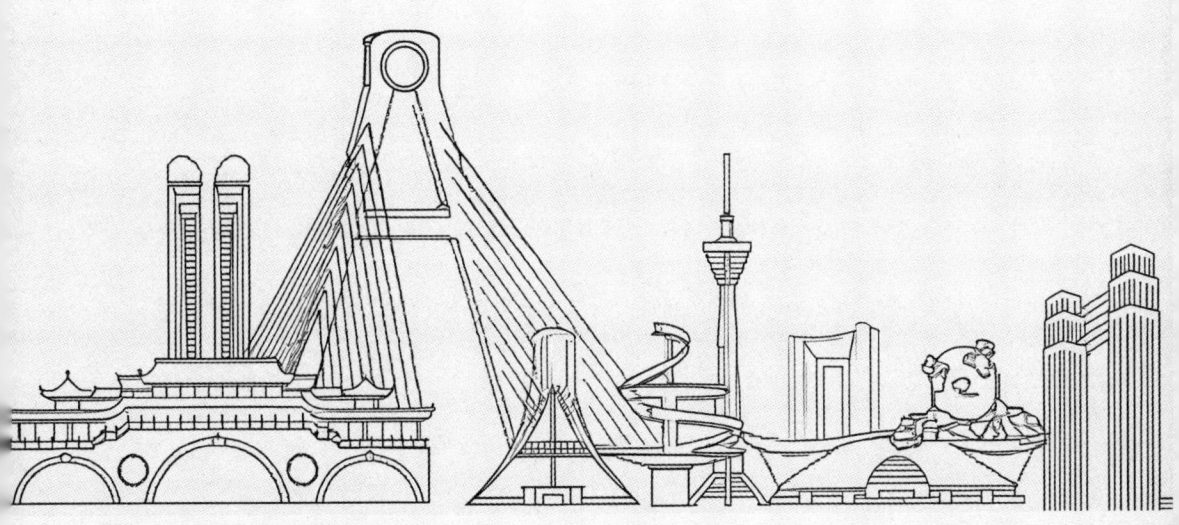

专家建言篇：服务国家总体外交

成都构筑向西开放战略高地和参与国际竞争新基地的路径及建议

吴 军

西南财经大学西财智库 教授

2023年7月，习近平总书记在四川考察时指出，要坚持"川渝一盘棋"，加强成渝区域协同发展，构筑向西开放战略高地和参与国际竞争新基地，尽快成为带动西部高质量发展的重要增长极和新的动力源[①]。2024年11月，四川省对外开放发展大会进一步明确"积极服务国家对外开放总体战略，全方位推进四川开放发展，加快构筑向西开放战略高地和参与国际竞争新基地，以高水平对外开放谱写中国式现代化四川新篇章"。成都作为四川推动对外开放和参与国际竞争的主支撑、主引擎，在构筑向西开放战略高地和参与国际竞争新基地中承担着重大使命，在国家统筹发展和安全、构建"双循环"新发展格局、推动共建"一带一路"进入高质量发展新阶段中肩负着重大责任，同时也面临着全面增强战略位势、提升国际化发展能级、增强高质量发展动力的重大机遇。中共成都市委十四届五次全会通过的《关于加快建设国际门户枢纽城市以高水平开放推动高质量发展的决定》提出，要坚决扛起推进"两高地、

---

① 交通运输部编写组：《深入学习习近平关于交通强国的重要论述》，人民出版社2024年版，第240页。

两基地、一屏障"①建设的重大使命，努力绘就更加美好的中国式现代化万千气象成都图景。中共成都市委十四届六次全会明确完善高水平对外开放体制机制，稳步扩大制度型开放，健全高水平开放通道枢纽体系，深化外贸、外商投资、对外投资管理体制改革，健全国际消费中心城市建设体制机制，加快建设西部对外交往中心。本文基于对成都参与国际竞争相对位势的定量分析，为成都构筑向西开放战略高地和参与国际竞争新基地（以下简称"两地"）提出路径措施建议。

一、构筑向西开放战略高地和参与国际竞争新基地的重大意义

党中央赋予川渝构筑"两地"的重大责任和使命，进一步明确了川渝地区在推动构建对外开放新体系、提升我国产业链供应链韧性和安全水平、带动西部地区高质量发展、加快建设国家战略腹地中的定位，为川渝地区精准服务新形势下的国家开放发展大局、增强在全国发展战略中的位势提供了重大政策机遇。

（一）构筑"两地"是更好应对外部风险，强化泛欧泛亚对外开放的需要

随着我国综合实力和国际影响力的增强，以美国为代表的传统西方国家为维护其竞争优势和全球霸权，将中国作为全球"最重要的战略竞

---

① "两高地、两基地、一屏障"是2023年7月习近平总书记来川考察时赋予四川的使命任务，即打造西部地区创新高地，打造保障国家重要初级产品供给战略基地，构筑向西开放战略高地和参与国际竞争新基地，筑牢维护国家生态安全的战略屏障。

争对手",持续加大对华战略遏制。党中央立足国际和国内两个大局,统筹发展和安全两大主题,加快推动以共建"一带一路"为重点的国际合作和以构建"双循环"新发展格局为重点的国内分工,着力在应对外部风险与不确定性中增强我国现代化建设的确定性。在向东开放部分受阻、面临风险显著加大的形势下,加快提升以西向、南向开放为重点的亚欧经贸合作水平,是防范化解重大风险、团结中间立场国家、拓展国际合作新空间的紧迫需要。同时,为了增强我国现代化建设和国际开放合作的确定性,必须改变"主要家当都摆在沿海一带"的局面,更加突出向西开放的战略功能,推动内陆从"后卫"变"前锋"。川渝地区是丝绸之路经济带、西部陆海新通道、长江经济带的交汇处,具有"联动东西、带动南北"的区位优势,在国家向西开放和向南开放中具有突出的战略枢纽优势。推动川渝协同构筑"两地",是更好应对外部风险、优化我国对外开放体系、强化国家向西开放力度、深化泛欧泛亚国际合作、拓展中国式现代化新空间的战略需要。

(二)构筑"两地"是优化国内生产力布局,提升我国产业链供应链韧性和安全水平的需要

产业链供应链的韧性和安全水平反映国家经济抗风险能力的大小,对现代化经济体系运行具有重要影响。在贸易保护主义、单边主义的影响和冲击下,强化产业链供应链的安全稳定更加迫在眉睫。习近平总书记在川视察时指出:"四川是我国发展的战略腹地,在国家发展大局特别是实施西部大开发战略中具有独特而重要的地位。要依托制造业的独特优势,积极服务国家产业链供应链安全,高质量对接东部沿海地区产

业新布局。"①推动川渝协同构筑"两地"，有利于更好发挥两地的地缘、产业、科技等核心优势，提升我国产业链供应链的完整性、可控性与稳定性，有力服务国家产业链供应链安全。从完整性角度看，川渝地区产业门类较为齐全、基础实力较为雄厚，具备基本的物资生产、装备制造、零部件供应和能源原材料供给能力。从可控性上看，川渝地区在产业关键核心环节具有基础优势，有利于加快形成更加安全可靠的产业链供应链体系。从稳定性上看，川渝地区发挥强链补链作用有助于增强我国产业链供应链韧性，从整体上提升我国高效补链、快速组链、灵活换链的能力。从互补性上看，川渝地区与泛欧泛亚地区存在巨大合作空间，与亚欧国家的经济互补性很强，经贸合作潜力巨大。

（三）构筑"两地"是推动我国区域协调发展，引领带动西部地区高质量发展的需要

在川渝地区打造带动全国高质量发展的重要增长极和新的动力源，是党和国家赋予成渝地区双城经济圈的重大使命。而对全国经济的带动作用，首先就体现在对西部经济的辐射带动上。

习近平总书记在赋予川渝构筑"两地"的重大使命时，将落脚点放在"尽快成为带动西部高质量发展的重要增长极和新的动力源"②这一重大要求上，鲜明地体现出党中央对川渝地区加快自身发展、联动西部发展、带动东西部协调发展寄予的厚望。习近平总书记强调要"尽快"形成带动效应，体现了这一任务的紧迫性。川渝资本集中效应、

---

① 《习近平在四川考察时强调 推动新时代治蜀兴川再上新台阶 奋力谱写中国式现代化四川新篇章》，载《人民日报》，2023 年 7 月 30 日，第 1 版。
② 新华社记者：《唱好新时代西部"双城记"》，载求是网，2024 年 6 月 1 日，http://www.qstheory.cn/dukan/qs/2024-06/01/c_1130154161.htm。

规模经济效应、技术创新与扩散效应、资源聚集效应在西部地区最为突出，推动川渝协同构筑"两地"，有利于加速做强成渝地区双城经济圈，进一步增强川渝地区在西部的增长极作用，尽快形成辐射效应和扩散效应，带动西部经济高质量发展。国家正加快西部地区交通、物流、信息基础设施建设，加快建设全国统一大市场，推动川渝协同构筑"两地"，有利于加快川渝地区与其他西部地区的要素流动，促进西部地区之间的产业与市场协同互补。

（四）构筑"两地"是加快建设国家战略腹地，扩大国家发展战略回旋空间的需要

习近平总书记在川考察期间特别指出，"新时期、新时代还是有一个大后方的概念的"，明确要求川渝地区"要成为高质量发展的一个增长极，一个新的动力源"[①]。这一重要论断，既强调了在当前更加复杂的国际形势下，基于国家统筹发展和安全的战略需要以及推动区域协调发展的核心布局，建好建强国家战略腹地的必要性、紧迫性，又对川渝在全国大局中发挥重要支撑保障作用提出了明确要求。当前，国家经济重心仍然分布在沿东部海岸线 200 公里以内的地区，在国际形势尤其是大国关系面临重大变化的背景下，从国家统筹发展与安全的角度看则意味着风险过大。川渝协同构筑"两地"，有助于有序引导东部地区向内陆地区疏解产业功能，拓展战略纵深，保障经济安全。川渝是联通欧亚、稳藏安康和经略周边的战略要冲，构筑"两地"，有助于增强与西向、

---

① 任平：《以"新格局"绘写"新篇章"——新时代推动西部大开发观察》，载《人民日报》，2024 年 6 月 4 日，第 1 版。

南向重点国家与新兴国家的交流合作,构建多元化的开放通道体系和战略物资保供体系,扩大我国发展与安全战略回旋空间。

二、成都构筑向西开放战略高地和参与国际竞争新基地的相对位势

基于对构筑"两地"的重大意义分析,结合国家统筹发展与安全的需要,参考国内外代表性评价模型,本文构建了"国内重点城市国际竞争力评价指标体系"(见表3-1),设立了经济实力、产业实力、战略安全、科技创新、通道枢纽、文化传播6个一级指标。按照"与一线城市比较找差距、与中部城市比较找特色、与西部城市比较找优势"的原则,选取上海、深圳2个对标城市以及东、中、西部在对外开放上各具优势和特色的7个城市(东部:杭州、南京;中部:武汉、郑州、合肥;西部:重庆、西安)作为比较对象;通过查找各城市2023年统计公报、政府规划、政府官方网站、wind数据库、第三方研究报告及发布的指数等途径,收集相关数据资料;并综合运用德尔菲法[①]、指数合成法[②],从比较视角分析成都对外开放和参与国际竞争的总体位势与优劣势。

[①] 德尔菲法是一种反馈匿名函询法,其大致流程是:在对所要预测的问题征得专家的意见之后,进行整理、归纳、统计,再匿名反馈给各专家,再次征求意见,再集中,再反馈,直至得到一致的意见。本文依据德尔菲法确定指标权重,综合10位专家意见综合确定6个一级指标权重,经济实力、产业实力、战略安全、科技创新、通道枢纽、文化传播的权重分别为0.201、0.174、0.155、0.174、0.180、0.166。

[②] 指数合成法是一种用于综合评价多个指标的方法,通过将多个指标的得分加权合成为一个综合得分,以反映被评价对象的整体情况。本文首先对性质和计量单位不同的指标进行无量纲化处理,然后将各级指标得分乘以对应权重后相加得出综合评分。

表 3-1　国内重点城市国际竞争力评价指标体系

序号	一级指标	二级指标	三级指标	单位
1	经济实力竞争力	经济规模	地区生产总值	亿元
2			劳动年龄人口	万人
3		经济质量	人均GDP产出	万元/人
4			单位面积GDP产出	万元/平方千米
5			人均社会消费品零售总额	万元
6			城市双碳指数	—
7		经济外向度	外商直接投资实际使用额	亿美元
8			货物进出口总额	亿元
9			外贸依存度	%
10		资源配置	金融中心指数	—
11	产业实力竞争力	工业实力	规上工业总产值	亿元
12			第二产业年均增速（近3年）	%
13		产业结构	非农产业占GDP比重	%
14			未来产业发展竞争力指数	—
15		产业整合	民营企业数量	万家
16			本地世界500强数量	家
17			本地中国500强数量	家
18			本地上市公司数量	家
19			累计国家专精特新"小巨人"企业数量	家
20		产业开放	本地跨国企业100强数量	家
21			外商及港澳台工业企业数比例	%
22	战略安全竞争力	军事保障力	是否为五大战区机关驻地	个
23			拥有军校数量	所
24			常住人口数	万人

续表

序号	一级指标	二级指标	三级指标	单位
25	战略安全竞争力	能源保障力	煤炭储量（所在省份）	亿吨
26			探明石油储量（所在省份）	万吨
27			天然气探明储量（所在省份）	亿立方米
28			年发电量（所在省份）	亿千瓦时
29		粮食保障力	年产粮食总量	万吨
30			年产粮食总量（所在省份）	万吨
31		应急保障力	每千人卫生技术人员数	名
32			每千人卫生医疗机构床位数	个
33			是否有省级及以上消防应急物资储备库	个
34			城市应急能力评价指数	—
35	科技创新竞争力	功能平台	国家级研发机构数	个
36			国家级科技企业孵化器和众创空间数	个
37			科技部火炬中心国家高新区排名	位次
38		创新主体	高新技术企业数	万家
39			独角兽企业数	家
40			QS世界前500高校数	所
41		专业人才	城市人才总量	万人
42			城市创新人才指数	—
43		创新成果	每万人有效发明专利拥有量	件
44			获得国家科学技术奖数	个
45			累计参与制定产业国际标准数	个
46			城市研发投入强度	%
47	通道枢纽竞争力	国际航空枢纽	国际（地区）航线数	条
48			机场旅客年吞吐量	万人
49			机场货邮年吞吐量	万吨

续表

序号	一级指标	二级指标	三级指标	单位
50		国际铁路枢纽	中欧班列年开行量	列次
51			铁路年货运量	万吨
52			铁路年客运量	万人
53		国际水运枢纽	水路年货运量	万吨
54			水路年客运量	万人
55		国际通信枢纽	累计5G基站数量	万个
56			数字城市竞争力指数	位次
57		区域公路枢纽	公路通车总里程	公里
58			高速公路通车里程	公里
59	文化传播竞争力	文旅资源	世界遗产数量	个
60			国家级非遗数量	个
61			4A及以上景区数量	个
62			国家备案博物馆数量	家
63		国际交流	城市会展竞争力指数	—
64			旅游外汇收入	亿美元
65		海外知名度	城市海外传播指数	—

（一）总体位势

成都的对外开放和参与国际竞争水平在第二梯队中处于"领头羊"位置。依据指标数据分析（见图3-1），10个城市分为三个梯队，第一梯队为上海、深圳，国际竞争力综合指数均在0.50以上；第二梯队包括成都、重庆、杭州、武汉、南京，综合指数在0.39~0.49之间；第三梯队包括西安、郑州、合肥，综合指数在0.39以下。

从分项指数看,成都市在战略安全竞争力、通道枢纽竞争力、文化传播竞争力三个方面的相对竞争优势较为突出,分列第 1 位、第 3 位、第 3 位;经济实力竞争力、产业实力竞争力、科技创新竞争力三个方面的竞争力指数则分列第 4 位、第 4 位、第 7 位,总体处于中游水平。

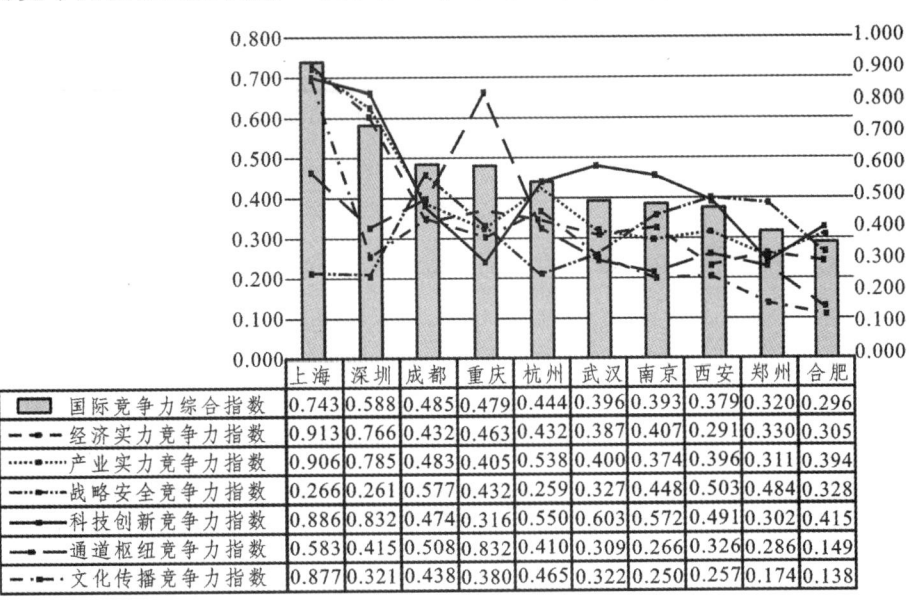

图 3-1 10 个城市国际竞争力综合指数比较

(二)相对优势

成都的经济实力和产业实力竞争力优势较强,战略安全竞争力优势领先,通道枢纽竞争力优势突出,文化传播竞争力优势明显。

一是经济实力竞争力、产业实力竞争力较强,经济规模、产业结构和产业整合优势较为突出(见图 3-2)。成都市经济实力竞争力指数为 0.432,仅次于上海(0.913)、深圳(0.766)、重庆(0.463)三个城市,与杭州并列第 4,小幅领先于南京(0.407)和武汉(0.387),明显超过郑州、合肥和西安;其中,经济规模指数为 0.562,仅次于上海(0.937)、重庆（0.783）和深圳（0.716）。产业实力竞争力指数为0.483，居10个城市第4位，与上海（0.906）、深圳（0.785）的差距较大，小幅领先于重庆（0.405）、武汉（0.400）；其中，产业结构指数为0.763，仅次于上海（1.000）和深圳（0.903），居第3位，小幅领先于杭州（0.693）、武汉（0.679）、合肥（0.673）、西安（0.653），显著领先于重庆（0.598）、南京（0.582）和郑州（0.575）；产业整合指数为0.314，居第4位，但与上海（0.993）、深圳（0.872）、杭州（0.594）相比有较大差距，相对于西安（0.212）、重庆（0.198）、武汉（0.192）、南京（0.151）四市的领先优势并不明显。

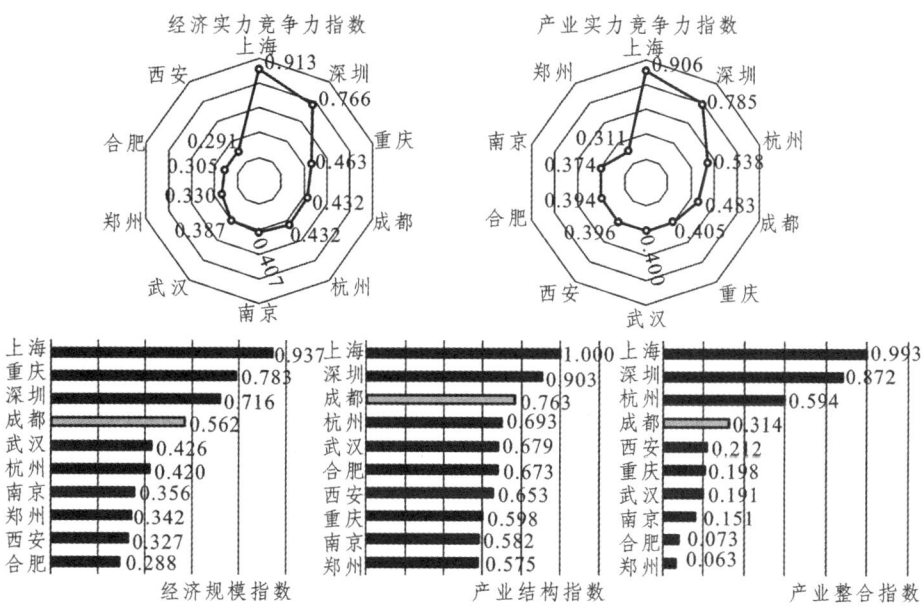

图3-2 10个城市经济、产业实力竞争力及部分分项指标比较

二是战略安全竞争力高居榜首，军事、应急保障力指数保持领先，能源、粮食保障力具有比较优势（见图3-3）。成都市战略安全竞争力指数为0.577，位居10个城市之首，小幅领先于西安（0.503）和郑州（0.484），

远超上海（0.266）、深圳（0.261）、杭州（0.259）等东部沿海城市。其中，军事保障力指数、应急保障力指数均排名第1，能源保障力指数排名第2（仅次于西安），粮食保障力指数排名第4（落后于重庆、郑州、合肥）。同时，成都在四个二级指标中并无明显短板，综合优势较为突出。

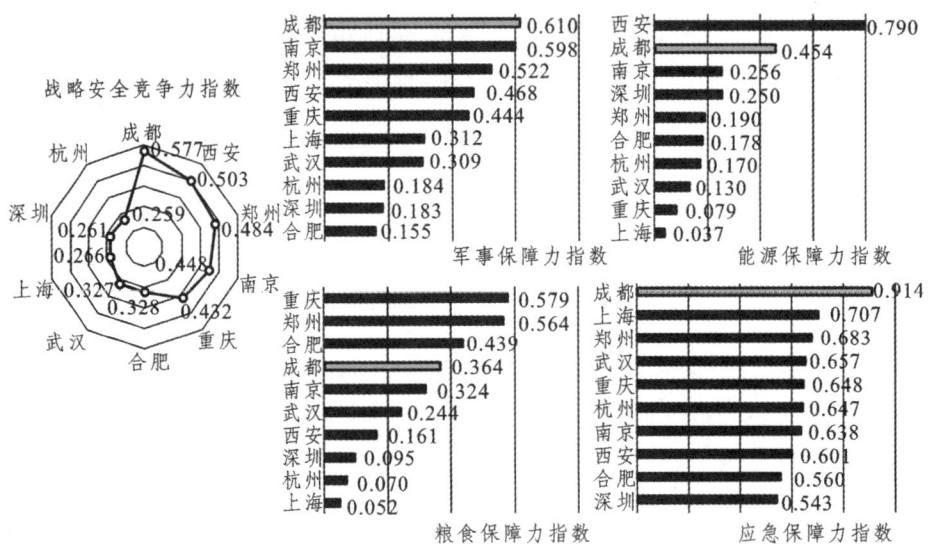

图3-3 10个城市战略安全竞争力及分项指标比较

三是互联互通水平较为突出，航空、铁路、公路、通信枢纽支撑力较强（见图3-4）。成都市的通道枢纽竞争力指数为0.508，位居10个城市第3位，仅次于重庆（0.832）和上海（0.583），较其他城市有较为明显的相对优势。国际航空枢纽竞争力位列第2，仅次于上海；国际铁路枢纽竞争力位列第3，仅落后于重庆和西安；国际通信枢纽竞争力位列第3，仅落后于上海、深圳；区域公路枢纽竞争力位列第2，仅落后于重庆。总体看，除国际水运枢纽指数外，成都其他四类枢纽的竞争力均较为突出，奠定了成都作为开放型立体综合交通枢纽的整体优势。

专家建言篇：服务国家总体外交

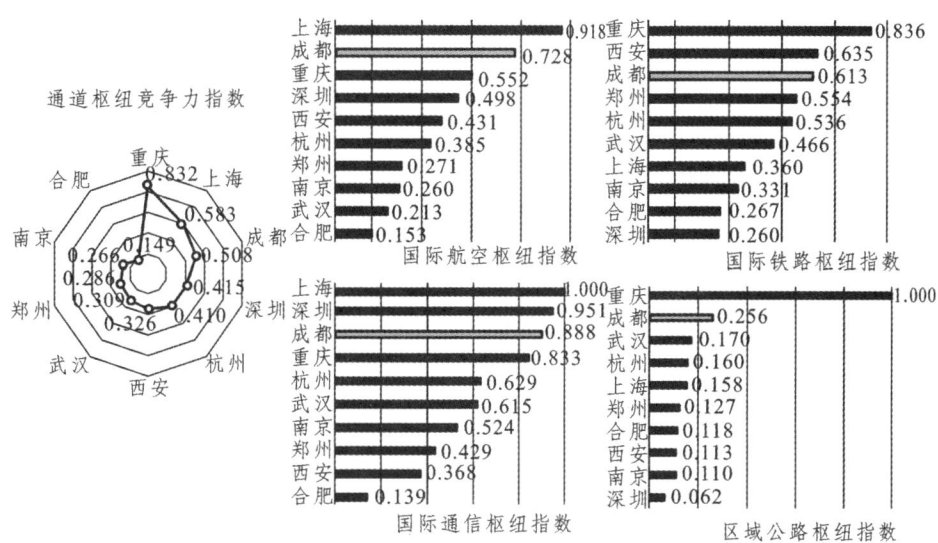

图 3-4　10 个城市通道枢纽竞争力及分项指标比较

四是文化传播竞争力具有相对优势，国际交流、海外知名度、文旅资源三项指标均具有比较优势（见图 3-5）。成都市文化传播竞争力指数为 0.438，居 10 个城市第 3 位，仅次于上海（0.877）和杭州（0.465），小幅领先于重庆（0.380），与其他城市相比竞争优势较为明显。文旅资源指数为 0.512，排名第 5，其中，世界遗产数量、国家级非遗数量单项指标均排名第 4，4A 级以上景区数量排名第 3。国际交流指数为 0.645，名列第 3，其中，城市会展竞争力单项排名第 2，仅次于上海；旅游外汇收入单项排名第 3，仅次于上海、杭州。海外知名度指数为 0.178，排名第 3，仅次于上海和武汉，与上海的差距较大，相较于深圳、杭州、重庆的领先优势也不明显。

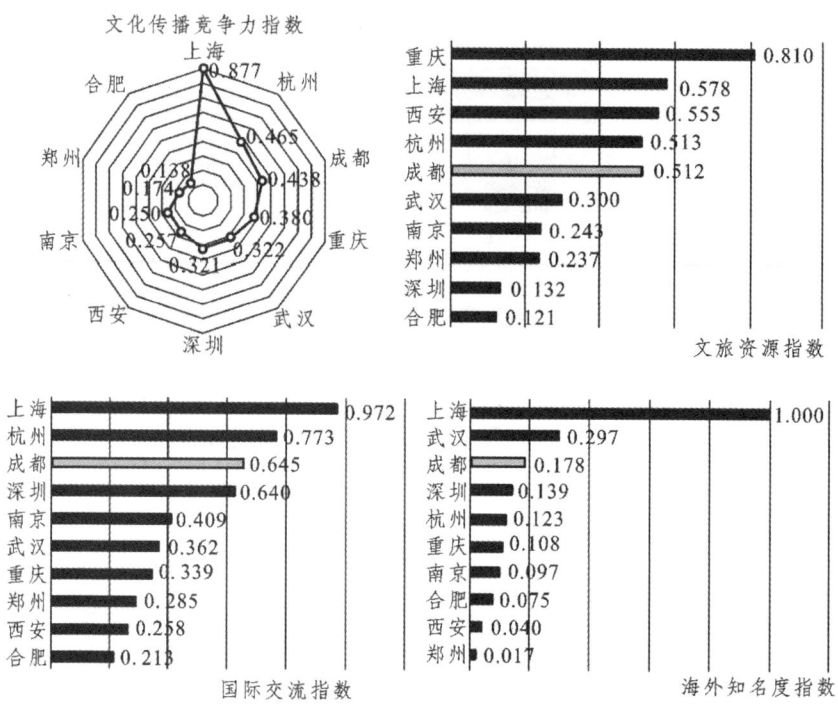

图 3-5 10 个城市文化传播竞争力及分项指标比较

（三）相对劣势

从十大城市的国际竞争力比较视角来看，成都的相对劣势主要有三个方面，即经济质量有待优化、经济外向度有待提升、科技创新水平有待提高。

一是经济质量、资源配置均存在不足，工业实力指数表现欠佳（见图3-6）。成都市经济质量、资源配置指数在10个城市中均位于中游。其中，经济质量指数为0.600，显著落后于深圳（0.949）、上海（0.805），较南京（0.714）、武汉（0.675）、杭州（0.654）也有一定差距；资源配置指数为0.215，远低于上海（1.000）、深圳（0.583），略低于杭州（0.247），与重庆、南京水平相当。工业实力指数为0.598，在10个城市中居第5位，落后于深圳、重庆、上海、合肥。

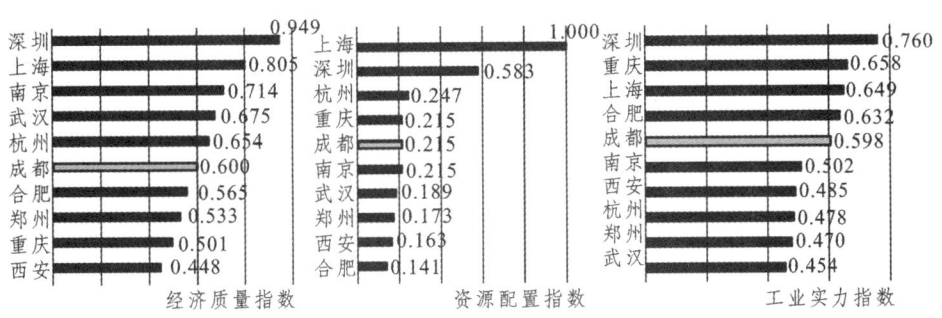

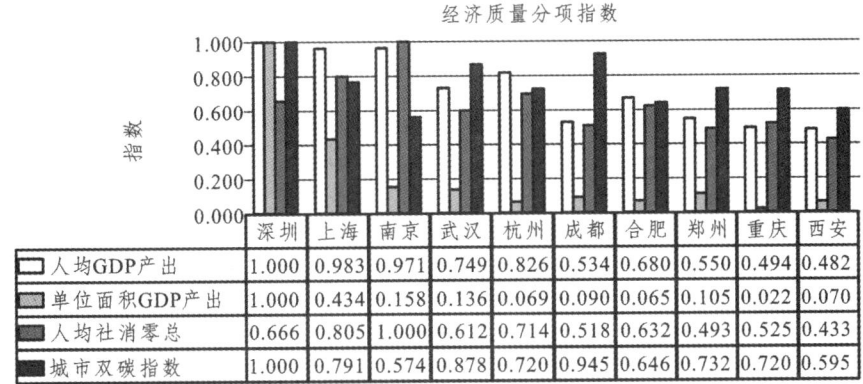

图3-6　10个城市经济质量及部分分项指标比较

二是经济开放、产业开放指数均处中游，经济外向度水平有待提升（见图3-7）。成都市经济外向度指数为0.190，远远落后于上海（0.964）、深圳（0.712），较杭州（0.284）、南京（0.211）也有一定差距。产业开放指数为0.161，大幅落后于上海（1.000）、深圳（0.562）、杭州（0.343），与武汉（0.198）、南京（0.192）、西安（0.152）较为接近，但显著领先于合肥（0.093）、重庆（0.071）和郑州（0.044）。

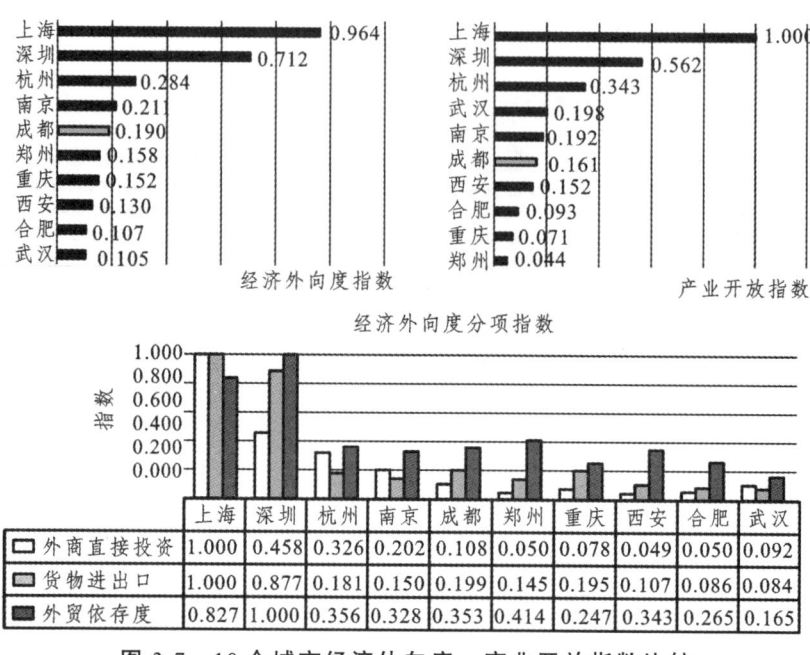

图 3-7 10 个城市经济外向度、产业开放指数比较

三是科技创新竞争力指数总体处于中下游，主要短板在于创新成果本地转化率偏低、创新主体竞争力不足（见图 3-8），而随着国家重点实验室、新型研发机构及中介孵化服务平台的持续落地，这一短板未来有望得到有效解决。成都市科技创新竞争力指数为 0.474，居 10 个城市第 7 位，与上海（0.886）、深圳（0.832）的差距较大，较武汉（0.603）、南京（0.572）、杭州（0.550）、西安（0.491）也存在不同程度的差距，仅领先于合肥（0.415）、重庆（0.316）和郑州（0.302）。专业人才指数为 0.757，名列第 3，仅次于上海和深圳，其中，人才总量仅次于上海，具有领先优势。创新主体指数为 0.254，位居第 6，其中高新技术企业、世界前 500 高校单项指标排名第 5，独角兽企业单项排名第 6，与上海、深圳的差距较大。功能平台指数为 0.587，处于中下游位置，其中，国

家级研发机构数领先于重庆、郑州、杭州,与合肥相当;国家级科技企业孵化器和众创空间数量偏少,单项指标排名第 8;国家级高新区排名在 10 个城市中较有优势,仅次于上海、深圳。创新成果指数为 0.320,排名倒数第 3,其中,每万人有效发明专利拥有量较低,仅高于郑州、重庆;获得国家科学技术奖较为领先,单项排名第 4;累计参与制定产业国际标准数高于郑州、合肥,城市研发投入单项排名第 7。

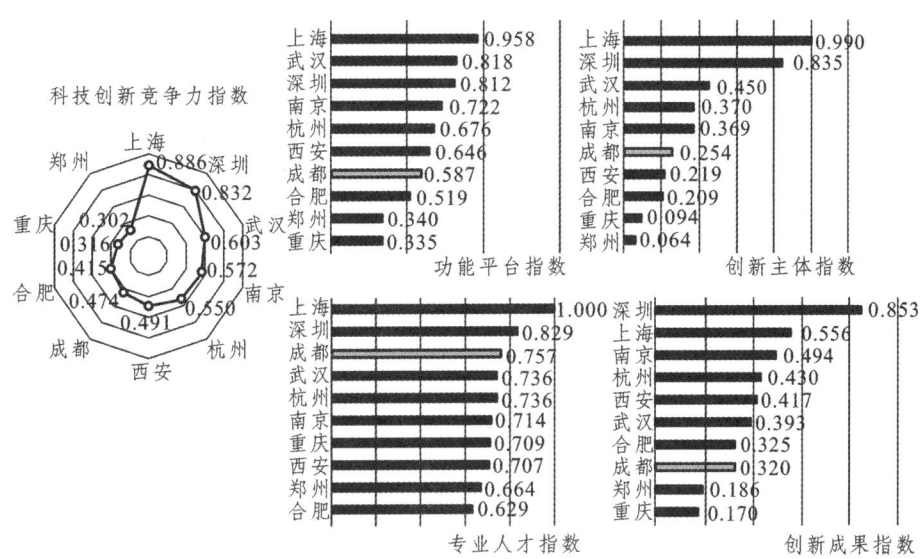

图 3-8　10 个城市科技创新竞争力及分项指标比较

三、成都构筑向西开放战略高地和参与国际竞争新基地的路径措施建议

基于上文对构筑"两地"的重大意义分析,以及对成都对外开放和参与国际竞争的总体位势和优劣势指标对比分析,笔者就成都加快构筑"两地"的路径措施提出以下具体建议:

（一）积极推动与欧洲国家产业的圈链融合

面向欧洲国家的对外开放，是成都向西开放的重中之重。2023年12月，习近平总书记指出，欧盟是我国"经贸合作的关键伙伴、科技合作的优先伙伴、产业链供应链合作的可信伙伴"①，为面向欧洲的开放合作指明了方向；四川省对外开放发展大会明确坚持"西拓、南进、东接、北融"的方针，其中"西拓"要求拓展中欧班列、西部国际航空枢纽等通道能力，持续推进对欧高端合作。当前，成都正在深入开展"立园满园"行动，着力推动产业"建圈强链"走深走实，加快构建现代化产业体系，主动推动与欧洲发达国家产业的圈链融合，既有现实基础，又十分必要。近两年来，俄乌冲突导致能源价格飙升，欧洲能源密集型产业外迁现象突出。建议依托"3+22+N"园区发展体系特别是国家级园区以及中德蒲江中小企业合作区、中法成都生态园、中意文化创新产业园等国别合作园区，抢抓欧洲产业转移和制造业多元化布局机遇，重点聚焦汽车、生物医药、绿色低碳、航空航天四大领域，加快对欧产业合作和项目招引，推动成都在新一轮全球产业链重构中抢占先机。汽车方面，持续跟踪大众、雪铁龙、标致等品牌厂商和德国博世、德国采埃孚、法国佛吉亚等零部件厂商转型扩能需求，积极引进汽车整车项目和高价值零部件项目。生物医药方面，积极探索与欧洲药企合作共建临床医学研究中心，重点引进欧洲疫苗、创新药等医药研发领域头部企业和医疗器械企业。绿色低碳方面，加强与法国麦克菲、德国 Enapter、挪威内尔·阿萨等欧洲企业在绿氢、储能等领域的技术研发合作。积极引进欧洲节能环保行业专精特新企业技术及设备，探索共建零碳园区

---

① 《特稿：为进一步深化中欧关系作出战略指引》，载中国政府网，2023年12月9日，https://www.gov.cn/yaowen/liebiao/202312/content_6919263.htm。

技术研发合作中心。积极引进欧洲碳关税、碳资产、碳交易领域的知名咨询机构和软件公司,探索共建碳中和服务产业园。航空航天方面,以空客全生命周期项目为牵引,加快吸引欧洲航空航天上下游企业集聚,加快补齐成都航材贸易、专利件维修和技术服务等领域短板。

(二)加快打造"一带一路"中试基地

中试是成都破解科技创新与产业发展"两张皮"、推进科技成果就地转化、开展"立园满园"行动的关键增量和重要引擎,是构建西部创新高地和新质生产力策源地的重要内容。在向西开放区域,德国、法国等欧洲发达国家在化工医药、精密制造、先进材料、生物技术、智慧交通等领域具有一流的科研实力、丰富的科技成果转化经验。建议围绕成都电子信息、医药健康、新材料等优势产业领域,积极探索与欧洲高校、科研机构和科技企业建立合作关系,打造"一带一路"中试基地。电子信息方面,依托成都高新区、成都芯谷等对接瑞士苏黎世联邦理工大学、德国慕尼黑工业大学等高校,聚焦半导体器件、图像通信、数据识别等领域,联合打造一批中试平台。医药健康方面,依托成都天府国际生物城、成都医学城等载体,对接欧洲生命科学与医学知名高校,以及拜耳、阿斯利康、赛洛菲等企业联合打造一批中试平台。新材料方面,依托天府新区、欧洲产业城等,对接荷兰代尔夫特理工大学、德国亚琛工业大学等高校,聚焦生物材料、半导体材料、增材制造材料等领域联合打造一批中试平台。拓展跨国技术转移,针对东南亚、中亚等地区对医药健康、现代农业、新能源、生态环保等领域的市场需求,集成国内外研发资源打造一批中试平台。

（三）实施中欧班列（成渝）互联互通提升工程

2021—2023年，中欧班列（成渝）累计开行量超1.5万列[①]，是全国开行量最多、运输货值最高、货源结构最优的中欧班列，为促进成渝泛欧泛亚合作提供坚实的物流支撑。从中欧班列（成渝）运行情况看，目前还存在支线分散、辐射力不足、返程空箱率较高、对城市经济拉动不足等问题。一是联合重庆推动形成数个区域性组货中心。推动川南经济区、川东北经济区等按区组合班列专线，增强与成渝两地在组货方面的协同，进一步提升中欧班列（成渝）运输效率。二是与重庆推动共建共享海外仓。在目前共享利用德国杜伊斯堡海外仓的基础上，争取共享利用德国汉堡、荷兰蒂尔堡、波兰马拉运控中心等更多海外仓，并探索在德国不来梅、匈牙利布达佩斯和乌兹别克斯坦塔什干等地共建一批新的海外仓。三是拓展中欧班列辐射范围。促进中欧班列以"公铁"联运方式贯通南线，联通中亚、西亚和南欧市场。加快贯通泛亚铁路中线，促进中欧班列延展至中南半岛，深入拓展东南亚市场。密切跟踪中吉乌铁路进展，提前谋划与中亚沿线国家及海湾国家的货物贸易对接。

（四）加快完善联通亚欧的多式联运立体网络

近年来，成都着力推进"一带一路"国际多式联运综合试验区建设，成功与国际货代协会合作签发全国首张跨欧亚大陆桥CIFA多式联运提单。立足构筑向西开放战略高地的重大使命，在促进泛欧泛亚开放中，建议推动强化欧亚地区多式联运体系中的衔接与整合能力，降低物流成本，提高运输效能，建强"空中丝绸之路"和国际陆海联运"双走廊"

---

① 数据来源：《2023年中欧班列（成渝）两项数据全国第一》，载人民网，2024年3月18日，http://cq.people.com.cn/n2/2024/0318/c367697-40778481.html。

主支撑。一是推动构建"东南亚—成都—欧洲"多式联运通道。立足"空港+陆港"双枢纽优势,加快开发数条亚蓉欧"空铁公"多式联运精品路线,形成连接东盟、覆盖中亚、联通欧洲的陆空联运通道,增强成都在构筑向西开放战略高地中的通道枢纽功能。二是用好欧亚地区重要交通枢纽城市多式联运能力。积极开发中欧班列"公铁"联运路线,重点用好德国汉堡、波兰华沙、土耳其伊斯坦布尔等城市的多式联运能力,增强对西欧、北欧、西亚等地区的辐射。三是持续提升自身的多式联运水平。加强联运技术装备研发应用,加快培育本土国际物流企业,加快培育若干条稳定运行的集装箱多式联运精品线路、一批多式联运龙头经营人。

(五)着力扩大西向进口贸易

扩大进口贸易是更高层次扩大对外开放的重要内容,是助推成都做强国际门户枢纽、加快建设国际消费中心城市的现实需要。与上海等国内主要开放城市相比,成都的货物进口总额显著偏低。建议优化商品进口的区域结构和产品结构,着力加大西向进口贸易,增强构筑向西开放战略高地的消费动力。一是加大西向国家精品进口。加大对德国汽车整车、瑞士钟表等精密机械、意大利奢侈品、法国红酒及食品、中亚地区牛羊肉等进口;结合成渝地区和西部地区消费升级需求,制定进口商品精品名单,推进西向国家和地区标志性产品展示展销。二是优化城市精品商圈布局。坚持"一国一品"原则,促进青白江提升国家馆的商品独特性,依托太古里、环球中心等国际商圈的人流物流优势建设"一带一路"国家品牌展厅,持续扩大进口贸易规模。

（六）持续提升成都国际知名度和显示度

当前，成都正奋力打造中国西部具有全球影响力和美誉度的现代化国际大都市，迫切需要借助国际重大赛事、重大展会有效提升成都国际知名度和显示度。一是提升西博会、欧洽会能级。针对构筑向西开放战略高地的现实需要，继续争取商务部、外交部等国家部委支持，推动西博会提升为与东博会同等规格级别的国家级活动，在国家向西向南开放大局中形成同频共振、相互成就的发展态势。推动欧洽会提升为国家级对欧开放合作平台，使其成为促进中欧经贸、科技合作的年度盛会，成为中欧政府间沟通机制的有机组成部分。二是针对向西开放精准策划主题展。借鉴2023年中国品牌商品（中东欧）展经验，在中欧班列重要节点城市举办"成都品牌巡展"。积极参与或承办上合组织、金砖国家、"中国—中亚五国"等多双边机制框架内活动，策划主办共建"一带一路"行业专题展。借鉴首届链博会经验，依托成都优势，发起举办"亚欧公园城市博览会""丝绸之路文化旅游博览会"等新型国际展会，提升成都公园城市示范区的国际影响力。三是打造"创新丝绸之路"成都品牌。把握川渝轮流举办"一带一路"科技交流大会机遇，争取科技部、省政府支持，超前谋划发布"创新丝绸之路"成都倡议、举办"一带一路"联合实验室圆桌会议、实施"一带一路"顶级科技园区合伙人计划等创新议题，促进成都与国际创新资源对接，提升成都在全球创新网络中的影响力。

（七）提升国际化大都市对外交往能力

成都现代化国际大都市建设，既需要积极争取在服务国家总体外交大局上的平台功能支撑，也需要不断推动自我格局重塑，着力强化国际交往中心功能，强化成都构筑"两地"的国际化资源要素保障。一是争取将成都作为国家"主场外交"活动的重要承载地。主动服务国家总体外交，积极承接国家主场外交活动，参与承办多边双边机制框架内活动，争取更多国外高级别团组来访，推动成都成为国家南亚外交的主平台。主动争取国家和省级相关部门支持，吸引更多国家在蓉设立领事机构，稳固成都"领馆第三城"地位。持续用好领事官员"区县行""产业行"等平台资源，更好地发挥驻蓉领事机构在深化国际交流合作中的作用。二是争取更多的国际组织和机构在蓉落户。截至2023年，成都已加入15个国际组织，但数量和领域聚焦度与北京、上海相比存在较大差距。建议结合成都优势与特色，积极引进国际电影制片人协会、国际动画协会组织等国际影视类组织在蓉落户，推动与迪士尼、乐高、奈飞等机构的商业合作，筹划创建体育、文化、科技等专业领域的国际组织总部聚集区。三是争取承办更多国际性会议和论坛。依托四川生物多样性，积极争取联合国教科文组织生物多样性论坛在蓉举办，提升成都公园城市的全球美誉度。发挥成都在灾害预警、减灾应急方面的影响力，争取联合国减少灾害风险办公室、世界气象组织等在成都设立联络机构或举办全球性会议，提升成都在应急减灾方面的全球影响力。

（八）打造向西开放人才高地和国际职业教育基地

人才是构筑"两地"的重要资源，也是新阶段"一带一路"建设的重要合作内容。中共成都市委十四届二次全会提出"建设具有全国影响力的教育强市、科创强市、创新人才高地"的目标任务。依据人社部国外人才研究中心2023年12月发布的2022年度"外籍人才眼中最具吸引力的中国城市"榜单，在全国 42 个参评城市中，成都仅位居全国第 9，落后于北上广深及杭州、苏州、青岛、南京；对国内"95 后"人才的吸引力居全国第 7，落后于北上广深及杭州、南京，亟须在更大空间范围内配置人力资源，尤其是强化向西开放的人才支撑。一是完善跨境人才流动机制。积极推动外籍人才签证便利化、探索完善外籍高层次人才居留便利和紧缺人才职业清单制度、实行高度便利化的境外专业人才执业制度。二是加大向西开放人才培养力度。借鉴西北大学中亚学院经验，支持成都大学增设"中西亚学院"，并整合校内院所资源成立"东盟学院"，联合在蓉部属高校针对向西开放需求共同开展人才培养，力争引进和培养一批"中亚通""西亚通""东盟通""非洲通"紧缺人才。三是多渠道推动国际青年人才交流。发挥成都科教和产业优势，与共建"一带一路"国家合作培育青年技术人才。争取承办"中国+中亚青年峰会""世界青年科学家峰会"等活动，提升成都在"一带一路"共建国家（地区）青年群体中的影响力。借鉴海南自贸港模式，争取境外高校在成都独立办学，推动成都大学与牛津布鲁克斯大学等高校拓宽教育合作领域。四是打造国际职业教育基地。针对西向、南向国家对技能人才的需求，推动"成都工匠"与"鲁班工坊"模式深度结合，依托成都工匠学院巴塞罗那分院、老挝分院，协同开发"中文+职业"国际培训课程，研究新设成都工匠学院中亚分院。争取教育部支持，集成成都国际职教院校和企业资源，力争主（承）办世界职业技术教育发展大会，推动成都职业教育国际化升级。

| 专家建言篇：服务国家总体外交 |

"双循环"新发展格局下提升成都国际门户枢纽城市能级的措施建议

刘军伟
成都市经济发展研究院 所长 高级经济师

门户枢纽城市可以辐射广阔的国内腹地市场，并在海外对接国际前沿，是国内国际流量交互的中枢。在以国内大循环为主体、国内国际双循环相互促进的新发展格局下，国际门户枢纽城市的建设重点已由"以外为主"转向"内外兼顾"。新发展格局下，一个城市的国际门户枢纽功能越强，就越能链接全球更多的国家或地区，辐射更加广阔的国内腹地，服务和融入国内国际双循环的作用也就越强。西部地区作为我国经济发展和产业阶梯转移的战略腹地，更需要增强有较好区位条件的特大城市的国际门户枢纽功能，提升西部地区在新发展格局中的战略支撑作用。2024年4月，习近平总书记主持召开新时代推动西部大开发座谈会强调，要坚持以大开放促进大开发，提高西部地区对内对外开放水平。①中共成都市委十四届五次全会就加快建设国际门户枢纽城市，以高水平开放推动高质量发展作出部署，明确加快通道内畅外联、要素高效配置、经济活力充沛、对外交往密切、制度开放包容、区域协作共兴的国际门户枢纽城市。在此背景下，有必要进一步深入研究"双循环"新发展格局下提升成都国际门户枢纽城市能级的策略及建议。

---

① 《习近平主持召开新时代推动西部大开发座谈会强调 进一步形成大保护大开放高质量发展新格局 奋力谱写西部大开发新篇章》，载新华网，2024年4月23日，http://www.xinhuanet.com/politics/20240423/1f4a7ee49d0e4678ae5e861dde760116/c.html。

一、"双循环"新发展格局下国际门户枢纽建设的逻辑之变

国际门户枢纽城市是沟通区域内外的中心城市，是一国或一个区域对外开放的产物，对资源要素的集散具有"通道效应"和"配置效应"，在区位带动、综合辐射、交通通达等方面强于一般区域性中心城市。

改革开放前，我国经济以国内循环为主，进出口占国民经济的比重很小。改革开放后，我国以融入国际大循环为主导，主要以利用西方发达国家市场为重点开展国际产能合作，逐步形成市场和资源"两头在外"的发展格局。在这个过程中，东部沿海地区上海、广州等港口城市依托有利的区位条件，积极联通国际市场、开展国际贸易、吸引国际投资，实现了国际要素快速集聚与经济快速发展，迅速发展成为对接国际前沿的门户枢纽城市。

当前，我国正加速构建以国内大循环为主体、国内国际双循环相互促进的新发展格局。实现内需为主导、内部可循环，并链接国际循环的强大引力场。这就需要拓展国内不同区域，尤其是中西部地区城市协同参与国内国际双循环的广度、深度和韧度，国际门户枢纽城市的建设重点也由过去"以外为主"转向"内外兼顾"，不仅要注重联通国际市场、吸引国际流量，还需要突出服务国内大循环的重要作用，推进区域经济一体化发展，构建国内统一大市场，挖掘国内市场潜力，以联通国内市场促进更多全球资源要素聚集，吸引国内国际流量汇聚（见图3-9）。

专家建言篇：服务国家总体外交

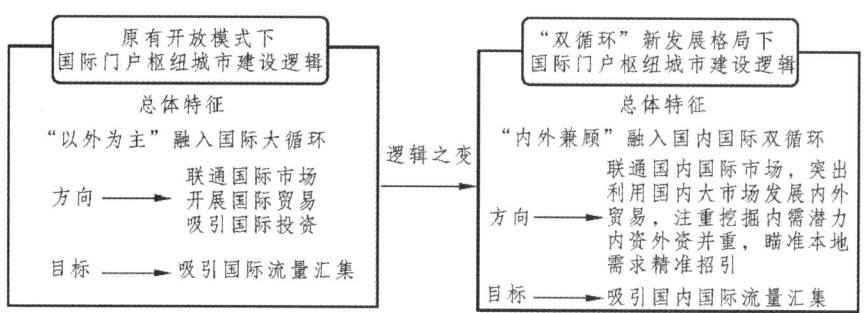

图 3-9 新发展格局下国际门户枢纽城市建设逻辑之变

作为链接国内国际循环的中心环节，国际门户枢纽是汇集配置国内国际高端资源要素、串接国际产业链价值链分工协作的纽带和载体：对外在全球价值链中占据重要位置、深度融入国际大循环；对内辐射引领区域发展、服务国内大循环。一般而言，国际门户枢纽城市功能越强、能级越高，就越能链接全球更多的国家或地区，辐射更加广阔的国内腹地，其外在表现为承载的国内国际交互流量也就越大，服务和融入国内国际双循环的战略支撑作用也就越强。拥有内畅外联便捷通道、链接内外开放平台、拥有较强内外配置能力的国际门户枢纽城市，能更好地促进商品及服务、要素资源等在国内国际市场上交互流动，服务和融入国内国际双循环。其中，内外通道、开放平台为国内国际交互"流量"提供"硬件"载体，产业发展、制度环境形成的内外配置力则为其提供"软件"基础（见图 3-10）。

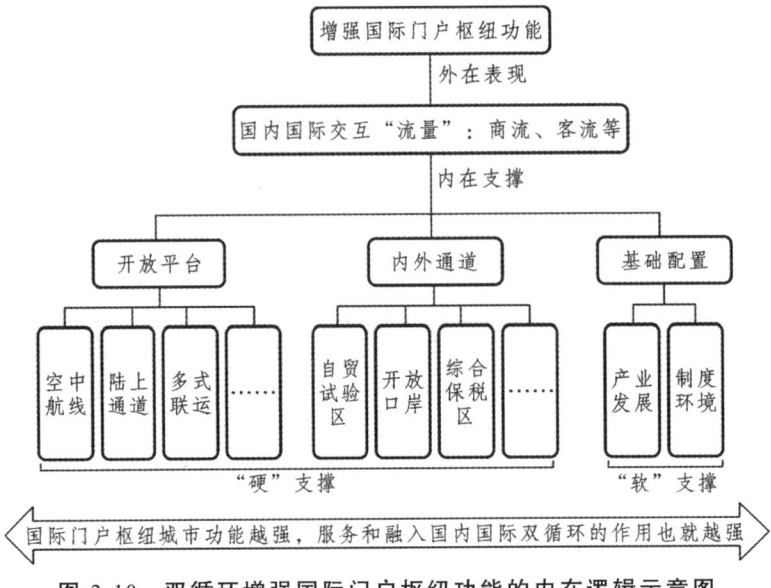

图3-10 双循环增强国际门户枢纽功能的内在逻辑示意图

二、"双循环"新发展格局对国际门户枢纽城市建设的新要求

1. 打通流通环节"肠梗阻",提升内外通道集疏辐射能力

"双循环"的关键在于国内国际经济循环的畅通无阻,一方面,通过打通生产、分配、流通、消费的堵点和梗阻,促进生产要素自由流动和资源优化配置;另一方面,要促进国内市场与国际市场互联互通,以国内大循环更好地促进国际循环。而内联外畅的交通通道体系是打通内外循环的基础条件。这就要求:在服务内循环方面,面向区域市场乃至广阔的国内腹地市场,构建区域流通网络,提升内外转换效率,架起供给与需求、国内与国外联通的"桥梁",为产品服务、资源要素流动打开通路、连接断点、疏通堵点;在融入外循环方面,有机衔接丝绸之路经济带和21世纪海上丝绸之路,推动形成陆海内外联动、东西双

向互动的开放格局,为国际门户枢纽城市融入全球经济大循环提供通道支撑。

2. 强化制度创新,释放开放平台赋能效应

构建新发展格局离不开国际大市场。"双循环"强调扩大内需和激发国内大市场潜力和统一性,但并不否定对外开放,而是要扩大对外开放,并实行高水平对外开放,更好吸引全球资源要素,在深度融入全球经济中塑造竞争新优势,拓展发展新空间。开放平台是链接内外循环的物化载体,承担国际贸易、国际投资、国际商务等对外开放的复合型功能,是链接国际循环的重要窗口。要求在制度型开放中对接国际经贸规则带来的新变化,发挥自贸试验区、综合保税区等对外开放平台在深化改革、扩大开放中的先行先试作用,注重首创性探索、集成性创新,加强各领域制度创新举措的有机衔接和融会贯通,打破内外循环制度型开放的障碍,促进国内国际要素自由流动、资源高效配置、市场深度融合,在集聚国内国际高端资源要素中提升位势能级,在规则外溢正向效应中增强国际门户枢纽城市的竞争能力。

3. 做强本地产业、优化营商环境,提升资源要素内外基础配置能力

"双循环"需要以现代化产业体系为基础,畅通经济循环需要各产业有序链接、高效畅通。随着全球分工方式由产业间分工向产品内分工转变,国际循环效率持续提升的同时,产业链供应链敏感性、脆弱性也有所增强。立足国内、依托国内大市场优势,充分挖掘内需潜力,持续推动产业结构优化和转型升级,确保在极端情况下保证经济正常运行;同时优化营商环境,集聚全球优质产业、技术资源,带动本土企业深度参

与全球产业分工和合作，推动对外贸易从要素成本型向精细化、深加工方向转型以及高端化服务拓展，发展更高层次开放型经济，加快构建国内国际双循环相辅相成的开放型产业体系，提升国际门户枢纽的要素基础配置力。

三、"双循环"新发展格局下成都建设国际门户枢纽城市的探索实践

西部地区是我国经济发展和产业阶梯转移的战略腹地，也是我国向西开放的重要地区。近年来，成都抢抓"一带一路"建设、长江经济带发展、西部陆海新通道建设、成渝地区双城经济圈建设等国家战略实施机遇，着力增强泛欧泛亚国际门户枢纽功能，商品及服务、要素资源等在国内国际市场上交互流量稳步提升，服务和融入国内国际双循环的作用稳步增强。

1. 航空枢纽交互流量稳步攀升

作为国内第二个拥有双 4F 级机场的城市，成都已初步形成覆盖全球商务城市、新兴市场及热门旅游目的地的航线网络，"亚蓉欧"洲际货物中转枢纽初具雏形。入选国家空港型物流枢纽，创新空铁联运"一单制"货物运输模式，联合重庆启动实施"关银一KEY通"，在全国首次实现电子口岸入网业务跨关区办理。2023 年，成都"双机场"旅客吞吐量达到 7492.4 万人次[①]，2015—2019 年年均增速达 7.2%、高于全国平均水平；货邮吞吐量达到 77.1 吨、2015—2019 年年均增速达

---

① 数据来源：《成都航空枢纽年旅客吞吐量7492.4万人次》，载新华网，2024年1月4日，https://www.xinhuanet.com/fortune/20240104/434a8ce3bbe4436c8fddfa8683f3a858/c.html。

4.8%。截至 2024 年 12 月 16 日,成都定期直飞国际及地区客货运航线达到 73 条,其中客运航线 51 条、货运航线 22 条[①],位列全国第 4、中西部第 1。

2. 陆港枢纽交互流量持续增长

在国际陆路通道建设方面,已逐步建立以成都为主枢纽,西至欧洲、北至蒙俄、东联日韩、南拓东盟的国际班列网络和陆海货运配送体系。入选首批国家陆港型物流枢纽和中欧班列集结中心,创新推出跨境多式联运"一单制"系统集成改革、中欧班列"一单到底、两段结算"运费机制改革,创建了中欧班列(成渝)全国第一品牌,2023 年,成都国际班列开行超 5000 列,成都国际铁路港集装箱吞吐量突破 100 万标箱,中欧班列(成渝)累计开行超 5300 列、运输箱量超 43 万标箱[②]。在区域交通方面,建成西成高铁、成雅铁路、成贵高铁等铁路大通道,川藏铁路引入成都枢纽线,由京昆高速、成自泸高速—渝昆高速、成渝环线—渝昆高速,经昆明通过杭瑞高速、昆磨高速和开河高速至中南半岛各国的南向高速公路通道网络加快形成。

3. 国际投资贸易交互流量不断提高

近年来,成都以自贸试验区为核心,统筹推进双向投资自由化便利化改革,推动实现成渝地区"一网通办",获评"中国最具投资吸引力城市"第一名,对外资"磁吸力"持续增强,已导入富士康、英特尔、

[①] 数据来源:《成都至达卡国际货运航线加密》,载成都市人民政府网站,2024 年 12 月 16 日,https://www.chengdu.gov.cn/cdsrmzf/c169603/2024-12/16/content_ba7a7a2798ed4bc3bc506a483efcc8c5.shtml。

[②] 数据来源:《2023 年中欧班列(成渝)两项数据全国第一》,载人民网,2024 年 3 月 18 日,http://cq.people.com.cn/n2/2024/0318/c367697-40778481.html。

戴尔、德州仪器、西门子等10余家国际行业巨头，形成电子信息、装备制造和航空航天、高端软件等万亿级、千亿级特色优势产业集群，参与国际产业分工的位势不断提升，为开展国际投资贸易提供了强大支撑。2023年，成都实现货物进出口总额7489.8亿元、居中西部城市首位，外商直接投资（FDI）22.9亿美元，落户世界500强企业有315家，展现出强大的外资吸引力①。

四、"双循环"新发展格局下增强成都国际门户枢纽功能的相关建议

在"双循环"新发展格局中，成都应进一步发挥区域中心城市和极核城市作用，以提升国内国际交互流量为方向，围绕做强内外通道、开放平台"硬件"载体及产业发展、制度环境"软件"支撑，按照"通道先行+平台带动+港产联动+制度保障"的关键路径，推动"枢纽通道"充分转化为"经济流量"，增强成都联结国内国际双循环的枢纽能级。

（一）聚焦外建大通道内建大网络，提升通道内外通达效率

1. 提升航空枢纽服务效能

国际方面，成都应大力发展国际通程中转联运航线，围绕洲际干线做强支线搭配、增强网络衔接水平，打造"北美—成都—南亚、欧洲—成都—东南亚/大洋洲"国际航空中转枢纽；同时深耕欧洲航线、突出东

---

① 数据来源：《2024年成都市政府工作报告》，载成都市人民政府网站，2024年2月1日，https://www.chengdu.gov.cn/cdsrmzf/c172321/2024-04/19/content_58b431fbc32242229b930765e24422e1.shtml。

盟航线、择优非美澳航线的整体策略，织密对洲际以及南亚、中亚、西亚等重点区域航线，构建连接亚欧美"Y"字形全球客货运骨干航线网络。国内方面，成都应以共建成渝世界级机场群为契机，建设覆盖广泛、深度通达的"干支结合"国内航线网络，强化骨干航线建设，巩固提升与京津冀、长三角、粤港澳等区域中心城市的航空快线，提高区域间 2 小时空中物流联系频率。

2. 提高陆上交通通达能力

外部联通方面，成都应突出南向持续拓展境外通道覆盖范围，织密多元化中欧班列境外通道，打造成都—黄桶—钦州港铁海联运通道，加密成都经北部湾、粤港澳大湾区联通东盟的国际铁海联运班列和至越南、老挝跨境铁路直达班列，畅通以成都为枢纽节点的西部陆海新通道主线路。区域畅通方面，成都应依托成渝中线、成渝高铁、成达万高铁等通道，推动城际铁路网络、卡车航班网络与航空货运网络无缝衔接，整合川渝地区货运网络资源形成"运力池"。

3. 发展多式联运提升货源腹地通达力

成都应完善空铁联运的一体化布局，引入铁路或城际货运专线，创新面向全球的"中欧班列+国际客货机"陆空联运模式，打造面向西南、辐射全国的"空铁互转"运输专线。强化机场货站、铁路港站、物流节点设施间快速通道衔接，推动铁路专用线进园区、进港区，解决联运"前后一公里"问题。推动铁路货站布局与适铁产业合理匹配，完善集疏运体系。依托国家多式联运示范工程，推广应用"空铁公"多式联运模式，加推多式联运指挥平台建设。推动成都经开区无水港与重庆港、泸州港、宜宾港等长江上游港口的公水联运通道建设，开行铁水联运班列、公水联运班车，共享长江黄金水道。

（二）突出激发多层次开放平台服务效能，做优链接双循环交互窗口

1. 提升空港陆港内外辐射能力

一方面，成都应围绕"中转枢纽+物流集成商"模式，引进世界级货运航空公司、全球知名航空物流集成商入驻。推动天府国际机场、双流国际机场在川渝乃至西部地区重点城市、重点产业园区探索推行"异地货站"模式，引入航空物流知名企业和国有公司联合投资运营海外货站。另一方面，应提升陆港国际班列组织运营能力，联动广元、绵阳、德阳等城市，加快构建以成都为核心、其他城市为节点的多线路多节点网络体系，提高国内货源组织能力；争取与法国邮政等行业龙头企业合作"借船出海"，以资本融合、资源共享、网络共建等方式，在海外重要节点城市布局运控中心、海外仓、集装箱提还箱点等，以"门到门"全链条服务吸引货源，增强境外班列境外服务能力。

2. 提高开放平台能级

一是深化成都自贸试验区改革开放试验，聚焦现代政府治理、双向投资管理、贸易监管服务、金融开放创新、产业集聚创新等五大核心制度创新体系，全力推出一批具有全国重要影响力的改革试点经验和实践案例，打造改革开放"自贸样本"，进一步增强成都自贸试验区的改革创新带动作用。二是加快成都国际经贸合作平台建设。深化中国—欧洲中心、中国（四川）—东盟自由贸易中心建设，加快国家进出口贸易促

进创新示范区、"一带一路"进出口商品集散中心建设。用活用好国际性会议、展览、赛事等活动，打造一批国际经贸合作营销推广平台，形成功能多样的平台支撑。三是提升成都国别合作园区发展质效。深度挖掘合作国家（地区）优势资源、特色产业、先进技术，围绕国别合作园区文化创意、绿色低碳、科技创新等重点领域，着力提升中日（成都）地方发展合作示范区、中德中小企业合作园、中法成都生态园等外资引入、对外贸易浓度与质效，加快打造国际经贸合作样板标杆。

3. 增强口岸服务效能

一是增强成都开放口岸平台支撑能力。推进进口肉类、冰鲜水产品、食用水生动物、水果、植物种苗等更多特殊商品指定监管场地申报建设，探索口岸功能延伸与冷链物流、跨境电商联动发展。二是推动成都口岸与周边综保区协同发展。统筹推动航空、铁路等口岸功能和综保区场站资源共享，简化进出口环节随附单证，协同提升口岸通关效率。创新"一个系统、一次理货、一次查验、一次提离"的一体化通关模式，实现货物通过快速放行。三是提升成都口岸通关便利化水平。深入推进航空货运、多式联运等重点领域关键环节通关便利化改革，推进监管环节集约化发展。拓展国际贸易"单一窗口"应用范围和系统功能，推动向税务、金融服务等领域延伸，实现国际贸易主要环节"前推后移"。推动口岸智慧化建设，深化"智慧空港""智慧陆港"等综合服务平台建设，推进口岸间、场所间数据信息整合共享，促进多式联运、口岸联动和各区域协作。

（三）着力增强本地产业和营商环境支撑，提高内外基础配置能力

1. 大力发展本地适空适铁高附加值产业

一是提升成都优势产业分工位势，充分利用《区域全面经济伙伴关系协定》（简称RCEP）等带来的红利，将外贸生产制造优势转化为对产业链的整合能力，逐步布局供应链管理、渠道分销、生产性服务等环节，大力支持轨道交通、工业无人机等产业链企业参与产业技术标准制定，推动产业合作向合作研发、联合设计等高端环节延伸。二是抢占贸易新业态先机，提升跨境电商的渗透力，培育一批推广"成都造"的跨境电商独立站，深化"跨境电商+快速配送"模式、探索工厂"流量+个性定制+品牌化"网红带货业务等，形成"跨境+内容"消费新优势。前瞻性发掘数字贸易新机遇，围绕数字贸易准入、数据（设施）本地化等方面完善数字贸易制度，加快数字游戏、数字视觉等核心领域创新发展，重点聚焦游戏动漫、数据处理等完善专项支持政策，推动精品手游等走向国际市场。三是大力发展适空适铁产业。发挥成都临空经济示范区优势，打造临空制造新链条和临空服务新业态，构建大飞机全生命周期服务产业链。推动天府临空经济区创建国家级示范区，围绕电子信息、生物医药、航空维修等，集中发力出口型电子产品、医疗耗材与生物制品、智慧机场等细分产业领域。发挥国际铁路港经开区优势，围绕做强大宗贸易生态，加快落地期货交割、仓单质押、检验检测等业态，拓展智能家电、全球ODM等业态，加快导入菜鸟等"自带流量"型企业。

2. 增强"自贸+保税+跨境+口岸"制度集成创新

贸易便利方面，成都应依托服务业扩大开放综合试点，对接国际资

质标准，探索服务贸易制度创新，针对潜力区域率先进行政策及资源倾斜，赋能服务贸易发展；依托进口贸易促进创新示范区、跨境电商综合试验区等平台，探索开展进口药品（医疗器械）、宠物食品等跨境电商试点，加强跨境电商政策支持，推动跨境电商提能增效。投资便利化方面，成都应强化外商投资促进政策归集、汇总和统一发布，建立外商投资从签约到投产的全生命周期服务体系。"放管服"方面，成都应推广自贸试验区"简易事项准入即准营、一般事项承诺即准营、复杂事项一证即准营"等改革创新，实现市场主体"准入快、准营易"。深化政务服务流程优化再造，对关联度高的多个"单事项"推行集成办理。

专家建言篇：提质经济交往

新时代推动"成都造"产品出口出海现状、问题及对策

瞿 伟

成都市工业经济和信息化研究院 研究人员

参与国际竞争的广度和深度是衡量一个城市国际化水平的重要标志，推动"成都造"产业产品出口出海是成都加快打造中国西部具有全球影响力和美誉度的社会主义现代化国际大都市的重要支撑。近年来，随着更多"成都造"产品走出国门，全市贸易出口额实现规模（由2018年的2746.9亿元提升到2023年的4538.6亿元）、位次双提升（在全国各大城市中排名由2018年的第16位提升到2023年的第14位）[1]。总体上，"成都造"产品出口主体仍以外资企业为主，出口品类以机电产品为主，外贸"新三样"增长加快；从出口区域来看，欧美传统市场总体稳定，东盟等新兴市场增长较快；出口方式上依托第三方仍是主流，"政府+企业"协同拓展日渐成效。可以说，"成都造"产品出口出海已具备一定的基础，有必要充分把握新形势新变化、借鉴先发城市经验做法，针对性提出相应的策略建议，加快将成都打造成为参与国际竞争新基地。

---

[1] 数据来源：《2018年成都市国民经济和社会发展统计公报》《2023年成都市国民经济和社会发展统计公报》，载成都市统计局网站，https://cdstats.chengdu.gov.cn/cdstjj/c154795/list.shtml。

一、"成都造"产品出口出海面临的新形势

（一）需求之变：全球经济复苏乏力，外需持续疲软

全球经济虽然从新冠病毒感染疫情和俄乌冲突中逐步复苏，但增长依然疲软。国际货币基金组织（IMF）预计2025年全球经济增速为3.2%，低于3.8%的历史（2000年至2019年）年平均水平。全球经济增长放缓导致需求疲软，世界贸易组织预计2024年全球商品贸易量增长2.6%，低于2023年10月3.3%的预期。2023年，中国、韩国、越南、印度尼西亚等出口型国家出口金额（美元计价）同比分别下降4.6%、7.4%、4.4%、11.3%。外贸领域的主要矛盾，从疫情期间的供应链受阻、履约能力不足，转变为当前的外需走弱、订单下降。在此形势下，"成都造"出口出海稳存量压力加大，亟须挖掘新的出口增长点。

（二）关系之变：逆全球化思潮抬头，脱钩断链风险加剧

近年来，经济全球化遭遇逆流，贸易保护主义盛行，全球治理单边主义加剧。美国从制定《芯片和科学法案》到出台《通胀削减法案》，再到推动所谓"友岸外包""近岸外包"，寻求供应链"去中国化"，严重破坏市场规则和国际经贸秩序，全球供应链出现被动断裂和主动脱钩。据世界贸易组织测算，脱钩将给全球造成5%的GDP损失，对于新兴经济体和发展中经济体的影响更为严重。数据显示苹果供应链在中国的生产基地占比，已由2019年的47%降至2021年的36%。在此形势下，中国企业开拓海外市场面临新的挑战，"成都造"出口出海也亟须优化品类结构、市场结构，拓展参与国际分工的渠道，增加部分饱和产能输出、

生产制造经验输出的占比，适应"出海"形势新变化。

（三）规则之变：贸易规则加速重构，区域贸易快速发展

当前，国际经贸规则正面临重塑和调整。欧美等发达国家将经济实力的相对下降归因于现行国际经贸规则体系更加有利于以中国为代表的发展中国家，进而希望构建新的标准或规则。在全球价值链重构趋势下，《净零工业法案》《新电池法案》、碳边境调节机制等系列措施相继推出，投资规则、竞争中立、国有企业壁垒、知识产权以及"碳关税"等成为国际规则的新内容。在多边贸易体制进展缓慢的情况下，世界各国转而积极推进各种形式的区域贸易安排，《全面与进步跨太平洋伙伴关系协定》（CPTPP）、《区域全面经济伙伴关系协定》（RCEP）等区域贸易协定成为典型代表，美国也试图启动印太经济框架（IPEF）引领全新经贸规则。在此形势下，"成都造"相关市场主体应主动适应国际贸易规则的变化，推动规则对接、标准适配和制度创新，助力"成都造"走出去。

（四）区位之变："陆权"逐步复兴，内陆城市成为向西向南开放前沿

丝绸之路作为连接亚欧大陆桥的陆上大通道，曾经孕育出包括长安、喀什、布哈拉等在内的一批内陆型枢纽城市。当前，随着"一带一路"倡议从愿景变为现实，亚欧大陆一体化进程步伐加快，深刻改变了近300年工业文明形成的以海洋经济为主的世界经贸格局，形成海洋经济与陆地经济齐头并进、共同发展的新局面。我国加快构建"双循环"新发展格局，在巩固海上通道的基础上，积极拓展北向、西向、南向通道，尤其是西部陆海新通道建设使得西部城市从内陆腹地转变为国家向西向

南开放的前沿。在此形势下,四川及成都被赋予"构筑向西开放战略高地和参与国际竞争新基地"的重要使命,为"成都造"出口出海增添了强大动能。

(五)通道之变:全球贸易分销体系重构,铁路和空运运输潜力巨大

大航海时代,海洋运输由于具备大运量、低成本的优势成为承载全球贸易流量的主导方式。近年来,随着现代科技的发展和跨境电商等新型贸易方式的发展,一些高附加值产品、快消品对时间的敏感性越来越强,而海洋运输一般需要经过七八个环节,周期长、效率低的弊端不断显现,已经不再适应现代运输高效、快速的要求。物流路径的变化带来供应链组织方式的深刻变革,全球贸易分销体系加速重构,铁路运输和航空运输因耗时短、响应快,在全球贸易运输中的占比持续提升。在此形势下,随着天府国际机场建成投运,成都"两场两港"通道优势更加显著,如何将通道优势转化为经济优势,是"成都造"出口出海的关键。

二、外贸出口先进城市做法经验

(一)深圳:高技术制造业和新业态新模式赋能产品出口

2023年,深圳市实现进出口总额38710.70亿元,同比增长5.9%。其中,出口24552.08亿元,排名全国城市第一,出口同比增长12.5%,增速在出口总额前20强城市中排名第一[①]。深圳高技术制造业和新业态

---

① 数据来源:《2023年深圳经济运行情况》,载深圳市统计局网站,2024年1月30日,https://www.sz.gov.cn/cn/xxgk/zfxxgj/tjsj/tjfx/content/post_11125948.html。

新模式发展迅猛，有力促进了产品出口。

推进技术和产品创新，加大对欧美等发达市场出口。一是推动高端制造赋能产品出口。深圳聚焦发展高技术制造业，使其成为出口的主导力量，在机电产品、新能源汽车、动力电池等领域形成核心技术优势和供应链优势，高附加值、引领绿色转型的产品正成为深圳出口新的增长点和新的优势产业。二是以科技创新驱动形成比较优势。深圳聚集了华为、腾讯、大疆、比亚迪等创新型企业，通过芯片、AI大模型、数字化等多种形式对产品进行赋能，形成高质量、高技术、高附加值产品，瞄准欧美等高端市场，形成不可替代的产品供给优势。

优化跨境电商发展环境，助力深圳成为跨境电商重镇。一是持续优化跨境电商政策支持。先后制定出台《深圳市推动跨境电子商务高质量发展行动方案（2022—2025）》《深圳市2022年冲刺跨境电商发展目标工作措施》等，加快构建"1+1+3+N"跨境电商政策体系。二是推进"跨境电商阳光化"试点改革。实现"关、税、汇、贷"的透明化、合规化，推动解决广大跨境电商企业存在的数据归集、出口退税、收结汇和信用融资等痛点堵点。

优化口岸营商环境，优化"新三样"产品出口通关服务。一是开通出口绿色通道。深圳海关与新能源汽车企业开展"点对点"对接服务，提前对接企业外贸计划，建立"口岸—企业"专人联系协调机制，推动出口汽车"提前申报、抵港直装"，缩短货物在港口停留时间。二是出台新查验模式。探索试点动力电池等出口危险货物的包装使用"检查验证+合格保证"查检模式，危险货物包装查检作业时间缩短超50%。三是实施"海空港畅流计划"业务改革。建立"前置理货区"，应用"提前报关、智能分流、顺势查验、嵌入监管"模式，实现空港货物通关流程前置,提升货物通关的整体衔接紧密程度,压缩货物在港区停留时间。

(二)广州:打造跨境电商之城,跑出外贸"加速度"

2023年,广州市外贸进出口总值10914.3亿元,其中出口额为6502.6亿元,位列全国第七[①]。广州跨境电商产业优势突出,聚集了众多头部企业,带动广州出口增速跑出亮眼"加速度"。

培育壮大跨境电商新动能,支持原创产品出口出海。一是引导企业加大创新力度。引导企业将文化融入产品设计,使产品兼具原创性和创新性,并涌现出了一批优秀的跨境电商企业,如唯品会、棒谷科技等。二是推动服务贸易加快发展。以泡芙传媒为代表的新媒体企业通过短视频、直播等形式,结合本土文化,在海外市场"吸粉"无数。三是推动B2B建设和发展。鼓励大型供应链企业整合国内外生产、销售、物流、支付、金融等多方资源,建设跨境B2B平台,加快跨境电商进出口业务发展。

打造多样化外贸平台,助力本土企业成功破冰。一是打造外贸企业一站式服务平台。广州市政府与阿里巴巴集团合作,共同打造了"广州外贸商家公共服务平台",为外贸企业提供一站式服务。二是创新外贸平台联动模式。利他科技、网易有道等企业依托"自研数字营销平台产品+全链条服务"模式,集聚全球资源,使得广州的本土电商品牌和原创产品成功破冰出海。三是充分利用高能级展会平台。广州定期举办中国进出口商品交易会(广交会),已经成为中国最重要的国际贸易平台之一,为广州及中国企业开拓国际市场提供了重要支持。

---

① 数据来源:《2023年广州市经济运行简况》,载广州市统计局网站,2024年1月30日,https://www.gd.gov.cn/zwgk/sjfb/dssj/content/post_4356487.html。

营造便捷化营商环境,提升企业服务效率水平。一是创新服务模式。在全国首创性地探索创新跨境电商"卖家服务路径"。《广州市跨境电商行业合规指引(试行)》成为国内跨境电商综试区首个多部门联合发布的跨境电商合规指引。二是便捷化通关措施。广州海关推出"提前申报""货到放行"等通关便利化措施,大幅缩短了进出口货物通关时间,提升了企业的出口效率。三是聚焦外商投资全流程服务。广州市人民政府办公厅出台的《广州市促进外资高质量发展若干措施》,进一步优化广州市外商投资营商环境,为外资企业在广州扎根发展提供制度保障。

(三)金华:以"地瓜经济"为牵引,实现外贸高质量发展

2023年,金华市实现进出口总额7697.5亿元,同比增长12.6%;其中,出口6630.7亿元,排名全国城市第六,出口同比增长11.3%,增速在出口总额前20强城市中排名第三[①]。金华外贸表现亮眼,得益于其坚持多年的"地瓜经济"发展模式,实现了外贸高质量发展。

优化贸易方式,夯实"地瓜经济"根基。一是全国首创市场采购贸易方式。率先在全国探索形成市场采购贸易方式,满足数量上占绝对优势的中小微贸易主体小单化、碎片化、个性化的交易需求。二是支持跨境电商发展。推动市场从商品供应者向综合服务者转变,跨境电商业态发展领跑全省。三是率先探索新型贸易模式。创新"市场采购+保税"业态融合,推动企业开展转口贸易,支持"委托境外加工"等新型离岸贸易业务。

---

① 数据来源:《金华市商务局2023年工作总结和2024年工作思路》,载金华市商务局网站,2024年3月18日,http://swj.jinhua.gov.cn/art/2024/3/18/art_1229155865_4141096.html。

提升开放能级，延伸"地瓜经济"藤蔓。一是扩大 RCEP 开放合作成果。率先在全省发布首个地方性 RCEP 行动纲要，制定《金华国际陆港枢纽建设方案（2023—2027 年）》，开通浙江首条至 RCEP 国家的铁路国际物流通道。二是健全"一带一路"海外平台。在迪拜实现采购商海外直采，增强中国商品对中东、北非、欧洲等地区近 10 亿人口的辐射力。在"一带一路"重要节点城市布局海外仓，累计建成海外仓 200 多个。三是发挥多层次开放平台优势。充分发挥双综保区、双跨境电商综合试验区、自贸区双区块等独有的"双平台"叠加优势，推进差异化互补、竞争性融合，形成"1+1＞2"效应。

壮大外贸主体，孕育"地瓜经济"果实。一是持续助推企业"走出去"。近年来，金华市以"十链拓市场、百展进万企"行动为载体，企业出海拓市场热情高涨。2024 年 5 月发布的《关于促进金华市开放型经济高质量发展若干意见》进一步提出深化"百团千企拓市场"活动，组团推动企业赴境外拓市场。2023 年，以"政府团+企业团"形式组织 4239 家企业 8194 人出境拓市场，成功出行 201 个团组，达成成交意向超 236 亿元。累计组织 800 余家次企业参加各类重点线上线下展会[1]。二是鼓励企业提高品牌知名度。对当年获得"浙江出口名牌"和"金华出口名牌"的企业，每个名牌分别给予 30 万元和 10 万元的一次性奖励。三是多举措支持外资"引进来"。对外商投资金华市"2+4+X"产业的，分档次给予不同奖励。全面落实准入前国民待遇加负面清单管理制度，简化外商投资项目管理程序。

---

[1] 数据来源：《金华市商务局 2023 年工作总结和 2024 年工作思路》，载金华市商务局网站，2024 年 3 月 18 日，http://swj.jinhua.gov.cn/art/2024/3/18/art_1229155865_4141096.html。

三、出口市场策略分析

结合各地区经济发展和产业结构、人口结构和消费习惯、政府导向和贸易政策等特点，分析重点地区产品需求增长点，按照"做优存量、做大增量、拓展新量"思路，分地区、分重点推进产品出口。

（一）巩固优势，把握东盟经济高速发展和市场快速增长机遇，扩大关键零部件、数字产品和消费品等的出口

从经济发展和产业结构看，东盟是全球经济增长最快的地区之一，处于工业化高速发展阶段，正积极承接全球产业转移，但由于区域内产业链配套不完整，需要从其他国家进口中间品。从人口结构和消费习惯看，东盟地区人口基数庞大，61%人口年龄在35岁以下[①]，美妆个护、鞋子箱包、服装配饰等产品市场空间广阔，年轻消费特征明显，且比较注重产品的功能与实用性。从政府导向和贸易政策看，近年来，东盟与中国深入推进贸易、投资等合作，特别是RCEP的生效实施，使双方贸易关系更加紧密，互为最大贸易伙伴的地位进一步得到巩固。

综合研判，成都具备向西向南开放门户枢纽优势，可利用西部陆海新通道、中老铁路等通道资源，充分发挥消费电子、电子元器件、软件（含游戏）等方面的产业优势，牢牢把握东盟市场增长机遇，扩大对东盟产品出口、加强经贸产能合作。

---

① 数据来源：《中国企业出海东盟风正劲》，载外贸家平台微信公众号，2024年11月1日。

（二）稳住存量，满足欧美地区高品质消费需求、适应欧美绿色贸易规则，加大高端制造、绿色低碳等产品供应

从经济发展和产业结构看，欧美把高科技产业、绿色低碳产业等作为发展重点，在半导体制造材料等产业链关键配套、新能源等绿色低碳产业相关设备和配件等领域具有一定市场空间。从人口结构和消费习惯看，欧美发达地区人均收入较高，具备较强的消费能力，追求生活品质和精神享受，对高端化、多样化、个性化的产品需求旺盛。从政府导向和贸易政策看，欧美地区加快绿色低碳转型，采取碳边境调节机制（CBAM）、《新电池法案》、关键矿物清单等绿色贸易措施，对进口产品绿色低碳属性提出新要求。

综合研判，成都在太阳能电池和组件、新能源汽车、动力电池、车载智能系统、智能家居等领域具有成本和供应链优势，可通过准确的市场定位和高端化、定制化生产，推进产品绿色低碳转型，稳住对欧美贸易规模，改善产品出口结构。

（三）聚焦重点，利用中亚、西亚、俄乌对华关系友好条件，稳步提升电子产品、日用消费品等的出口份额

从经济发展和产业结构看，中亚、西亚、俄乌三个地区以资源型出口国家居多，近年来均在加快推进工业化和经济多元化发展，在能源开采与运输、工业化转型中的制造业等领域有较大设备与中间品进口需求。从人口结构和消费习惯看，中亚、西亚和俄乌地区总体人口规模较大（总人口数量约为 7.5 亿），人均收入和消费结构多样，可容纳不同档次的消费品需求。从政府导向和贸易政策看，中亚、西亚和俄乌地区是"一带一路"建设的重要区域，相关国家大多与中国签署了共建"一带一路"

合作协议或备忘录，与中国关系较为友好，贸易往来密切。

综合研判，针对中亚、西亚和俄乌地区等新兴市场，成都具备相对完善的供应链体系，在高端装备、智能终端、新能源汽车、日用消费品等方面均具备较好的产业基础和实力，可以为"成都造"产品出口上述三个地区提供支撑。

（四）以点串线，聚焦巴西、南非等重点国家市场需求，打造非洲、南美洲出口示范样板

从经济发展和产业结构看，南美 GDP 总量占全球比重不到 5%，但巴西经济发展水平较高，正大力培育数字经济、锂电等新增长点；非洲经济发展极不平衡，南非、尼日利亚和安哥拉三国占非洲 GDP 总量约 40%，正积极发展农副食品加工、清洁能源、信息通信等产业。从人口结构和消费习惯看，南美地区是全球人口结构最年轻的地区之一，当地消费者对价格敏感度不高，对手机、ipad 等电子产品和护肤、美妆等悦己类产品需求较大。非洲是世界上人口增长速度最快的区域，线上购物最受青睐，电子产品占比超过 40%。从政府导向和贸易政策看，南美地区、非洲各国一直都是中国重要的贸易伙伴，巴西、南非与中国同为金砖国家成员国，内部交流合作便利，双方政治互信基础良好。

综合研判，受限于地理位置、贸易份额等因素，未来成都对南美、非洲地区出口可按照"重点城市精准聚焦、重点产品靶向发力"策略，充分发挥在消费电子、高端装备、绿色低碳等方面的优势，加强与巴西、南非等国家重点城市供需对接，积极抢占外贸市场。

四、"成都造"产品出口出海对策建议

（一）增强供给能力，加快适铁适空产业发展

一是挖掘优势产业出口潜力。围绕电子信息、装备制造、新型材料、医药健康、绿色食品等优势产业，分行业开展企业出口出海意愿摸排行动，重点面向东盟、中亚等市场分层分类推进智能终端、外贸"新三样"（电动载人汽车、锂电池、太阳能电池）等产品出口。全力稳定现有外贸龙头企业订单和出口量，支持中嘉汽车、巴莫科技等本地外贸龙头企业加强国际市场开拓。二是促进传统产业出口出海。构建基于精准大数据、消费者需求反向驱动的供应链模式，推进食品、服装、鞋帽、家具等传统产业重点瞄准东南亚、中亚等地区，融合当地文化风俗，提升传统产业国际化水平，焕发产业新活力。三是鼓励企业创新走出去方式。借鉴浙江金华"地瓜经济"模式，支持龙头企业、"专精特新"企业通过协同创新、跨国并购、品牌出海等方式，整合行业上下游资源，以承揽工程、项目等形式提供"技术+产品+服务"的解决方案，提升"成都造"走出去的综合竞争力。

（二）适应市场需求，对接国际经贸规则抢订单

一是加强国际标准对接。开展企业标准对标达标提升专项行动，推动"成都造"与国际标准接轨，发展"同线同标同质"产品。支持参与和制定国际标准、行业标准，提升企业国际话语权。二是主动适应国际经贸规则。以RCEP为突破口，加强对RCEP规则、管理、标准的深度研究以及RCEP成员国的国别研究，快速融入RCEP开放市场。充分发

挥绿电资源优势，开展碳足迹认证与应用，推动企业更好践行 ESG [即环境（Environment）、社会（Social）、公司治理（Corporate Governance）] 可持续发展理念，引导市场主体更好应对欧美贸易规则和壁垒。三是常态化开展"成都造"出海拓市场活动。持续推动"成都造"工业企业组团出海抓订单、拓市场、促招引活动，瞄准成都外资主要来源地、进出口快速增长地、国别合作园区所在地，开展赴境外拓市场政企组团活动。充分依托展会平台、友城资源、川商资源、驻外使领馆等，多模式促进国际供需对接，促进更多"成都造"产品纳入全球供应链体系。

（三）拓展贸易方式，培育外贸新业态新模式

一是推广数字智能技术应用。运用数字技术和数字工具，推动外贸全流程各环节优化提升，鼓励企业通过阿里巴巴国际站、亚马逊、Facebook、中国进出口商品交易会、中国国际进口博览会等线上线下渠道开展精准营销。二是推动跨境电商赋能"成都造"出口。推广"跨境电商+产业带"发展的新模式，培育一批紧密对接国际市场的跨境电商优质产业集群，推动传统产业集群通过跨境电商赋能向国际化数字化产业集群转型升级。引导本土跨境电商企业做大做强。吸引境内外大型物流集成商和国际供应链企业在蓉集聚，加快打造跨境电商进出口集疏运基地。三是加快建设"成都造"公共海外仓。深化与国际国内大型物流快递企业、国际供应链"链主"企业的合作，沿国际航空、班列枢纽城市以及重要贸易节点地区，培育建设一批服务全产业发展、助力成都企业国际市场拓展的公共海外仓，优先做好存量资源转化，构建集商品展示、尾程派送、退运售后等一站式境外终端服务的体系。

（四）加强品牌建设，增强产品服务市场影响力

一是加快构建"成都造"品牌矩阵。以一流标准塑造企业品牌，培育世界500强、中国企业500强、重点产业链链主企业等领航企业群落，加快培育制造业"单项冠军"企业、专精特新"小巨人"企业、服务业"隐形冠军"企业、农业产业化国家重点龙头企业。以卓越品质塑造产品品牌，深化运用先进质量管理模式，聚焦供需适配，大力打造"成都工业精品""天府源"等系列品牌。二是加快推进品牌出海。充分借助"中国品牌日""全国质量月"等平台，加强与国内外主流媒体合作，拓展成都品牌传播渠道，讲好品牌故事。加快整合涉外法律服务、产品准入、渠道运营管理、营销推广、跨境履约服务等资源，打造品牌出海一站式服务平台，助力成都品牌"走出去"。三是营造更优品牌发展环境。加强"成都造"品牌文化建设，推动"成都造"与天府文化双向赋能，增强"成都造"品牌自信。重点支持出口型企业培育一批首席品牌官、品牌经理，面向企业家、员工等开展多类型培训，使更多人懂品牌、用品牌。

（五）发挥通道作用，促进平台货运提能升级

一是推动"两场两港"协同高效运营。发挥双流机场全货机航班及天府机场腹舱资源的比较优势，优化提升"腹舱+全货机+包机"航空物流多元化服务品质。持续完善西进欧洲、北上蒙俄、东联日韩、南拓东盟的亚蓉欧大通道，提升中欧班列、中老班列等国际班列通道集聚辐射效能，动态调整四向线路运能投放力度，提升高价值货物占比。二是打造"成都造"出口一站式服务平台。支持大型外贸企业运用新技术自建

数字平台，引进和培育一批电子商务、贸易代理、国际物流、咨询服务等外贸服务企业，打造服务中小微外贸企业的出口一站式服务平台。持续升级成都跨境贸易电子商务公共服务平台功能，助力跨境电商高质量发展。三是持续提升贸易便利化水平。深入推进"单一窗口"建设，联动海关、场站经营方、货代公司、物流企业等多方数据，实现信息交换共享。加大跨境贸易便利化措施实施力度，加强制度创新，提高货物流转效率。加大企业帮扶力度，积极培育 AEO 高级认证企业，加大企业对外官方注册推荐力度，支持企业通过贸易新业态等多种方式出口。

（六）强化要素保障，提升服务外贸企业效能

一是优化企业出口政策支持方式。用好用活各级稳外贸政策措施，加强对国际通行的补贴与反补贴规则的研究和运用，推动补贴环节更多从直接生产向上游研发转移，合理采用研发补贴、就业补贴等方式，规避国际反补贴调查。从参团类型、人数、订单等维度，分类制定企业补助标准，支持企业"走出去"。二是大力引培外贸专业人才。将外贸领域专业型和复合型人才作为急需紧缺和高端人才重点引进。开展外贸企业和人才专业培训指导，建设产教融合、国际贸易"单一窗口"培训板块及全市外贸产业专家库。三是强化金融赋能出口。鼓励成都银行、成都农商银行等金融机构创新完善外汇衍生品和跨境人民币业务，进一步扩大跨境贸易人民币结算规模，更好满足外贸企业汇率避险和跨境人民币结算需求。四是加强法律服务保障。充分发挥成都国际商事法庭、成都市涉外商事与法律服务中心等作用，加快推进低碳技术性贸易措施研究评议基地落地建设，助力出海企业提升知识产权海外布局及风险应对能力。

成都推动对外贸易高质量发展的措施建议

张一婷

中国宏观经济研究院对外经济研究所 副研究员

近年来,成都市积极发挥自身区位、产业和平台优势,积极融入国内国际双循环,打造内陆开放新高地,货物贸易量质齐升,服务贸易创新发展,数字贸易、跨境电商、市场采购、海外仓、保税维修等贸易新业态新模式创新推进。但也需要看到,成都市对外贸易发展面临产业与外贸协同程度关联仍需提高、货物贸易与服务贸易融合发展有待深化、贸易新业态新模式优势尚不突出、对外贸易通道尚需进一步畅通和完善、向西协同开放水平需要进一步提升等。新时期,面对复杂多变的国际环境以及中国式现代化、战略大后方建设的时代要求,建议加快推动以陆空贸易和服务贸易为重点的对外贸易高质量发展,加快建设新型国际贸易中心。

一、成都市对外贸易发展现状及存在问题

(一)货物贸易持续转型升级

近年来,成都市实现了外贸规模的高速增长、外贸结构的持续优化与贸易产品的提质升级。贸易伙伴方面,成都市累计已与220多个国家和地区建立贸易往来。目前,东盟、美国和欧盟是成都开展国际贸易往

来的主要贸易伙伴,且东盟国家的重要性逐步提升。贸易产品方面,2023年,成都市全年实现货物贸易进出口总值 7489.8 亿元[①],位居中西部城市第 1 位;随着锂电、光伏等绿色产业加快布局,新能源汽车、锂电池、光伏等"新三样"对出口贸易的拉动作用日益凸显。2023 年,成都市"新三样"出口额同比增长 43.8%,二手车出口额增长 4.5 倍[②],推动出口贸易结构进一步优化。

(二)服务贸易规模持续壮大

近年来,成都市以建设服务贸易创新发展试点城市、国家服务外包示范城市为抓手,主动对接高标准经贸规则,大力发展新业态新模式,着力推动服务贸易规模持续壮大发展,"创新'一带一路'国际商事争端解决机制""首创中欧班列跨省域共商共建合作机制"等 9 个经验案例先后入选试点经验和全国最佳实践案例。作为国际贸易的重要组成部分,服务贸易已然成为推动成都经济高质量发展的新引擎。2023 年成都市服务贸易进出口总额同比增长 26.1%[③]。以附加值高、成长性好为特征的知识密集型服务贸易(如华为云服务)正逐渐成为成都市服务贸易的主力。

[①] 数据来源:《2024 年成都市政府工作报告》,载成都市人民政府网站,2024 年 2 月 1 日,https://www.chengdu.gov.cn/cdsrmzf/c172321/2024-04/19/content_58b431fbc32242229b930765e24422e1.shtml。

[②] 数据来源:《43.8%!瞄准光储,这一西部龙头城市"新三样"出口猛增》,载搜狐新闻,2024 年 7 月 1 日,https://sports.sohu.com/a/789882413_117460。

[③] 数据来源:《成都:构筑机遇通道 创新服贸发展》,载中国商务新闻网,2024 年 9 月 20 日,https://www.comnews.cn/content/2024-09/20/content_44895.html。

（三）数字贸易不断突破发展

早在 2022 年 5 月，《成都市"十四五"服务业发展规划》就将数字贸易纳入全市服务贸易的发展重点。近年来，依托国家数字服务出口基地和国家知识产权服务出口基地，成都市大力拓展数字出版、网络视听、动漫游戏等数字内容出口，并创新"跨境电商+直播带货"模式，吸引了亚马逊四川直播基地落户天府新区，让享受国际优质产品的消费者日益增多，为成都发力培育国际消费中心城市提供了新思路。目前，成都市集聚了 IBM、西门子、阿里巴巴、腾讯、字节跳动等国内外数字贸易龙头企业，与超过 80 个国家和地区有数字贸易业务往来，数字贸易总额占服务进出口总额的比重接近 50%，成为成都服务贸易发展"新引擎"[①]。同时，成都市以自贸试验区为载体，创新规划了全国首个"数字贸易共享中心"。该中心集新经济体验、数字贸易商业服务、跨境电商分拨三大功能于一体，广泛服务跨境电商全产业链、产业生态圈，致力于打造"数字贸易·成都"新名片。

虽然成都对外贸易规模、结构都得到了一定的优化提升，但还存在一些值得关注的问题，主要表现为：产业发展与外贸发展的关联度仍需提高，服务贸易便利化程度有待提升，跨境支付、资金结算等环节存在一些制度和流程上的障碍，制约了服务贸易的发展；数字技术应用和数字化转型发展不足，缺乏先进的技术支持、领头的数字化平台企业、完善的电子商务法律法规以及安全保障机制。

---

① 数据来源：《数字贸易成服务贸易发展"新引擎"》，载《成都日报》，2023 年 8 月 20 日，第 3 版。

二、成都市推动对外贸易高质量发展面临的机遇

（一）全球产业链供应链调整为成都市集聚产业、技术、人才、资本、数据等资源提供新契机

当今世界正经历百年未有之大变局，国际力量对比深刻调整，中国制造面临发达国家"高端回流"和发展中国家"中低端分流"双向挤压，全球产业链供应链区域化布局趋势明显，外部发展的不稳定性不确定性明显增加。成都目前正处于从承接产业转移向与全球产业链深度合作转型的新阶段，全球产业链供应链加速重构，对成都构建富有竞争力和抗冲击力的产业链供应链提出了挑战，同时也提供了新的发展机遇。首先，全球产业链供应链的调整会导致部分产业从原有地区转移，这为成都市承接我国沿海地区和国际先进制造业和高新科技产业提供了契机。经过多年的发展，成都市在产业配套、人力资源、基础设施以及投资环境等方面较为完善，具备承接产业转移的综合竞争优势。未来应考虑加大政策支持力度，有计划、有规模、有目的地承接信息技术、新材料等高技术产业转移，进一步丰富和优化产业结构。其次，随着全球产业链和供应链的深度调整，越来越多的"短链"正在取代"长链"，这一过程会导致技术交流和合作更加频繁。成都市可以借此机会加强与国内外先进技术企业的合作，引进和吸收先进技术，提高自身的技术创新能力。同时，成都市还可以利用自身的科研实力和创新资源，推动产学研深度融合，加速科技成果的转化和应用。最后，全球产业链和供应链重构也将加速人才和资本等要素的流动。成都市可以通过优化人才政策，提高人才待遇，吸引更多国内外优秀人才来蓉发展；优化投融资环境，吸引更多国内外资本来蓉投资，吸引跨国公司入驻，进一步壮大经济实力。

（二）我国迈进中国式现代化新征程有助于成都市释放超大市场规模和丰富能源资源的潜力

中国式现代化既切合中国实际，体现了社会主义建设规律，又体现了人类社会发展规律，其形成和拓展彰显了中国特色社会主义的强大生命力和巨大优越性。中国式现代化迈入新征程，国家加快构建以国内大循环为主体、国内国际双循环相互促进的新发展格局，有助于成都市释放超大市场规模和丰富能源资源的潜力，为成都进一步发展社会生产力，破解发展不平衡不充分难题提供了时代机遇。首先，成都是西南地区最大的消费市场。随着城市化进程的加快和居民收入的提高，成都市的消费市场日益繁荣，各类消费品的市场需求持续增长，尤其是在旅游、餐饮、娱乐等领域，市场需求更是呈现出爆发式增长。2023年全年实现社会消费品零售总额10001.6亿元，同比增长10.0%①，增速分别比全国、全省高2.8个、0.8个百分点。其次，成都市还具有相对丰富的资源条件和较强的产业基础。成都市地处四川盆地，拥有丰富的水资源、土地资源、矿产资源和生物资源，为城市农业、工业和旅游业的发展提供了有力支撑。成都市产业体系完备，涵盖了电子信息、装备制造、生物医药等多个战略性新兴产业。成都市牢牢抓住新一轮科技革命和产业变革的契机，大力发展人工智能、量子信息、物联网等数字经济产业，加快5G、工业互联网、大数据中心等新型基础设施建设，为成都在前沿技术和产业创新领域抢占新赛道、培育对外贸易新优势、推动贸易结构走向中高端提供了窗口机遇。

---

① 数据来源：《2023年成都市社会消费品零售总额同比增长10.0%》，载成都市统计局网站，2024年1月29日，https://cdstats.chengdu.gov.cn/cdstjj/c154785/2024-01/29/content_cf370efdde6c4e769f912dcbb2f04ff1.shtml。

（三）共建"一带一路"进入高质量发展新阶段为成都市推动贸易高质量发展积蓄新动能

党的二十届三中全会明确提出完善推进高质量共建"一带一路"机制，加强绿色发展、数字经济、人工智能、能源、税收、金融、减灾等领域的多边合作平台建设；完善陆海天网一体化布局，构建"一带一路"立体互联互通网络。"一带一路"倡议从根本上改变了西部内陆地区的经济区位，让成都从不沿边、不靠海的内陆腹地变为开放前沿，成为国家向西开放的"龙头"，为成都增强对外交通枢纽功能，探索区域合作改革创新，促进贸易投资便利化，提升内陆开放水平带来前所未有的战略机遇。"一带一路"倡议提出十一年来，我国已与150多个国家和30多个国际组织签署了200余份共建"一带一路"合作文件，为成都市在更大范围、更高水平、更深层次的区域合作中，发挥示范引领和辐射带动作用提供了广阔空间。成都是西部地区最大的陆路枢纽，在深度融入"一带一路"建设过程中，加速构建以成都为主枢纽的亚蓉欧陆海联运战略大通道，持续完善国际班列网络布局和境内外服务节点，强化了链接中国与欧洲、东盟的铁路枢纽功能，使得中国与"一带一路"合作伙伴经贸往来更加通畅。目前，成都已经形成覆盖重要航空枢纽城市、经济中心城市的精品商务航线，覆盖法兰克福等全球重要物流节点城市的国际全货运航线和服务对外交往、国际消费的优质文旅航线。截至2023年底，国际班列已连通108个境外城市[①]，为成都市高水平对外开放奠定了坚实基础。

[①] 数据来源：《成都交通运输2023成绩单：国际性综合交通枢纽基本建成》，载成都市交通运输局网站，2024年2月5日，https://jtys.chengdu.gov.cn/cdjtys/c148564/2024-02/05/content_44f290aa81fd4201aa09e4f394842e54.shtml。

（四）新时代战略大后方建设进入加速期使得成都市建设国际贸易中心更为必要

2023年7月，习近平总书记在四川考察时创造性地提出："新时期、新时代还是有一个大后方的概念的。"[①]以中国式现代化全面推进中华民族伟大复兴，不仅要建设好长三角、珠三角这样的"大前方"，也要建设好西北、西南这样的"大后方"。首先，随着全球政治经济格局加速演变，国家需要更加稳固的战略大后方来支撑经济发展和国家安全。作为中国西部地区的重要内陆城市，成都市具有得天独厚的地理优势和资源优势，素有中国战略大后方的称谓，建设国际贸易中心可以进一步提升其作为战略大后方的地位和作用，有利于均衡生产力布局，增强经济社会发展的韧性与安全性，进而为中国式现代化提供更加稳定、可靠的经贸支撑。其次，战略大后方建设意味着国家将加强对西部地区的投入和支持。成都市作为西部地区的核心城市之一，有望获得更多的政策支持和资源倾斜，这有助于优化成都市的经济布局，提升城市的国际形象和知名度，促进经济贸易高质量发展。目前，成都市已叠加多重国家战略，变"门户"为"枢纽"。"一带一路"建设、长江经济带发展、西部陆海新通道建设等开放战略推动成都由内陆腹地变为开放前沿，新时代推进西部大开发、战略大后方建设、成渝地区双城经济圈建设等国家战略推动成都由国家中心城市向现代化国际都市稳步迈进。多重战略机遇叠加，特别是成渝地区双城经济圈建设战略提出的优化重大生产力布局、培育具有国际竞争力的先进制造业集群等要求，有利于成都争取国家重大政策支持、生产力布局和先行先试，在更大范围、更深程度、更高层次链接资源，构建产业生态，培育世界级先进制造业集群，为成都市贸易高质量发展积蓄新动能。

[①] 任平：《以"新格局"绘写"新篇章"——新时代推动西部大开发观察》，载《人民日报》，2024年6月4日，第1版。

三、成都市推动对外贸易高质量发展的几点建议

（一）推动货物贸易扩量、提质、优结构

一是做大优势产业贸易规模。发挥电子信息产业集群成链优势，多渠道稳定集成电路、智能终端、新型显示等优势产业对外贸易，大力拓展柔性电子、先进电子材料、电子信息零部件和元器件、软件与信息服务等潜力产业国际市场份额。推动清洁能源装备、航空航天、轨道交通等产业打造具有全球竞争力的产业集群，建设传统燃油汽车、新能源汽车、二手汽车及核心零部件出口基地。扩大先进材料产业贸易增量，挖掘锂电全生命周期进出口潜力，推进硅料、硅片、电池片、组件等配套成链发展。提升生物医药贸易规模，重点发展现代中药、高端化学药、高性能医疗装备等领域。深挖食品轻纺等四川特色产品市场潜力，推动间接出口企业对接国际先进种植、生产和加工标准，向直接出口企业转化。

二是优化各类贸易方式。做强一般贸易，扩大一般贸易规模，增强谈判议价能力，加强研发、品牌、质量和渠道建设，加快技术创新，增强关键技术、核心零部件生产和供给能力，支持龙头地区、行业和企业建立品牌推广中心，形成具有国际竞争力的出口品牌。创新发展加工贸易，扩大中间品贸易，吸引产业链上中下游加工贸易企业落户，支持加工贸易企业由组装向技术、品牌、营销转变，由贴牌加工（OEM）向委托设计生产（ODM）、自有品牌营销（OBM）转型；鼓励向产业链两端延伸，促进加工贸易生产制造与服务贸易融合发展，不断提升加工贸易技术含量和附加值，推动内外贸一体化发展，打造西部地区内外兼销的加工贸易产业集聚新高地。

三是丰富国际市场布局。支持成都外贸企业在巩固欧美、日韩等传统市场基础上，大力开拓多元化出口市场，重点瞄准具有发展潜力的东盟、中亚、西亚以及非洲、拉美等新兴市场，深耕共建"一带一路"国家，拓宽销售渠道，扩大市场份额。用好中国西部国际博览会等展会平台，加快引进国际知名企业总部或第二总部，打造内陆地区外资外企落户首选地，深化国际经贸合作。争取在成都市设立国际性博览会永久会址，例如中国国际工业进出口博览会、中国国际汽车进出口博览会、中国国际清洁能源博览会等，带动成都市产品出口。

（二）推动服务贸易做大、擦亮、创品牌

一是扩大服务贸易规模。深化国家服务贸易创新发展试点，巩固文化服务、旅游服务、运输服务、建设服务等四大重点领域，拓展维护和维修服务、知识产权服务、健康服务等四个新兴领域。围绕重点领域和新兴领域引进一批具有国际竞争力和影响力的跨国服务贸易企业，培育一批主业突出、国内领先的行业领军型企业，发展一批独具特色、善于创新的中小服务贸易企业。

二是创新服务贸易模式。推进成都天府软件园国家数字服务出口基地建设，推动以数字技术为支撑、高端服务为先导的"服务+"整体出口。推动生产性服务业通过服务外包等方式融入全球价值链，积极推动工业互联网创新与融合应用，培育一批数字化制造外包平台，发展服务型制造等新业态。聚焦信息技术外包（ITO）、知识流程服务外包（KPO）和业务流程外包（BPO）三种形式，发展软件开发、国际金融、财务结算、网络与数字增值、人才培训、电信增值与运营等服务外包行业。

三是培育服务贸易特色。建好人力资源、知识产权、中医药等特色

服务出口基地，着力在国际物流、维修维护、工程建设、法律咨询等领域培育创建一批国家级特色服务品牌。发挥产学研一体化发展优势，支持企业从生产制造为主向生产制造与研发应用服务相结合转变，鼓励发展智力、技术、知识密集型服务贸易。实施文化贸易"千帆出海"行动，推动广播影视节目、文艺精品等出口。探索推进专业服务资格互认、国际商事法律服务、生物医药跨境研发、知识产权发展与保护等改革创新。

（三）培育贸易发展新业态、新模式、新动能

一是大力发展数字贸易。发挥成都天府软件园国家数字服务出口基地优势，打造数字贸易公共服务平台，建设天府软件园数字贸易创新中心，积极引进国内外数字贸易龙头企业，提供全球云计算、数字资源交易、跨境数字贸易营销等公共服务。推动人工智能、卫星网络、大数据等新兴技术与外贸深度融合，提高数字技术对外贸发展的渗透性和覆盖性。争创国家数字贸易示范区，大力发展网络游戏、在线医疗、在线教育、数字会展等潜力大、附加值高的数字贸易。争取设立中国西部数字贸易博览会。

二是加快发展贸易新业态。加快推进跨境电子商务综合试验区建设，推动成都全球跨境电商服务资源中心提质增效，做大纺织鞋帽服、智能终端、汽摩配件、机械制品、川派食品等产业跨境电商贸易，争取跨境电商零售进口药品及部分医疗器械等特色试点。优化海外仓布局，设立区域性海外中心仓和海外仓，重点在关键航空海运节点、中欧班列节点、东盟重点城市布局建设海外仓，培育一批"川字号"公共海外仓。支持龙头企业开展保税维修、保税检测业务，引导自贸试验区企业开展集团自产产品全球维修，推动更多产品纳入国家维修目录。

三是探索建设绿色贸易示范区。完善绿色贸易促进政策体系，制定绿色低碳产品进出口目录。推进碳足迹评价体系建设，开展全供应链碳足迹核算，探索制订行业碳足迹评价标准。搭建绿色贸易发展平台，充分发挥绿色低碳企业进出口联盟作用，争取认定国家低碳贸易示范基地。

（四）统筹用好各类高水平对外开放平台

一是高质量建设自由贸易试验区。落实自贸试验区提升战略，主动对接《全面与进步跨太平洋伙伴关系协定》（CPTPP）、《数字经济伙伴关系协定》（DEPA）等国际高水平经贸规则，对标上海、江苏、广东等先进地区经验，聚焦制度创新，推进贸易自由便利、投资自由便利、金融领域开放、创新驱动发展、监管模式创新等制度改革，努力形成一批可复制推广的经验。围绕数字贸易、生物医药、航空经济等领域，争取更多国家事权下放，赋予自贸试验区更大自主权。联动重庆更大力度推进川渝自贸试验区协同开放示范区建设。适时争取成都片区扩区，推动成都东部新区纳入四川自贸试验区成都片区扩区范围。

二是增强国家级平台开放引领作用。增强成都高新区国家自主创新示范区创新主阵地功能，打造链接汇聚全球优质创新创业资源要素的国际化平台。强化临空临港经济区开放主枢纽功能，高标准建设国家级临空经济示范区，争取成都东部新区设立国家级临空经济示范区。增强成都经开区全球资源要素配置能力，提能成都国际铁路港经济技术开发区。

三是用好中欧班列、国际机场等优势发展特色陆空贸易。推进中欧班列高质量发展，深入推广"欧洲通"运输模式，打造"干支结合、枢纽集散"的高效集疏运体系。加快建设"一带一路"国际多式联运综合试验区，深化多式联运"一单制"。推动中欧班列与西部陆海新通道全面对接，构建以成都为主枢纽的国际班列网络。高标准运营双流国际机场和天府国际机场，促进"两场一体"运营，加快建设天府国际空港临空经济试验区，推进"空铁公"多式联运示范，强化国际航空门户枢纽功能。聚焦构建"欧洲—成都—RCEP成员国"经济廊道，大力发展以成都为中转枢纽的货物贸易和以成都为承载平台的转口贸易，增强泛欧泛亚国际门户枢纽地位。依托陆港和空港，布局发展陆港经济和空港经济，推动形成"依港布产、以贸促产、产贸两旺"的开放型经济发展新路径。

成都都市圈协同开放提升战略重点及路径举措

陈姣姣

成都市社会科学院 副研究员

在新发展格局下，深化成都都市圈协同开放不仅是服务国家"一带一路"倡议、西部陆海新通道建设的关键举措，还是打造内陆开放型经济高地、促进区域协调发展的必然要求。通过推动成都及周边城市在基础设施、产业布局、市场体系、公共服务等方面的深度协同，可以有效破除行政壁垒，优化资源配置，提升区域创新能力，增强国际竞争力。同时，协同开放也为成都都市圈把握RCEP等国际经贸合作新机遇、深化对外开放、扩大国际交流合作提供了重要平台，有助于构建全方位、多层次、高水平的开放型经济新体制，为探索都市圈协同发展新模式提供有益经验。

一、成都都市圈协同开放水平整体现状与瓶颈制约

（一）成都都市圈协同开放水平整体现状

1. 协同开放政策保障取得新进展

聚焦协同开放目标，国家、四川省和成德眉资各级政府不断深化体制机制改革，围绕协同开放平台建设、共享协同开放理念、打造国际化营商环境、协同自贸试验区建设、加强金融开放创新、构建国际产业协

作网络等方面，明确了推进协同开放工作部署（见表3-2）。

表3-2 推进协同开放工作部署整理

时间节点	政策文件	提升协同开放任务要求
2018年10月	四川省委、省政府印发《关于实施"一干多支"发展战略推动全省区域协同发展的指导意见》	强化成都国家中心城市功能，充分发挥成都"主干"引领辐射带动作用和各区域板块"多支"联动作用，加快构建"一干多支、五区协同"区域发展新格局；建设全国重要的对外交往中心、建设国际性综合交通通信枢纽
2019年1月	四川省委、省政府印发《关于加快推进成都平原经济区协同发展的实施意见》	要求成都平原经济区实现改革开放一体推进；复制推广自贸试验区经验和政策；共同争取过境免签等政策；争取新设综合保税区和保税物流中心
2019年8月	国家发展改革委印发《西部陆海新通道总体规划》	要充分发挥成都国家重要商贸物流中心作用；提高干线运输能力，打造成都至北部湾出海口大能力铁路运输通道；支持成都跨境电商综合试验区发展；推进成都青白江经济开发区、成都天府国际机场临空经济区枢纽经济建设
2020年3月	四川省委、省政府印发《成德眉资同城化发展暨成都都市圈建设三年行动计划（2020—2022年）》	加快建设改革开放新高地、打造开放平台和载体、促进开放政策共用共享
2020年5月	中共中央、国务院印发《关于新时代推进西部大开发形成新格局的指导意见》	要求西部地区积极参与和融入"一带一路"建设；鼓励成都加快建设国际门户枢纽城市建设；研究按程序设立成都国际铁路港经济开发区

续表

时间节点	政策文件	提升协同开放任务要求
2020年10月	中共中央政治局审议《成渝地区双城经济圈建设规划纲要》	突出重庆、成都两个中心城市的协同带动，健全合作机制，打造区域协作的高水平样板；唱好"双城记"，联手打造内陆改革开放高地，共同建设高标准市场体系，营造一流营商环境，以共建"一带一路"为引领，建设好西部陆海新通道
2021年2月	《成渝地区双城经济圈建设规划纲要（2021—2025年)》	要求发挥成都都市圈引领带动作用，深化与重庆都市圈协同联动，共建内陆开放战略高地；推动双城经济圈开放平台协同发展，加快建设天府国际机场航空经济区
2022年3月	《成都都市圈发展规划》	构建全方位开放合作新格局；协同搭建开放合作平台；一体推进更高水平开放
2023年8月	《成都都市圈建设成长期三年行动计划》	跨区域建圈强链，共建产业合作园区，探索"总部+基地""研发+制造"产业互动模式；提升聚焦改革系统集成和内陆开放门户功能

2. 协同开放制度建设实现新突破

建立保障有力的组织机构，成立四川省推进成德眉资同城化发展领导小组办公室，通过"常态化运作+实体化运行"，分领域组建省市联动参与的15个专项合作组，实现"行业协调+综合调度"(见图3-11)。围绕成德眉资同城化发展分领域制定了基础设施建设、产业生态圈建设、公共服务共享、生态环境治理等规划指导都市圈发展。积极探索行政区与经济区分离，建立互利互惠的区域合作机制。在统一市场体系建设、市场准入负面清单、商事制度改革、区域口岸合作等方面加强制度建设，国际化营商环境不断改善。

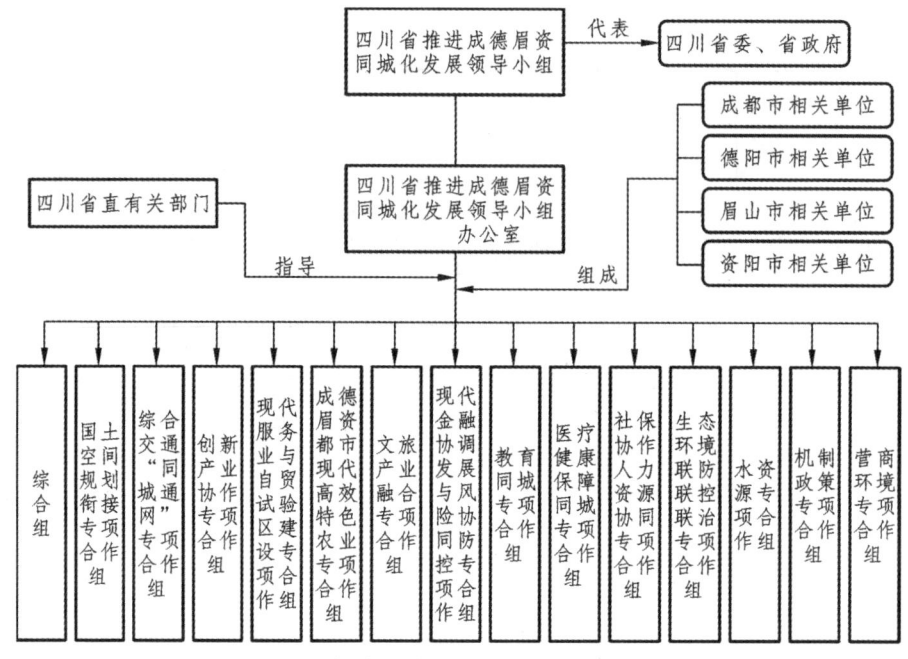

图 3-11 成德眉资同城化发展机构架构图

3. 协同开放平台建设取得新成就

围绕实施高能级开放平台共建共享工程,持续推进自贸试验区与协同改革先行区建设。加快建设国际航空枢纽和国际铁路枢纽,国际航空、铁海运输通道不断完善。推动天府国际机场申建国家开放口岸和综合保税区、成德眉资建设国家级外贸转型升级基地工作取得重要进展。中德(蒲江)中小企业合作区、中日(成都)地方发展合作示范区、中日(眉山)康养城、中韩(资阳)创新创业园建设有序。协同举办第十九届中国西部国际博览会、全球创新创业交易会、四川国际航空航天展览会等会展活动。

4. 国际门户枢纽能级实现新跃升

成都是西部乃至全国重要的国际门户枢纽,在西部陆海新通道中发挥重要作用。随着天府国际机场的建成运营，成都已经成为全国第三个拥有双国际机场的城市。2023年，成都国际航空枢纽继续保持强劲发展势头。成都航空枢纽全年共完成航班起降53.8万架次，旅客吞吐量7492.4万人次、货邮吞吐量77.1万吨，同比分别增长92.2%、141%、26.1%[①]。其中年旅客吞吐量在全国城市中排名第三，货邮吞吐量排名升至全国第六。中欧班列（成渝）运营持续领跑全国，截至2024年11月，运营线路50余条，覆盖欧亚120余个城市节点，已开行3.6万列[②]，成为西部地区高水平对外开放的重要载体，进一步巩固了成都"一带一路"重要节点城市的地位。

5. 对外贸易的规模攀升结构优化

成都都市圈进出口贸易总额波动中快速提升，由2010年的271亿美元增长至2023年的1193.9亿美元（按2023年人民币对美元的平均汇率7.0467计算），年均增长12.1%。截至2023年，成都都市圈进出口总额占四川省比重达87.8%，其中成都核心引领作用明显，2023年成都市外贸进出口总额达到7489.8亿元，居中西部城市第一位。

6. 外商投资环境提升迈上新台阶

充分发挥中国（四川）自贸试验区先行先试优势，成都都市圈加快推进外商投资负面清单制度落实，不断优化营商环境，外商直接投资实际利用额不断提升。截至2023年，四川自贸试验区已形成800余项制

---

① 数据来源：《成都交通运输2023成绩单：国际性综合交通枢纽基本建成》，载成都市交通运输局网站，2024年2月5日，https://jtys.chengdu.gov.cn/cdjtys/c148564/2024-02/05/content_44f290aa81fd4201aa09e4f394842e54.shtml。

② 数据来源：《中欧班列（成渝）已开行3.6万列》，载中国政府网，2024年11月14日，https://www.gov.cn/yaowen/tupian/202411/content_6986959.htm#1。

度创新成果，在近 4 批国家层面复制推广的改革试点成果中，四川贡献 14 项。其中，1 个案例入选"中国改革 2023 年度地方全面深化改革典型案例"，2 项举措入选全国自贸试验区第五批"最佳实践案例"①。四川自贸试验区以不足全省 1/4000 的面积，贡献了全省 1/4 的外商投资企业、1/10 的进出口、1/10 的新设企业，主要指标位居第三批自贸试验区前列。与此同时，依靠自贸试验区成都双片区引领带动，全省外商实际利用额也呈现出快速增加的态势。2023 年四川外商直接投资（FDI）到资 245.2 亿元人民币、同比增长 6.5%、高于全国 14.5 个百分点，稳居中西部第一。②

（二）成都都市圈协同开放瓶颈制约

1. 中西部缺乏可借鉴的成熟经验

缺乏成熟的经验借鉴是成都都市圈协同开放首先需要正视的问题。成都都市圈地处中国中西部地区，自然地理条件、基础设施建设、市场化体系建设以及对外开放基础水平相对滞后，推进都市圈协同开放面临着天然障碍，难以直接照搬世界级城市群以及国内沿海地区城市群、都市圈发展经验，这对成都都市圈创新发展模式、促进协同开放提出了更高的要求、带来了更大的挑战。同时，地方政府为追求本地经济增长而存在相互竞争，加剧了市场分割，若不能构建协同合作制度以及利益分享机制，则都市圈协同开放的制度成本将会大大增加。因此，要在思想

---

① 数据来源：《挂牌七周年，已形成 800 余项制度创新成果，四川自贸试验区从"试验田"走向"高产田"》，载四川省人民政府网站，2024 年 4 月 6 日，https://www.sc.gov.cn/10462/10464/10797/2024/4/6/3a5df2140dc94fbeb88b6266f52d5b20.shtml。
② 数据来源：《四川外资再创新高，跑出"加速度"》，载界面新闻，2024 年 2 月 6 日，https://www.jiemian.com/article/10783927.html。

上破除误区,走出一条因地制宜、特色突出的西部地区都市圈协同开放新路径。

2. 协同开放体制机制有待创新突破

成德眉资协同制度体系有待进一步统一规范,比如,成德眉资电子证照应用情况互不协同,政务服务"无差别"受理程度偏低。由于部分行政许可事项涉及职责权限,使得部分未实现全网通办的事项只能收受分离,进一步增加了行政成本。市场监管方面,相关制度规则尚不一致,仅有成都市设立了相关机构,导致成德眉资联合惩戒措施目录难以落实,而且除了劳动力市场监管领域外,其他领域尚未建立统一协作的监管执法机制。成德眉资投资贸易自由化和便利化程度相对较低,成德眉资对外开放基础参差不齐,导致其对自贸试验区对外开放政策的吸收能力和转化能力不足。国际化营商环境打造方面,虽然成都市已经连续三年获评中国国际化营商环境建设标杆城市,但其对德阳、眉山、资阳的引领带动作用亟待加强。

3. 重大开放平台支持政策有待加强

成都都市圈肩负引领成渝地区双城经济圈协调发展、建设西部改革开放高地、构建西部对外开放新格局的重任。近年来,国家、省级层面对成都都市圈空港、陆港联动,自贸试验区协同建设给予持续重点关注和支持,在此基础上,下一步建议,进一步向上争取都市圈协同开放政策支持,比如,争取加快实现德眉资协同改革先行区升级,大力推动国家级临空经济示范区、国家进口贸易促进创新示范区、天府国际空港综合保税区等落地,为都市圈开放发展进一步赋能。

4. 协同开放水平还需改善提升

成都都市圈服务贸易出口水平偏低且内部差距较大，德眉资三市服务贸易发展水平相对滞后，科技、文化、医疗、信息等现代服务业开放水平偏低，成为制约成都都市圈服务贸易提升以及贸易结构优化的短板。金融开放面临诸多制约，系统性金融风险监测、评估和预警机制不健全。以负面清单为基础的更高水平金融开放制度尚未形成，外资银行、证券公司、证券投资基金管理公司、期货公司、寿险公司等外资股比、业务范围等限制较多。

5. 开放型赋能新基建有待推进

以5G、人工智能、区块链、工业互联网等为代表的新型基础设施建设，对赋能国际产业合作、提高对外开放网络支撑力有重要促进作用。但由于面临着体制机制障碍以及技术、资金、人才等方面的困难和挑战，支撑成都都市圈对外开放的新型基础设施建设存在短板。比如，智能服务设施在赋能双流国际机场和成都天府国际机场"两场一体"智能化运营方面进展缓慢。基础设施数字化水平还高，制约跨境电子商务以及多式联运"一单制"的业务推进。

二、成都都市圈协同开放战略布局及重点

下一步，成都都市圈协同开放应以贯彻落实新一轮高水平对外开放为主线，坚持协同开放引领发展，抢抓国家实施国内大循环为主，国内国际双循环相互促进的战略机遇，促进成都都市圈积极参与全球经济治

理和公共产品供给，加快培育开放领域更全、力度更大、平台更高、环境更优的开放型经济。具体而言：

（一）突出"三高"发展导向

高层次合作。建立对接长三角、粤港澳大湾区、"一带一路"共建国家（地区）的高层次合作平台，举办跨区域高层合作论坛，促进成德眉资协同发力；充分把握《区域全面经济伙伴关系协定》（RCEP）在国际合作、投资便利化、数字贸易方面的发展契机，探索建立与中国（四川）自由贸易试验区联动合作机制；进一步强化自贸试验区产业集聚功能，依托国际航空港与铁路港平台，大力发展临空经济、口岸服务等产业，充分利用中德（成都）中小企业合作区、中韩创新创业园、中法生态园、新川创新科技园、中意文化创新产业园等国际合作园，实现更高层次、更宽领域的协同开放。

高标准平台。提升开放平台国家级别，提高成都都市圈制度创新能力，提高联通世界带动腹地的能力，提高国际竞争力和资源整合能力以及空间一体化治理能力；深化中国（四川）自由贸易试验区改革创新，加快形成可复制可推广的制度创新成果；提升联通世界能力，依托"空铁公水"立体化国际物流通道体系，加快建设西部陆海新通道，打造内陆国际物流枢纽和口岸高地，不断放大平台开放效应。

高技术支撑。加快推进互联网基础设施建设，以数字技术赋能中小企业，为企业技术创新提供更多应用场景，推进工业互联网、云计算等数字平台建设，促进企业供应链、价值链与创新链系统整合和数字化转型；加快人工智能、大数据、区块链等现代信息技术在贸易领域的应用，建立国际通信中心枢纽，加快数字贸易试验区、大数据交易所建设，促进数据要素有序流动；充分把握数字经济发展的契机，以服务贸易作为抓手，培育服务贸易新业态、新模式、新技术，塑造服务贸易竞争国际新优势。

（二）聚焦"四大"发展重点

构建立体开放合作新格局。充分把握"一带一路"建设、长江经济带发展、新时代西部大开发、成渝地区双城经济圈战略等重大历史战略机遇，以成都为战略支点，立足西部陆海新通道建设重点，推动建设四向开放通道，打造新的泛亚铁路大通道。强化立体开放合作，构建东向长江经济带、西向"一带一路"共建国家（地区）、南向粤港澳大湾区与东南亚地区、北向关中平原城市群和蒙俄经济走廊的区域联动、协同开放的立体开放合作新格局。

打造国际门户"四大枢纽"。强核引领是都市圈发展的区域规律遵循。推动成德眉资协同开放要充分重视成都市的强核引领作用，加快打造国际航空枢纽、铁路枢纽、通信枢纽、"一带一路"（国际）市场枢纽等"四大枢纽"，强化与德眉资枢纽联动，共同做强都市圈对内辐射周边区域协同发展、对外链接国际市场的门户枢纽功能。第一，打造国际航空枢纽。推动双流国际机场、天府国际机场"两场一体"联动发展，争设天府国际空港航空经济试验区，打造国家级临空经济示范区和国际航空枢纽，发挥航空枢纽门户功能。第二，打造国际铁路枢纽。依托自贸试验区青白江国际铁路港，加快推动成都国际铁路港经济开发区建设，打造中欧班列集结中心；加快布局支撑成都向西、向南开放格局的战略性国际铁路物流通道，在欧洲主要枢纽节点城市建立海外集散分拨服务网点，打造面向全球的电子信息、装备制造企业配送枢纽。第三，打造国际通信枢纽。持续扩容互联网省际出口带宽和成都国家级互联网骨干直联点网间互联带宽，提升网间互联互通性能。巩固成都国家级网络枢纽地位，打造"一带一路"重要通信节点和国际信息港。第四，打造"一带一路"（国际）市场枢纽。推动都市圈特色资源开发、文旅产业协作，拓展以西向国际航线和中欧班列为纽带的国际经贸合作，建设面向欧洲、中西亚以及全球的国际市场门户枢纽。

协同打造国际化营商环境。营造市场化、法治化、国际化的营商环境需要成德眉资协同发力。成都市连续被评为国内营商环境 TOP 以及国际营商环境标杆城市，未来要充分发挥自贸试验区作用，复制推广成都市经验，以国内营商环境最优越的自由贸易试验区为标杆，协同制定改善国际化营商环境方案，协同打造投资贸易便利、行政许可便捷、要素获取容易、政策公平稳定、法治保障完善的国际化营商环境。

探索都市圈协同开放创新模式。都市圈是推进新型城镇化的重要手段，西部地区都市圈发展面临着政策、资金、技术以及人才的多重制约，可支配资源有限，要求更强的规划引领、制度保障支撑。而且，都市圈协同开放模式及路径取决于地区经济发展阶段、要素禀赋特征及驱动因素的异质性特征。因此，在遵从打破行政壁垒、市场驱动、发挥比较优势以及中心（枢纽）引领的都市圈发展一般规律下，要充分认识西部地区、市场化程度较低、对外开放水平偏低的都市圈的政策驱动与技术赶超异质性特征，更好地发挥区域特色优势，以更强的政策与制度支撑、更深层次的制度变革、更先进技术赋能都市圈协同开放，探索出一条西部地区都市圈协同开放新模式。

三、成都都市圈协同开放提升路径举措

（一）制度支撑：创新成都都市圈开放型经济新机制

健全协同合作机制。探索构建"行政区和经济区分离"的新型区域合作机制，建立健全都市圈利益共享机制、区域合作机制，打破行政壁垒，推动构建一体化市场体系、产业协兴体系、空间治理体系、生态环境治理以及公共服务共享机制等，为实现都市圈同城化以及对外开放提供协同合作制度保障。

健全协同开放机制。推进建立面向国际的双边、多边和区域、次区域层次的开放与合作制度；创新服务贸易出口管理体制，探索以服务贸易为重点促进中国（四川）自贸试验区转型的新模式；健全法律保障制度体系，以《中华人民共和国外商投资法》为基本依据，加强与国际投资法规则衔接，完善相关制度安排，营造法治化、规范化、国际化的一流营商环境。

全面落实负面清单管理制度。遵循都市圈发展规律，按照《外商投资准入特别管理措施（负面清单）》要求，根据成都都市圈协同开放工作推进实际情况，全面落实外资准入前国民待遇加负面清单管理制度，降低外资机构在准入和展业方面存在的隐性障碍和限制。加快落实取消或放宽外资股比限制的政策措施，允许更多领域实行独资经营，推进服务业开放。全面清理取消未纳入全国和自贸试验区外商投资准入负面清单的限制性措施，及时完善有关办事程序。

（二）要素保障：强化成都都市圈协同开放要素投入

强化土地要素保障。探索建立跨市域重大项目用地省级为主、四市

协同保障机制，统筹跨区域项目用地指标和基本农田占补动态平衡，将同城化发展重点项目纳入国土空间规划预留用地空间，共同争取同城化重大项目纳入省级重点项目管理。探索建立城乡统一的土地市场以及都市圈建设用地指标的跨区交易，依托农村土地交易服务平台和成都农交所德阳、眉山、资阳子公司，进一步完善覆盖四市的统一农村产权交易服务体系，开展农村产权交易服务。

强化财政资金保障。既要保障财政投入，又要建立市场化多层次资本支撑体系，鼓励服务业企业借助多层次资本市场直接融资。统筹交界地带土地、国有资产、资金等要素资源，联合成立产业发展基金，共同组建平台公司，统筹交界地带基础设施项目建设，鼓励支持引导社会资本参与。

强化人才保障。加大国内外人才吸引政策支持力度，打破地域分割，相互开放人力资源市场信息，推动人才自由便捷流动。共建人力资源服务平台，协同开展就业培训服务和人才招聘活动。

强化数据要素保障。协同推进5G、人工智能、物联网、数据中心、工业互联网等新型信息基础设施布局，率先跨区域布局一批基于新一代信息技术的智慧应用场景，共同打造智慧都市圈。依托四市云平台服务商和试点示范平台，开放端口与渠道，共建辐射四市乃至中西部地区的工业互联网平台、测试验证平台，开展工业数据流转、产业运行监测、技术验证与测试评估等服务，鼓励四市"企业上云"。

（三）政策共享：促进成都都市圈开放政策复制推广

复制推广自贸试验区经验。高标准建设中国（四川）自由贸易试验区，梳理总结自贸区试点在制度创新、平台构建、产业协作以及人才引进方面的经验,向德眉资自由贸易试验区协同改革先行区复制推广,并支持符合条件的经济功能区和县级行政区域建设自贸试验区协同改革先行区。

开放型平台功能协同共享。建立成都都市圈对外开放平台功能台账,共建共享航空铁路枢纽、产业、科技、金融等领域功能共享机制,推动自贸试验区、成都国际铁路港经济技术开发区、天府国际机场临空经济区、交子金融商务区、成都超算中心、中国天府农业博览园等重大平台服务功能向德眉资三市延伸,以区域内"功能开放"促高水平"对外开放",打造都市圈功能协作基地,构建协同开放的都市圈合作空间。

协同共享开放经验模式。加快推动服务贸易创新试点、跨境电子商务综合试验区、多式联运"一单制"试点等经验模式率先在都市圈复制推广;协同参与川渝自贸试验区协同开放示范区建设,共同努力促进陆港、空港扩大开放,提升金融、科技等领域开放水平;协同共享"一带一路"进出口商品集散中心建设经验,促进都市圈企业沿开放通道参与"一带一路"物流基础设施投资、产业园区建设和拓展海外市场。

协同共享公园城市建设政策。公园城市是城市发展的高级阶段,加快推广成都公园城市建设经验,协同打造公园城市都市圈,是提升成都都市圈国际影响力、打造欠发达地区都市圈发展模式的重要实践创新。

(四)聚合赋能:协同构建产业协作网络体系

共建先进制造业产业集群。共建电子信息万亿级产业集群,聚焦新型显示、智能终端等领域开展协作攻坚,成都围绕集成电路、新型显示、智能终端、高端软件、人工智能、新一代信息网络等六大领域,构建"芯—屏—端—软—智—网"为一体的电子信息产业体系,全面提升产业核心竞争力。德阳依托重点企业发展电子元件和工业互联网，着力突破行业数据处理、智能分析与服务集成。眉山依托高端显示屏、新材料等领域，助力成都产业链上下游衔接。资阳依托电子元器件、机电组件设备制造、光电显示等领域优势基础，提升电子信息关键零部件配套能力。共建装备制造万亿级产业集群，重点聚焦航空装备、智能制造装备、轨道交通装备、新能源与智能网联汽车、油气钻采设备等领域开展产业链上下游配套协作。成都着力突破智能成套装备和生产线、工业机器人等智能制造领域，航空整机及航电设备、地面支持设备及系统等关联产品研制，新能源汽车、智能网联汽车等整车制造，以及城际动车等轨道交通整车和核心部件研发制造。德阳依托装备制造优势，聚焦发电装备、燃气轮机、油气钻采设备等成套高端能源装备，重点发展智能装备、先进节能环保装备、轨道交通关键零部件及工程施工装备，培育壮大大型模锻件、军民用飞机大部件，航空发动机部附件等航空关键零部件生产制造，提供优质汽车零部件产品配套和服务。眉山依托机械零部件制造基础，重点发展智能关键零部件制造，建设绿色铸造中心，协同成都做强装备产品供给，配套发展新能源汽车和智能交通装备及零部件制造。资阳布局发展氢能源汽车、智能网联汽车、飞机零部件，着力提高商用汽车整车和零部件制造，新制式轨道交通、电力机车以及发动机、曲轴等关键部件研制水平。

共建现代服务业基地。共享成都国家西部金融中心、全国重要文创中心、国际消费中心建设势能和新经济品牌，提升现代物流、科技信息、商务会展、川派餐饮、医疗康养等现代服务业发展水平。促进文化旅游融合发展，共建世界级旅游目的地。协同建设现代服务业集聚区，实施中日（成都）城市建设和现代服务业开放合作示范项目。增强成都产业的辐射带动功能，鼓励成都大力发展知识经济、总部经济、服务经济，形成创新策源地和总部集聚效应，加大优势品牌对外输出力度，将一般制造业、传统批发市场、仓储物流市场等产业有序疏解到德眉资三市，辐射带动周边地区发展，构建"成都总部+德眉资基地""成都研发+德眉资转化"等产业互动模式。

共建都市农业示范区。增强现代农业核心竞争力，强化农业科技创新，推进农业基地、龙头企业与高校、研究机构合作，积极推进国家现代农业科技中心建设，共建特色农业产业技术研发中心，打造特色农业产业集成技术"研发+转化"高地。做强"川味""川果""川药""川茶""川酒"等区域川字号特色农产品，推进高能级企业培育和域外川味文化中心建设，打通高效特色农业与国际贸易、文化宣传、餐饮产业、食品工业间的联系，共建千亿级产业集群。促进一二三产业深度融合发展，立足"观山水、品川味、慢生活"天府之国的生活特质、田园景观和农耕文明，实施全球休闲农业品牌战略，强化农商文旅体整体运营联盟和信息平台建设，培育一批世界有名、全国知名、地域文化特色浓郁的标志性休闲农业项目和休闲农业文创产品，打造一批集农产品采摘、花卉苗木交易、休闲观光、民宿服务、文教旅体康养于一体的农文旅融合发展示范区，将都市圈建设成为高端休闲体验目的地和中国休闲农业之都。

共建新经济发展试验区。协同加速工业互联网、智慧物联网、公共服务网建设，以场景供给引领新经济发展，建立"机会清单+未来场景实验室/创新应用实验室"供给机制，深化新经济新场景新产品发布机制，构建新经济发展联合体。促进要素交易、项目合作，建立新经济信息共享渠道和智库交流机制。引导有实力的德眉资企业加入成都新经济企业俱乐部,支持符合条件的企业进入成都各类新经济基金投资项目库。推动成都引创荟系列专题活动、新经济创业大赛等品牌活动持续面向市场开放。

(五)深化协作:协同推进大范围跨区域联动

加快国内合作。积极对接京津冀协同发展、长江经济带发展、粤港澳大湾区建设等重大战略。在以长江经济带为横轴、西部陆海新通道为西轴、东南沿海为东轴的"H"形空间格局中,充分发挥成都都市圈的支点作用,强化其跨区域联动职能,助力东中西协同发展。衔接长江经济带,以全方位开放引领西部内陆、沿海、沿江、沿边高质量开发开放,推进西部大开发形成新格局的战略通道。

加快国际合作。推进天府国际机场与双流国际机场"两场一体"运营,构建国际航空客运和货运战略大通道,形成"空中丝绸之路"和"国际陆海联运"双走廊;积极推动共同建设中国—欧洲中心、中国(四川)—东盟自由贸易中心及国际合作园区等;做优做强中欧班列品牌,打造西部陆海新通道班列运输品牌,推动南向陆海联运提质增效,提升贯通亚欧大陆的国际陆路新通道运输水平;依托西部陆海新通道建设,强化都市圈与中南半岛、孟中印缅、新亚欧大陆桥、中西亚等国际经济走廊的联系互动,使西部陆海新通道成为都市圈构建开放型经济体系的重要支撑。

(六)协同四链:协同促进四链融合互动

协同构建产业链。立足区域产业基础和发展定位,构建错位发展、优势互补的产业分工体系。以成都为核心，推动电子信息、装备制造、生物医药等先进制造业向周边扩散，形成"中心集聚+外围协作"的产业空间布局。建立产业转移对接机制，引导优质企业向德阳、绵阳等周边城市有序转移，推动产业链上下游企业集群发展。同时，构建都市圈产业合作平台，定期举办产业对接会、投资推介会等活动，促进区域间产业要素高效流动和产业链深度融合。加强重点产业链招商引资协同，避免恶性竞争，实现产业链招商的区域协同。

协同构建创新链。充分发挥成都科教资源优势，构建区域协同创新体系。推动建立都市圈创新联盟，整合高校、科研院所和企业创新资源，共建产学研用创新平台。支持成都、绵阳等创新资源富集区域共建科技创新中心，推动创新要素跨区域流动和优化配置。建立创新资源共享机制，推动科研设施、实验室、科技服务平台等创新基础设施开放共享。完善科技成果转化机制，构建覆盖都市圈的技术交易市场体系，促进创新成果区域转化应用。加强创新人才培养和引进协同，建立人才柔性流动机制，实现创新人才资源的优化配置和共享使用。

协同构建供应链。构建高效协同的区域供应链网络体系。整合都市圈物流资源，优化物流节点布局，构建统一高效的现代物流体系。推动建设区域性物流枢纽和分拨中心，完善快递物流配送网络，提升供应链运行效率。加强供应链信息化建设，推动建设都市圈供应链管理服务平台，实现供应链信息互联互通和资源共享。建立供应链风险防控机制，提升供应链韧性，强化重要产品供应链本地化配套能力。推动供应链金融创新，为供应链上下游企业提供多元化融资服务，促进产业链与供应链深度融合。

协同构建价值链。推动都市圈价值链整体提升，促进产业向价值链中高端攀升。支持龙头企业开展技术创新和产品研发,提升产品附加值,带动产业链配套企业协同发展。加强品牌建设协同,培育区域优势品牌,提升产品和服务的品牌价值。发展研发设计、检验检测、现代物流、金融服务等生产性服务业,完善价值链支撑体系。推动传统产业数字化转型,促进数字经济与实体经济深度融合,提升价值链的数字化、智能化水平。建立区域利益分享机制,促进价值链各环节合理分工,实现价值链协同增值和各方共赢发展。

以数字贸易平台促"四链"融合。随着互联网对消费端的福利效应日益递减,供给端工业互联网、人工智能、区块链等层面的数字技术应用,已经成为未来数字经济应用新场景。实现"四链"融合下的高水平开放,其重要抓手在于打造数字平台,以及基于云计算平台,针对区域、产业和企业的差异化需求进行数字技术的再开发、开展数字贸易。促进都市圈与"一带一路"深度融合,鼓励企业采用物联网和人工智能技术推动海关便利化,促进新型跨境物流发展。鼓励区域内数字平台企业通过交叉投资,监管合作进行深度捆绑,签署互认协议,互相承认电子、无线电和电信终端设备的认证有效。

(七)优化环境:协同推进国际营商环境建设

制定成都都市圈营商环境评价标准。制定统一的营商环境评价标准,加快推进都市圈营商环境联合评价,以评价结果倒逼同城化改革。协同推动商事制度改革,实行统一的市场准入负面清单和企业登记标准,开设都市圈企业登记绿色通道。协同优化行政审批流程,探索实行行政审批无差别化受理。在都市圈内先行先试省内需分步实施或试点的税收政策,探索建设都市圈税收征管一体化机制。协同开展都市圈市场监管,推动地方标准共建,形成市场监管数据共享机制和征信联动机制。探索构建公平竞争审查协作制度和联合执法机制,共建都市圈公平竞争环境。

构建高效的服务环境。成都已经连续获评营商环境建设标杆城市,被权威机构评为最具国际竞争力城市和最具投资吸引力城市等。充分发挥成都中心城市引领作用,在之前相继出台的国际化营商环境版本基础上,充分发挥政策溢出效应,围绕优化提升投资贸易、获得许可、要素匹配、政策支持、司法保护等,针对德眉资营商环境具体情况和问题,靶向发力、精准施策、协同突破,在成都都市圈内复制推广政策经验,探索推行行政审批跨市"无差别化"受理共同打造国际化营商环境,协同打造国际营商环境更高版本,将都市圈协同打造成全国营商环境最优区域。围绕优化企业全生命周期服务制定精准化的改革方案,打造创新创业、政务效能、产业服务、对外开放、权利保护等环境优势。

专家建言篇：深化文化交往

成都城市形象国际传播体系建设的建议
——基于"成都大运会"的考察

戴骋

成都大学文学与新闻传播学院 教授

随着综合国力不断提升，我国在国际舆论环境的影响力显著增强，但"西强东弱"的话语格局尚未发生根本性扭转，甚至还出现了新的话语攻讦现象。在这种情势下，中国城市国际传播力建设迎来战略机遇期，如何改善城市形象、传递城市名片，助推国家形象对外传播，成为亟待探讨的话题。在当今世界的百年大变局中，城市国际传播面临叙事话语体系、数字平台建设和受众认知差异等困境，导致实践路径发生变化。未来城市国际传播力建设基点应立足于城市名片，打造多元主体共在的行动者传播网络，孵化"国际网红传播者"，不断加强主流媒体在海外数字平台的议题设置能力，围绕"信息模式"与"故事模式"兼备的叙事技巧，系统强化跨文化共情传播效能，为塑造多层次、多维度、立体化的城市形象以及可信、可亲、可爱、可敬的中国形象作出贡献。

一、问题的提出

党的二十大报告明确指出，要加强国际传播能力建设，全面提升国际传播效能。党的二十届三中全会提出:"中国式现代化是物质文明和精神文明相协调的现代化。必须增强文化自信,发展社会主义先进文化,弘扬革命文化,传承中华优秀传统文化,加快适应信息技术迅猛发展新形势……优化文化服务和文化产品供给机制,健全网络综合治理体系,构建更有效力的国际传播体系。"①中共成都市委十四届五次全会通过的《关于加快建设国际门户枢纽城市以高水平开放推动高质量发展的决定》指出,要"提升国际传播效能,用好涉外媒体成熟渠道,做大做强网站、杂志、智库、社交账号等国际传播矩阵,推出多语种专栏专题。统筹运用国际经贸活动、国际展会论坛、民间交流平台等资源加强城市对外宣传,开展国别化、精准化传播,持续提升公园城市国际影响力和美誉度。"

作为全球性体育盛会,世界大学生运动会承担着形塑国家形象、区域形象、城市形象、凝聚全球共识的重要使命。近年来,世界政治局势诡谲多变,国际新形势呼唤对外传播新理念与新思想,国际传播策略与愿景也随之不断调适。以"成都成就梦想"为口号的成都大运会如何面向全球范围内不同国家、民族、文化、身份立场的民众,传递蕴含包容、多元、开放的成都形象,构建可亲、可爱、可敬、可信的中国形象,又如何在特殊的体育赛事和媒介事件中让城市形象与国家形象获得最大范围内的全球认同,有待展开学理层面的探讨与研究。因此,本文通过梳理新形势下我国城市国际传播力建设的现状与实践问题,论证区域对外传播体系构建新路径,探索成都市如何结合第 31 届世界大学生夏季运动会呈现成都文化、讲好中国故事,形成新的国际交往场域和共享文化空间,从而增强对外传播的实效性和亲和力。

---

① 《中共二十届三中全会在京举行》,载《人民日报》,2024 年 7 月 19 日,第 1 版。

二、当前我国城市国际传播的问题检视

随着我国政治、经济、国防等硬实力的提升,某些西方国家通过大众传播媒体、海外社交平台妖魔化我国国际形象的现象日渐严重,话语攻讦力度和频率愈发加重和密集。作为中国国际传播能力建设的内生推动力量——城市国际传播力如何建设与提升,需要反躬自省,检视存在的问题。

(一)叙事话语体系建设与国际传播匹配度有待提升

国际传播在一定意义上是叙事话语博弈的艺术,话语权依然是不同国家竞争的重要场域。在文化理念、意识形态、价值观念、社会背景存在结构性差异的国际社会,城市国际传播的叙事话语难以发挥效能是当前面临的主要困境。究其原因,主要有以下几个方面:

话语主体较为单一。在数字全球化蓬勃发展的当下,城市国际传播叙事主体仍囿于官方机构或主流媒体,眼下并未形成具有海外影响力的意见领袖或非官方组织。尽管官方机构的地位身份在对外传播过程中具备公信力、有利于确保信息的高准确性和价值度,但这种过于依赖政府作为传播主体,多运用宏大叙事、自上而下的传播方式,一定程度上给海外民众带来一种"高高在上"的姿态,不由自主地附加浓厚的"宣传味"。这不仅削弱了叙事话语的传播效能,易引发逆反心理,同时也阻碍了海外民众对城市品牌的感性认知。同时,构筑对外传播话语体系需要动员多方力量,实现官方、精英和民间同频共振的效果,但目前主要由大型主流媒体承担,精英和民众参与度相对较低,地方媒体对外传播

动能未被激活，以 UGC、PGC①形式传播城市文化品牌的途径较少，一定程度上阻碍多方联动传播生态的布局。

话语理念相对滞后。长期以来，坚持正面报道是我国主流媒体的行业操守，在国际传播过程中媒体也始终恪守这一理念，并将中国的发展优势和瞩目成就作为外宣重心，甚至用"崛起"心态讲故事，而忽略对发展过程中遭遇的问题、阻碍和矛盾进行呈现，常常出现"正面报道"起不到较好的"正向效应"的现象。然而，国外主流媒体时常恶意放大中国发展过程中遇到的矛盾，并借助新媒体平台优势广为传播，在国际舆论场域抹黑中国，加之我国主流媒体在海外影响力有限，陷入"有理说不出"和"频频失声"的尴尬窘境。

话语逻辑亟须调整。如何让城市形象、故事、文化更有吸引力，是对外传播体系建设一直在探索的关键问题。话语逻辑与全球语境不相适配是导致吸引力不足的重要原因。当前，主流媒体虽已意识到叙事话语"内外有别"，但在实践过程中受多种因素影响，仍使用同一套叙事结构、话语逻辑和理念讲故事、塑形象，未做到全球化、分众化和区域化表达。尤其在向低语境文化国家讲述中国故事、城市文化时，更容易出现"对内说得通，对外说不通"矛盾。在以中国为代表的高语境文化国家，彼此在传统、习俗、观念等方面具有重合性，交往上更擅于借用融通的语境展开交流；以美国为代表的低语境文化国家，由于缺少相近的历史背景和文化因子，交往过程中需要借助更清晰、更直接的信息话语。然而，国内主流媒体相对缺少对外宣内容再语境化的思考，而是延续以往同一

---

① UCG（User Generated Content）即用户生成内容，用户将自己原创的内容通过互联网平台进行展示或者提供给其他用户，是一种用户使用互联网的新方式，即由原来的以下载为主变成下载和上传并重。PGC（Professional Generated Content），指专业生产内容，用来泛指内容个性化、视角多元化、传播民主化、社会关系虚拟化。

版本的内容模式,此种话语逻辑不利于实现面向不同国家、不同平台、不同用户的精准传播,长此以往将削弱中国故事、城市文化的吸引力,难以提升国际传播效能。

(二)智媒背景下数字平台信息传播控制难度增加

随着新技术的飞速发展,全球传播生态迎来结构性变革,国际舆论场的局势也愈加复杂化。在智能化发展的新纪元中,我国城市对外传播不仅迎来形塑城市形象、提升话语权的机遇期,同时还需要面对西方媒体在国际话语空间拥有的历史优势及其借助智能技术进一步扩张的媒介势力、传播能力和信息控制能力。

当前,数字技术平台正借助大数据搜集与分析、云计算等方式加快重构国际传播格局。这些数字平台具有构筑新型网络交往生态及信息秩序的潜力,但也可能成为美国等西方国家主流媒体信息霸权的维护者。例如,依托成熟的机器人写作、数据采集和智能传播技术,一些海外社交平台涌现出大量的"机器人水军",通过发布海量具有针对性、偏向性推文进行议程设置和舆论引导,并自动进行点赞、评论和转发,高度参与公共讨论,使中国持续遭遇误解和质疑。又如,一些海外社交媒体可能利用智能技术过滤、筛选、删除海量涉华正面内容,并借助算法技术向用户智能推送大量反华内容,导致海外民众只能困于"信息茧房",接收关于中国的负面信息。

数字技术打破了物理空间界限,使人们处于一个全球共享的公共空间。智能技术进一步对全球文化、经济、社会进行结构性重组,用户在"数字世界"聚集与互动,同时让他们在标签鲜明的"我的世界"中集合与社交。大型互联网数字平台已经成为文化、观念和认知边界博弈的"前线"战场,致使"媒介全球化"和"全球媒介化"并行,对社会生活形成全方位渗透和深层次影响,全球传播生态和信息秩序也因此发生巨幅变迁。服务于他国利益的海外数字平台并不能完全实现我国城市国际传播的目标和使命。如何发挥技术优势,推动主流媒体的融合转型和深度改革,嵌入海外社交用户信息圈层与社交圈层,提升内容触达率和渗透率,成为城市国际传播的一个实践困境。

(三)城市形象多维与受众认知差异诱发"文化折扣"

城市形象通常是一座城市深厚历史底蕴和优秀文化品质的全面、综合表征,更是构成国家形象的关键要素与无形"名片"。就外部而言,海外受众对城市形象的接纳具有整体性和一体化的特征;就内部而言,城市形象包括政治特征、经济规模、文化特色、区位优势、科技水平、发展潜力、治理能力等多个维度,涉及政府、社会、城市居民、企业组织、游客等多元主体,具有多面向、多特征的复杂性。成都大运会既承担讲述中国故事的使命,又要向世界展现成都深厚的历史底蕴和现代化的城市风貌。城市形象的不同层次间既相互勾连又各具特色,在海外受众认知层面存在感知与认同的差异性。面对城市形象多维性,如何实现内部融合与生动传播,向世界展示不同面向之间的异同与关联,是国际传播的实践困境之一。

受经济、文化、教育程度等因素影响,受众即使身处同一国度、接收相同媒介内容,对信息理解和认知也具有显著差异,这是因为受众对内容的回应与解码需结合特定语境才能实现。斯图亚特·霍尔(Stuart

Hall)的编码/解码理论认为,信息发送者与接收者之间存在社会背景、文化观念和地位利益等结构性差异,信息接收者通常会基于内在镌刻的价值认知框架对内容进行解读与互动。受众对城市形象的感知受文化环境、政治立场、人格特质与环境接触等诸多因素影响,积极能动的国际受众并不会对我国城市对外传播的内容"全盘接收"。因此,如何减少对外传播过程中因受众认知差异产生的"文化折扣",并在差异性的基础上突破以受众为导向的传播模式,是讲好中国城市故事不可回避的问题。

三、城市国际传播能力建设的纾困之道

国际传播面临的问题及困境催使我们引入新思考和新方法,必须对当前传播方式的不足做出调适与整合。在不同于传统时代的新媒介交往情境下,需要将"多元主体共在""内外议题共构""情感联结共享""叙事语态共通"作为重要变量、提升策略和有效方法。本部分将结合成都大运会的对外传播实践,检视并探讨成都城市形象的国际传播策略和纾困之道。

(一)构建行动者网络,促成多元主体共在

大运会期间,成都建立大运会主媒体中心,由主新闻中心和国际广播中心组成,前者设有媒体工作间、新闻发布厅、媒体采访间等设施,后者为超过20家海外特许转播商及35家境内转播商提供转播服务。大运会主媒体中心利用CMG云、自由视角、智能媒体等先进技术,实现多终端、多模态、多形式的联动传播,吸引了全球媒体的关注。以此可

尝试从数字平台、地方媒体、网红、草根社群等方面予以重点攻关我国城市国际传播叙事主体单一和严肃化的问题，以横向思维动员多方力量，促成多元主体共在。

首先，充分利用数字平台为个体传播赋能。彼时，官方机构和主流媒体是国际传播舞台的主角，此时，在全球媒介化背景下，数字平台基础设施将个体、机构、企业、非政府组织和政府吸纳进同一个在线社区，活跃在社区内的多元传播主体都有可能是国际传播的主角。要讲好成都故事，就要释放个体对城市形象和文化品牌的创造力，从"自说自话"转变为"他者视角"和"第三方视角"。赛事期间，主办方积极利用本土社交平台（如微博、微信、小红书等）和海外社交媒体的联动效应，让民众自由分享精彩的体育赛事和温暖的成都生活，化解了"自说自话"的尴尬局面，为海外民众理解成都形象提供鲜活的注脚。可以说，数字平台充分激活了个体叙事者，释放他们对城市形象、文化品牌的创作动能，为提升城市国际传播效能和影响力带来新机遇。

其次，顺应潮流，孵化"国际网红传播者"。提升城市国际传播力应充分利用海外社交平台关键意见领袖的引导作用。已有研究显示，网络意见领袖对用户观点、意见形成具有显著作用。同传统意见领袖不同，"国际网红传播者"具有个人和机构双重身份，一方面，通过个体视角制作优质内容运营自身IP，灵活使用直播、短视频、生活Vlog等多模态手法阐释城市故事，与海外粉丝社群互动建立情感连接，织就"数字亲缘"，力争减少和消弭由文化差异导致的区隔，实现信息内容与价值理念双向触达。另一方面，城市故事讲述与传播不应完全依赖"国际网红传播者"，也应呼吁当地外宣机构或专业制作公司参与，为精品内容输出提供实际保障。换言之，城市"国际网红传播者"通过塑造个人品牌、建立社交属性突出的信息群落,构筑更深层次、长效化的国际社交传播圈层,有利于打破文化区隔,将粉丝效应下的个体化认同演变为共识性交往。故不同城市在海外社交媒体上塑造自身形象,应立足自身特色资源和功能定位,培育"国际网红传播者",深化同海外粉丝的情感交流和共鸣,为受众创造一个更具有心理接近性的交往空间,满足其对城市品牌的美好期待。

最后,将"民间立场"的城市符号整合嵌入海外社交平台。在数字平台持续为个体赋权的背景下,赛事主办方高度重视城市生活与人间烟火相洽的传播,加强挖掘中观、微观层面的城市故事,以生活气息浓、科技味儿厚等细节信息弥补宏大叙事对外传播效能较弱的局限。正如习近平总书记在大运会开幕式欢迎宴会上的致辞中所言,"欢迎大家到成都街头走走看看,体验并分享中国式现代化的万千气象"[①]。大运会之后,成都市政府结合赛事期间的国际传播经验,鼓励留学生、外国友人实地参观赛事场馆、周边区域和城市建筑,录制 Vlog 并上传至海外视频平台,分享他们在成都街头的生活体验,亦是构建行动者网络的合理方式,有力促成了大运会和"后大运时代"的对外传播衔接,增进国际民众对成都文化基因的感知。因此,不同于官方主导的国际传播话语体系,"民间立场"是由各类社会机构、团体、个人协同发力而编织的对外传播之网,有助于生产更多接地气、轻量化的城市文化内容产品,更容易跨越意识形态边界,形成独具特色的传播基调和底色,拉近与国际受众之间的心理距离。

---

① 《习近平和彭丽媛为出席成都第 31 届世界大学生夏季运动会开幕式的国际贵宾举行欢迎宴会》,载中国政府网,2023 年 7 月 28 日,https://www.gov.cn/yaowen/liebiao/202307/content_6895118.htm。

（二）主动设置议程，实现内外议题共构

当前我国城市国际传播面临的诸多困境中，社交媒体与数字技术对传统"内宣—外宣"并存模式挑战最为深刻。如前所述，"内宣—外宣"二元模式的立足点是受众地理位置的区隔与分离，而数字技术打破了物理空间对信息传播的限制。也就是说，同一个媒介议题，国内受众与国际受众都可轻易获取与消费，每一位个体都处于互联网构建的"全球数字共享空间"。因此，当人们能够获得分散于世界各地的信息，且互动与交流更具有易得性、流动性和频密性时，一种新的信息传播秩序已然成为现实，传统意义上"内宣—外宣"相区分的议程设置模式未免力有不逮。

作为我国西部地区首次举办的综合性国际体育赛事，成都大运会既要延续北京冬奥会的全球记忆，又要回应世界大学生的共同期待。主流媒体在赛事前、中、后期的传播过程中已经考虑到不同议程的安排与设置，既涵容"烟火成都寻味之旅""熊猫家园探访之旅""人文艺术品鉴之旅"等文化类议程，又包括"大运志愿者""火炬传递""大运会客厅"等议程，让不了解成都历史和天府文化的境外观众也能感知其纵深。然而，由于全球性、跨文化和民族性之间的差异和张力，其传播效果不尽如人意。

在"内宣—外宣"媒介议题渐趋融通的背景下，传播主体可以通过议题共构的方式提升传播效能，即一体化建构面向国内和国际受众的议题。共构的核心是在媒介议程设置环节（内容生产与制作）综合考虑议题在国内和国际信息场域可能产生的正面或负面影响。由于数字空间的开放性，国际受众会根据已有的认知基模对相关事实进行解码，境外媒

体也会依据意识形态和媒介立场对我国媒体所设议程进行解构和重构。这种不可控性意味着任何面向国内受众的议程都可能会偏离预期效果，甚至引发国际受众的误解。此外，城市国际传播内外议题共构指的是在议程建构环节充分结合国际舆论场和国内信息生态的特征进行塑造，且议题之间保持一种动态流变性，进而形成合力。理想状态下，媒体内外议题共构的应然状态是主动建构议程，均能在国内和国际信息场域取得预期效能，但目前，我国主流媒体处于一种对西方媒介议程回应和应对的被动状态。未来一段时间，这种状态亟须转变，不应是被迫回应，而应转变为一种因议题自身变化而进行的主动设置。例如，在成都大运会这一体育赛事议题的共构过程中，虽然西方媒体会主动塑造相关议程，但我国媒体可以尝试结合数据分析和舆情研判，对议题进行调整、解构或再构，向世界传递更多中国人的声音，实现主动传播。

（三）善用跨文化共情，唤醒情感联结共享

从我国城市国际传播现状来看，我们讲述的故事、传播的话语在国际上的认可度、接纳度还有待提升。究其原因，可从情感联结角度管窥一二。虽然国际传播的表象是信息内容传递，但其落点在于情绪和情感，这甚至是改变传播效果的"最后一公里"。通俗来讲，西方许多社交媒体平台通过亲近性吸引本地受众，依靠情感动员、情感联结的能量引起广泛关注、进行舆论引导、调动社会参与，提升传播效果。从这个角度就比较容易理解中国城市国际传播力建设过程中强调情感价值的重要性和紧迫性。

面对城市形象国际传播的实践困境，我们必须找寻一条既能在最大程度上凝聚共识、又能面向不同国际民众实现差异化传播的途径。同许

多学者观点一致，本文认为跨文化共情传播是城市形象国际传播的合理策略。共情传播是一个相似情感形成、传递和扩散的过程，既可能产生正向情感价值，也可能引发负面影响。更进一步，学者提出跨文化共情传播，即在跨文化传播活动中，传播主体运用共情方式使信息内容获得来自不同文化背景受众的同向解读和情绪共鸣，产生行动反馈。城市国际传播力建设可尝试采用跨文化共情传播策略，围绕情感认同和情感资源两个面向唤醒受众情绪感受、叠加情感感知，进而助力对外传播。

其一，立足"同伴"身份，获取情感认同。我国城市国际传播在长期实践中，以"我想说什么""我如何讲述"等自我立场为导向，某种程度上忽略了双向互通和情感交流，难以和国际受众产生共情，使他们对中国城市形象的感知和城市主动构建的形象不相吻合。而城市对外传播需要关注不同文化语境下主体间性的交往互动。一方面要以"同伴"身份主动代入情感，满足各国民众多元的情感需求，另一方面选择适宜的情绪符码，以分享故事的方式让国际受众对中国城市产生好感并形成认同。因此，跨文化共情传播策略在于跨越"你""我"之间隔阂，以"同伴"身份联结不同群体，将城市故事逾越分歧、直抵人心，获得情感认同。大运会开幕式通过极具中国特色的视觉符号和标识符码，既向世界讲述了天府文化意蕴和新时代中国的发展理念，又以"乐观包容"的理念彰显人类命运共同体的发展观念，让国际民众感受到趣味性、共通性和新颖性之后，达到共情传播的目的。

其二，了解情感需求，积累情感资源。城市形象国际传播的前提是增强内容共情力，这有助于理解不同国家民众的情感需求，积累丰富情感资源。情感本身的复杂性和多变性要求我们基于不同文化语境，及时了解他国民众对信息的情绪反馈，以液态流变的生产思路填充和丰富城市形象的情感资源,将普适性、共通性情感融入多模态文本中,在构建城市形象、讲述中国故事的同时传递美好的情绪价值。成都大运会对外广泛传播天府文化和国潮元素的融合、国宝熊猫的"巴适"生活以及川剧变脸的奇幻体验等海外民众喜闻乐见、境外媒体竞相报道的内容,使兼具"烟火气"和"人情味"的城市生活与文化体验在最大范围内积累了共享的情感资源,实现从情绪到认知跃升的层层递进式传播,最终达到相互认同的目的。

(四)转变编码理念,信息与故事模式兼备

坚持传播好城市声音、讲好城市文化,是一座城市对外传播的重要工作。无论是故事"走出去"、品牌"走出去"还是形象"走出去",地方媒体应努力探索新方式和新手段。然而过去,官方机构或主流媒体对外传播主要采纳信息思维而非故事思维,使很多城市文化、故事内容索然无味,造成吸引力不足、趣味性降低的后果,难以获得海外市场青睐及用户注意力。同时,我们多运用宏大视角、崛起心态和自上而下的方式讲故事,自下而上、多样化和微观视野相对匮乏,给人以浓厚的"宣传味",甚至引发排斥心理,阻碍了他们对中国故事、城市品牌的认知体验。这种情况的出现与城市对外传播中"信息""故事"模式失衡紧密相关。"信息"和"故事"模式是迈克尔·舒德森(Michael Schudson)提出的概念,他认为前者注重传递"不言自明"的事实性信息,主要用以传递信息,而后者倾向于传播具有欣赏性、娱乐性的内容,旨在引导大众生活。鉴于此,城市国际传播未来着力点在于如何将呈现经验的信息模式与展示体验的故事模式相平衡,嵌入海外民众的信息空间,有效平衡"信息模式"和"故事模式"在海外平台上数量、结构等方面布局。

一方面，以"信息模式"呈现城市政治、经济、科技等方面取得的成就，关注宏观层面议题，向人们分享"中国经验"；另一方面，以"故事模式"展示城市精神风貌、民众生活，主要关注城市居民对发展成就的微观感受，展现"中国体验"，打造立体化城市形象。更进一步，在社交媒体情境下，主流媒体传播城市名片、建构城市形象的故事化技巧在于细节安排和情节铺陈。即便是严肃新闻报道，也可以转换思路，采用"新闻故事化"技巧进行传播，摆脱传统的文本结构和逻辑。在成都大运会举办前夕，主办方推出了《成都无边界》《共舞》《成都动起来，世界看过来》和《哪吒蓉宝奇遇记》等宣传片，其中不乏展示城市经济建设发展的"信息模式"。然而，《成都无边界》在叙事技巧上另辟蹊径，不再采用恢宏的叙事手法，而是以巧妙的"故事模式"把舞台交给市民。片中呈现了100多位成都市民的200多组真实生活场景，既有公园竹林里的"成都嬢嬢"，安顺廊桥下的"街头艺人"，还有合江亭旁的"爱情斑马线"等元素，为海外民众提供一个窥见大城小事和生活乐事的大运之城的契机。

未来城市国际传播实践中，把城市文化、中国故事讲清楚、说明白、传开去是重要使命。首要的是丰富故事情节，着重展示新闻故事的具体过程，并呈现与报道主题相关联的事件，将故事蕴含的转折与冲突等情节立体化展现，这样富有情节化的内容才能感染人和吸引人。其次要注重对故事情节的细节化描述，尤其是在面向低语境国家传播城市故事时，需要充足的细节铺垫，把故事结构、关系脉络、来龙去脉阐释清楚，才能让海外民众深刻理解其意义和内涵。当然，在以故事化推动城市形象生产和传播的同时，我们也应审慎考量"信息故事化"过程中可能存在主题不够鲜明、事实客观性不足等问题，避免城市对外传播过程中出现娱乐化和失焦化的现象。因此,我们应坚守主流价值观引导故事内容,推动信息模式和故事模式平衡,培植二者在对外传播过程中的合作张力与强大声势,大幅度提升城市形象在海外民众信息场的占有率和感知度。

四、结　语

当今世界面临百年未有之大变局,全球化与逆全球化激荡并存,大国战略博弈持续升级。进入新时代,我国城市国际传播必将是机遇和挑战并行,数字技术发展既引发对外传播在理念、内容和渠道等方面的变革,同时也加剧国际社会在舆论场域的话语竞争。本文认为,未来我国城市国际传播应主动构建多元行动者网络,促成传播主体共在,每一个城市要有意识孵化"国际网红传播者",构建新型国际交往渠道,利用海外社交平台传递中国声音。主流媒体作为我国城市国际传播的关键行动者,需一体化建构面向国内和国际受众的议题,综合研判相关报道在两个舆论场的双重影响。同时,也要善用跨文化共情传播,了解国际民众对中国城市文化的情感需求,以"同伴"身份讲故事,最大限度发挥情绪联结作用,强化情感资源在形构城市认同过程中的建构性力量。此外,注重信息模式和故事模式的平衡与兼备,要采用贴近不同区域和地方的叙事技巧,推进城市形象和声音的全球化表达,增强对外传播底色与亲和力,进而提升城市故事在国际社会的认可度,展示全面、立体、多维的城市形象。

专家建言篇：做优科技交往

成渝地区加快共建成渝科创走廊的现状及建议

任清怡
成都市科学技术发展战略研究院 研究人员

2023年4月，科技部等印发的《关于进一步支持西部科学城加快建设的意见》进一步明确支持规划建设成渝中线科创走廊，联合开展产业共性技术攻关，打造具有全国影响力的科技创新中心。目前，美国101公路（硅谷）创新走廊、波士顿128公路走廊等成为引领全球科技创新发展的重要集聚地，国内长三角G60科创走廊、广深港澳科创走廊等成为新的区域发展增长极，科创走廊成为区域创新竞争新赛道和引领区域高质量发展新引擎。成渝地区正加快建设具有全国影响力的科技创新中心，协同布局建设成渝科创走廊，既有利于解决成渝地区"中部塌陷"问题，也有利于助推成渝地区双城经济圈创新能级整体跃升。

一、国内重要科创走廊建设经验

（一）创新资源高位聚集、互融互通，催化科创走廊迅速壮大

一是持续吸聚高端创新资源。广深港澳科创走廊集中穗莞深创新资源，在高端人才引进方面实现重大政策性突破，对本地就业的境外高端人才和紧缺人才给予个人所得税率15%的优惠政策，且在珠三角九市均

可享受政策优惠。二是促进创新要素自由流动。G60科创走廊开展长三角科技创新券通用通兑试点，试点区域内科技型中小企业可利用科技创新券向技术服务机构购买技术研发、技术转移、资源开放等服务，促进知识、技术、仪器设备等创新要素跨区域自由流动。

（二）创新转化一体布局、协同提升，引领科创走廊高质量发展

一是强化重大研发平台建设。G60科创走廊推动建设松江G60脑智科创基地、合肥综合性国家科学中心、之江实验室等一批重大研发平台。其中，合肥综合性国家科学中心建设系统性部署及打法成功入选国务院第八次督查典型经验做法，获通报表扬。二是开展跨区域技术攻关与项目合作。G60科创走廊充分发挥上海创新策源功能，推动上海与长三角其他城市建立"研发+生产""策源+转化"合作关系。围绕产业链部署创新链，G60科创走廊九城市与中国科学院上海分院、上海科学院开展战略合作，截至2023年形成首批15个合作项目，实现多项关键核心技术重大突破。

（三）产业集群分工协作、结构优化，推动科创走廊优势互补

一是构建高效分工、错位发展的现代产业体系。广深港澳科创走廊构建以"众创空间—孵化器—加速器—专业园区"为载体的全链条产业孵化育成体系，建立"广深核心+周边配套"错位发展产业格局。如电子信息产业已形成广深承担整机制造环节，惠州及西岸城市以电子元件、器件制造为主的产业分工模式。二是构建高能级产业联盟体系。G60科创走廊九城市协同构建"1+7+N"产业联盟体系，大幅提升区域间产业链供应链配置能力和安全供给能力。如机器人产业联盟促成龙头企业埃夫特公司与 10 余家上下游企业合作，50%以上关键零部件实现联盟内部配套。

（四）体制机制改革创新、协同配套，支撑科创走廊联动发展

一是建立跨区域合作机制并加强制度衔接。G60 科创走廊九城市建立联席会议制度，探索形成"高层次领导小组+三级运作+区域合作办公室"协调管理机制，协调解决科创走廊建设的共性和关键问题。深圳探索国际先进科研管理机制，建立选题征集制、同行评议制等 6 大机制，推进深港规则衔接、机制对接。二是开展一体化协同创新政策先行先试。G60 科创走廊探索高新技术企业跨区域互认制度，鼓励各城市高新技术企业跨区域合作和有序流动，建立一体化技术交易市场联动机制，打造长三角技术市场一体化协同平台。

二、成渝科创走廊发展现状分析

"成渝科创走廊"概念源自《成渝地区双城经济圈建设规划纲要》《成都都市圈发展规划》提到的"成渝发展主轴"，是依托成渝综合交通通道而形成的一条带状廊道，其两端为成都和重庆两个发展极核，有效串联资阳、遂宁、内江及大足、潼南、荣昌等成渝地区腹地城市。

（一）在创新资源集聚方面，整体呈现"两级凸显、中部塌陷"特征，极核城市对中部城市形成一定资源虹吸效应

在创新平台上，截至 2023 年底，成都、重庆、绵阳拥有国家级创新平台分别为 146 个[①]、112 个、25 个，而资阳、遂宁分别有 2 个、3 个，内江尚未布局国家级创新平台。在创新投入上，2023 年成都、重庆、绵阳全社会研发投入强度分别达 3.73%[②]、2.45%、2.26%；内江全社会研发投入强度为 0.45%，遂宁、资阳均不足 1%。可以看出，成渝科创走廊创新资源分布呈现"两极凸显、中部塌陷"特征，位于走廊两端的成都、绵阳及重庆集聚超 80% 的高能级创新资源，对中部遂宁、内江等城市的科技创新发展形成一定虹吸与挤压，不利于其长期发展。

（二）在特色产业发展方面，极核城市具有较强竞争优势，但产业同质化问题凸显

成渝科创走廊产业同质化较为明显，成都、重庆等极核城市电子信息、汽车、高端装备制造等主导产业具有较强产业实力，但成渝在这些领域尚未形成产业链协同分工，在高端装备制造领域缺乏产业链关键环节有效衔接，难以形成发展合力。而且，资阳、遂宁等中部城市同样将电子信息、装备制造等作为主导产业来发展，但整体发展水平相对较低。此外，以高竹新区、遂宁—潼南、资阳—大足等合作园区为承载，中部毗邻地区在装备制造、新材料、都市农业等产业协同方面取得了一定成效，但产业发展整体水平不高，亟须协同共建现代产业体系。

---

① 数据来源：《146 个国家级科创平台集聚创新资源》，载成都市科学技术局网站，2023 年 12 月 4 日，https://cdst.chengdu.gov.cn/cdkxjsj/c108732/2023-12/04/content_76ca588e93df480d83c795c7a32f4849.shtml。

② 资料来源：《成都市 2023 年共投入研究与试验发展经费超 824 亿元》，载成都市科学技术局网站，2024 年 10 月 23 日，https://cdst.chengdu.gov.cn/cdkxjsj/c108732/2024-10/23/content_779242b4f3d9489bb4614502602f7a4b.shtml。

（三）在创新协同合作方面，极核城市带动力增强，但毗邻区共建共享机制有待强化

近年来，川渝合作平台加快共建，10个川渝毗邻地区合作功能平台建设稳步推进，遂潼川渝毗邻地区一体化发展先行区、川渝高竹新区、明月山绿色发展示范带等全面启动建设。重庆高新区、成都高新区等12家高新区建立协同创新战略联盟，选定20个园区建设首批产业合作示范园区。但成渝科创走廊关键节点城市间存在成果转化不畅、毗邻地区统筹协作不强、资源共享平台不足等问题，导致创新成果、技术要素等资源无法跨区域自由流动。

（四）在协同创新政策方面，多项协同政策已出台，但缺乏针对成渝科创走廊协同创新的顶层设计

2023年2月，成德眉资共同印发《成德眉资同城化发展暨成都都市圈建设成长期三年行动计划（2023—2025年）》。川渝政府聚焦毗邻地区合作共建，提出建设高竹新区、遂潼一体化发展先行区等9个区域发展功能平台，重点在经济区与行政区适度分离等跨区域一体化机制方面先行先试。成渝绵共同打造成渝地区双城经济圈"创新金三角"，把促进要素高效配置作为产业协同发展切入点，探索跨区域土地、人才、资金等协调体系。但目前成德眉资、成渝绵等发布的创新政策多立足本区域，政策整体协同性不强，在税收、土地使用费等方面竞相实施优惠政策，一定程度干扰了市场对资源的有效配置，也造成了政府资源浪费。

三、成渝地区加快共建成渝科创走廊的建议

（一）共建高能级原始创新平台，夯实科技创新发展基础

一是协同共建西部（成都）科学城。构建"一核四区"创新空间布局，搭建"核心+基地+网络"创新体系。以德阳国家高新区、眉山高新区、资阳高新区等为承载，积极承接西部（成都）科学城外溢创新资源，通过建设离岸创新中心等模式，引导创新资源在德眉资落地，实现"研发在成都、转化在当地"。二是协同实施科技人才招引培养计划。利用成渝科创走廊重大科技基础设施，引聚建设一支全球顶尖科学家队伍，建立面向高层次人才柔性流动机制。通过科研人才交流任用、硕博人才共同培养等方式，培育一批青年科学家和技术创新人才。三是促进跨区域协同创新中心建设。加快建设成资、成德、成眉协同创新中心，完善"科创通"资阳、德阳、眉山分平台功能，积极对接成都在知识产权、成果转化、科技金融等方面优质资源，实现科技业务一网通办。谋划建设成遂、成内协同创新中心，充分发挥成都在创新策源、产业能级等方面优势，与遂宁、内江开展产学研合作、创新平台共建、科技招商对接等，提升区域协同创新水平。

（二）共筑产业协同创新体系，促进创新链与产业链耦合发展

一是共同争取成渝国家技术创新中心落地。借鉴大湾区国家技术创新中心、长三角国家技术创新中心建设模式，联动重庆积极向上争取成渝国家技术创新中心落地建设；加快编制《成渝国家技术创新中心建设方案》，明确总体战略定位、依托主体、建设方式等事项，争取早日立

项获批。二是支持毗邻地区共建跨区域产业（技术）创新中心。立足成德、成眉以及遂宁—潼南、资阳—大足、内江—璧山等毗邻地区，围绕电子信息、重大装备制造、新材料等重点领域，积极争取跨区域产业（技术）创新中心、制造业创新中心等重大创新平台落地建设，加强产业关键技术与共性技术攻关，形成具有行业全局性和产业带动性的技术创新成果。三是共建中试研发平台。依托四川大学、重庆大学、中国科学院成都分院等高校院所，在成渝科创走廊关键节点城市建设一批中试研发平台，为域内企业及研发机构提供概念验证、技术熟化、小试中试等专业服务，促进科技成果跨区域转移转化与推广应用。四是共建一批跨区域产业合作示范园区。在首批20个川渝产业合作示范园区基础上，重点选取成渝科创走廊区域内毗邻地区，打造成都—资阳、青白江—广汉等第二批10个跨区域产业合作示范园区。设立政府联席会议、园区管委会与园区投资开发公司三个层级，负责园区建设和管理；成都或重庆负责园区规划、投资开发等，落地区域负责基础设施配套、拆迁安置等。

（三）共推一体化体制机制先行先试，打造全国协同创新发展示范区

一是建立政务和公共服务一体化机制。统筹推动成渝科创走廊政策互动，打造跨区域政务服务通办圈，实现通办事项"异地可办、一地办结"，推动办事结果实时推送、双方互认。统筹推进基本公共服务基础设施一体化建设，建立统一调配基本公共服务资源对接平台，推进社保网、医保网、就业网、人才网、交通网等互联互通，实现区域政策和措施相互衔接、标准互认。二是建立创新人才共培共育共享机制。依托成渝地区双城经济圈高校联盟，建立高校师资定期交流和培训机制，探索

建立学科互选、学分互认机制，联合开展人才共培、科学共研、平台共建共享等。联合出台科技人才招引政策，探索建立户口不迁、关系不转、职称互认的科技人才柔性流动机制。三是搭建创新资源共管共享平台。依托四川省及重庆市大型科研仪器与工业设备共享平台等，采用"物理+云端"流动模式，搭建创新资源线上共享平台，推进创新要素在成渝科创走廊区域内自由流动。创新重大科技基础设施共管共用共享体制机制，实现科研设施与仪器配置、管理、服务、监督等有机衔接。

成都引领成都都市圈协同创新存在的问题及措施建议

林倩

四川（成都）两院院士咨询服务中心 高级工程师

近年来，成德眉资坚持"一盘棋"思维，强力推动成都都市圈从起步期迈向成长期。成都作为成都都市圈的中心城市，肩负引领带动成都都市圈协调发展的重要使命，深入剖析目前成都在引领带动都市圈建设中存在的问题，提出具有针对性的建议举措，对高质量打造具有区域带动力的现代化都市圈具有一定参考价值。

一、成都引领成都都市圈建设现状及对标分析

（一）创新协同发展引领现状分析

2023年，成都都市圈生产总值达2.78亿元，占全省比重为46.3%；其中成都生产总值占成都都市圈生产总值的79.14%，占全省比重为36.61%。总体来看，都市圈创新资源高度集聚于成都，成都创新能级处于领跑位置；同时各市在推动成德眉资创新共同体的建设上积极发力，加快打造高质量紧密型创新生态圈。具体体现在以下几个方面：

在科技创新投入方面，2023年成都都市圈R&D经费投入905.8亿元、占全省比重66.7%，同比增长11.9%，高于全国、全省增速3.5、0.1

个百分点，成都R&D经费投入成都市达824.1亿元，占都市圈的90.98%，远超德阳市（53.8亿元）、眉山市（24.7亿元）、资阳市（3.2亿元）。从投入强度看，2023年成都都市圈R&D经费投入占成都都市圈GDP比重为3.25%，同比提高0.16个百分点，德阳市、眉山市、资阳市分别为1.78%、1.42%、0.31%[①]。

在创新主体及平台方面，2023年成都都市圈拥有高新技术企业13813家，成都占都市圈总量的94.4%，德阳市、眉山市、资阳市分别有446家、202家和124家；拥有高等院校84所，成都占都市圈总量的77.4%[②]。另外，2022年，成都都市圈拥有省级以上重点实验室119家、工程（技术）研究中心479家、企业技术中心910家，成都分别占都市圈总量的97.48%、89.35%、80.55%。孵化平台方面，成都都市圈拥有省级以上科技企业孵化器80家、众创空间126家，成都分别占都市圈总量的77.5%、92.06%[③]。

在创新成果产出方面，2023年，成都都市圈有效发明专利拥有量约为106126件（成都100593件、德阳3911件、眉山1571件，资阳51件），成都约占都市圈总量的94.8%。另外，2022年成都都市圈技术合同登记额达到1494.4亿元，成都占都市圈总额的98.2%[④]。

在统筹协同机制建设方面，区域协同创新顶层设计不断完善，四市共同签订《成德眉资同城化科技协同创新合作协议》，共同编制《天府大道科创走廊建设方案》，并联合印发《关于推进天府大道科创走廊建设促进成都都市圈区域协同创新的若干措施》，推动协同创新机制共谋、

---

① 数据来源：《2023年成都都市圈研究与试验发展（R&D）经费投入增长11.9%》，载成德眉资同城化暨成都都市圈建设微信公众号，2024年10月18日。
② 数据来源：成都、德阳、眉山、资阳市科技局关于2023年科技创新工作总结材料。
③ 数据来源：成都、德阳、眉山、资阳市科技局关于2022年科技创新工作总结材料。
④ 数据来源：成都、德阳、眉山、资阳市科技局关于2023年科技创新工作总结材料。

创新资源共享、创新平台共建等重大工作。创新服务平台逐步全面覆盖，"科创通"德阳分平台已上线运行，"科创通"眉山、资阳分平台已启动开发建设工作。创新资源共享更加畅通，2023年四市共同举办"校企双进、投矿挖宝"科技成果对接活动230场，发布电子信息、智能制造、新材料等领域科技成果3000余项，促成成德眉资四市与高校合作项目超过300个；联合印发《关于开展成德眉资同城化区域科技创新券互认互通试点的通知》，首批服务类别包括检验检测服务、高性能算力服务等。

（二）先发地区经验做法

成都都市圈建设正在迈入快速成长期，还需对标借鉴先发地区促进创新资源要素流动、推进产业协同配套等做法，提升成都都市圈科技协同创新发展能级水平。

第一，强化核心城市创新策源功能，发挥引领带动作用。一是构建跨区域科技成果协同转化链条。长三角充分发挥上海的创新策源功能，推动上海与长三角其他城市建立"研发+生产""策源+转化"合作关系，长三角九市与中国科学院上海分院、上海科学院等开展战略合作，项目化、清单化、制度化推进创新成果精准对接。二是开展跨区域产学研合作。江浙沪皖成立长三角技术转移联盟，依托复旦大学、上海交通大学等高校的创新资源，打破单位、部门、地域界限，打通长三角产学研创新链，加速区域技术转移和科技成果转化。

第二，立足各区域创新链定位，推动产业链分工协作。一是推动产业错位分工。深圳、广州、惠州建立"广深核心+周边配套"产业格局，如在电子信息产业领域，形成深圳和广州承担整机制造环节、惠州及西岸城市以电子元件、器件制造为主的产业分工模式。深圳和河源、汕尾等城市群建立"总部+基地"飞地经济，深圳重点发展总部、研发、设计等环节，河源、汕尾重点发展生产制造、零部件配套等。二是推动产业创新合作。上海与合肥、苏州构建九市一体的"1+7+N"产业联盟体系，统筹推动多条产业链、供应链联动，提升区域间产业配置能力和安全供给，例如机器人产业联盟促成龙头企业埃夫特公司与10余家上下游企业的合作，50%以上关键零部件实现联盟内部配套。

第三，建立协同创新制度，打通资源共享通道。一是建立跨区域统筹管理机制。长三角建设联席会议制度、长三角知识产权工作联席会议制度，形成了"高层次领导小组+三级运作机制+区域合作办公室"的协调管理机制，协同推进长三角区域科技创新领域一体化发展。二是加强创新规划制度衔接。沪苏浙皖共同对科技创新目标、重点任务、资源布局等进行协商和统筹，联合编制《长三角地区一体化发展三年行动计划》，上海、苏州等地积极对接上级政策出台具体实施方案，形成长三角地区科技协同创新规划体系。三是开展创新政策先行先试。粤港澳建立三地公认的知识产权申请、认定标准和服务平台，颁布适用于三地的人才福利补贴政策、科研项目经费政策，促进人才自由流动和合作往来。

二、成都引领现代化都市圈建设存在的问题及成因

（一）内部问题及成因分析

第一，部分重大创新平台建设缓慢且通用型公共型大装置不多，创新策源能力亟待提升。成都已布局9个重大科技基础设施，但电磁驱动

聚变大科学装置等新建大科学装置建设进度缓慢（合肥探索大装置分开审批模式，让项目开工时间较国家整体审批至少提前6个月，大装置数量已达到12个）。通用型公共型重大科技基础设施较少，对新兴产业发展创新源头供给不足。究其原因，一是研究领域及科研方向特定。成都现有设施主要集中于核科学、航空航天等特定领域，对都市圈可辐射的领域少，并且设施之间科研关联度小，在科研攻关上难以形成协同效应。二是部分专用研发设施对于本地基础科学研究服务贡献有限，相关成果很难外溢至当地，对都市圈范围内产业牵引带动不足。

第二，高校优势学科与成都产业衔接不够紧密，产学研用融合发展仍需强化。据调研，在蓉高校拥有专利的本地转化率较低，不足30%。究其原因，一是科技成果与成都本地产业存在错位。主要表现在成都缺少相关产业布局或本地产业承载能力有限，导致相关科技成果出现外溢与转移，如电子科技大学一些新材料技术领域的科技成果在苏州、深圳等地得到转化与产业化。二是成都产业配套及应用场景亟待完善。如在轨道交通等领域，成都缺乏试验线等相关产业配套与应用场景，可能造成研发成果"外流"。

第三，企业研发投入仍然不足，创新主体创新活力有待激发。据统计，全市规上工业企业R&D经费投入强度低于全国水平，企业创新活力可能受到不利影响。究其原因，一是主导产业代工企业较多，缺乏创新研发决策权，导致本地研发投入不足，拉低研发投入均值水平。二是市级层面对企业研发投入的后补助制度不够健全，撬动力度不够。如成都尚未出台直接针对规上企业研发投入的激励政策，引导撬动规上企业增加科研投入的力度相对不足。

（二）外部问题及成因分析

第一，成德眉资创新链协同不够充分，合作深度与广度有限。成德眉资的创新协同仍停留在新建产业技术研究院等创新载体层面，尚未形成紧密的"研发+转化""研发+生产"、联合攻关等协同合作。究其原因：成德眉资四市所处发展阶段不同决定了其对科技创新的需求与定位存在差异，一定程度上导致成都与德眉资在创新链上的合作出现"不同频"问题。成都正在加快建设具有全国影响力的科技创新中心，需要提升技术创新与成果转化水平，更要全面强化原始创新策源功能，形成创新链"0—1—N"一体贯通化发展，德眉资则更加重视主导产业领域的技术创新及成果转化，发展方向的差异阻碍了四市在产业链和创新链方面协同发展的步伐。

第二，供需契合度不高，在蓉高能级创新平台协同使用不够。目前德眉资主导产业领域与成都现有高能级创新平台主要方向存在一定偏差，且细分领域专业化分工深度不够，导致充分、有效利用成都存量创新资源来开展相应技术创新与成果转化工作存在一定困难，成都存量创新资源对德眉资相关产业的支撑与带动作用有限。究其原因：由于发展阶段不同，德眉资科技创新发展的重点在于围绕产业链布局创新链，以强化创新要素对产业高质量发展的支撑作用。因此，德眉资三市在未来产业布局、重大项目引进等方面可根据成都相关创新资源方向，进行适当调整和聚焦，在细分产业领域形成创新链协同与产业链协作，共同推动产业高质量发展。

第三，地区行政壁垒制约创新要素自由流动，跨区域协同创新统筹协调机制亟待完善。成德眉资科技协同创新专项合作组发挥了较好的统筹协调作用，但在创新要素跨区域流动、政策协同等方面的统筹力度还有所欠缺，缺乏重点区域、重点产业等微观层面的协调机制，且科研经费无法跨区域使用，对四市联合开展科技项目等工作会产生一定影响。究其原因：一是整体政策协同性不强。四市目前已发布的创新政策多立足本区域，在税收、土地使用费、待遇等方面竞相实施优惠政策，在一定程度上干扰了市场对资源的有效配置，也造成了政府资源的浪费。二是合作共建园区推进不畅。成都都市圈行政区与经济区适度分离仍在探索初期，多数跨区域先行示范园、飞地园区处于前期筹划和签订协议阶段，尚未开展实质性项目合作。三是跨区域概念验证、中试熟化等服务链条有待健全。面向轨道交通、智能网联汽车、工业无人机、芯片等重点领域，四市缺乏跨区域、高能级、行业级的中试熟化平台。

三、对策建议

（一）着力开展跨区域协同创新体制机制先行先试

探索实施科研经费跨区域使用试点。支持成都与德眉资联合设立技术创新类、成果转化类科技项目，共同探索制定项目指南、预算编制、项目管理、经费和绩效管理等工作细则，推动科研经费跨区域使用与流动。加快完善创新人才共培共育共享机制。依托区域内高校院所，建立高校师资定期交流和培训机制，探索建立学科互选、学分互认机制，开展人才共培。联合出台科技人才招引政策，探索建立户口不迁、关系不转、职称互认的科技人才柔性流动机制。加大跨区域产业合作示范园区建设力度。支持四市重点产业园区共建一批飞地园区，探索"统计分享、财税分享"等机制试点示范，财税收入按协议分成，经济考核指标按统计数据由各方共享，推动形成"总部+基地""研发+制造"跨区域协同创新体系。

（二）加快推动天府大道科创走廊建设走深走实

加强顶层设计、细化任务分工。建议落实细化《天府大道科创走廊建设方案》任务分工，由省同城办牵头，成德眉资四市发改、科技部门配合，对建设方案的目标和任务进行分解细化，明确四市各部门的重点工作、重大项目，推动各项工作逐项落实。前瞻谋划布局"增量"科创资源。聚焦天府大道科创走廊优势产业方向，由四市共商共议提前谋划创新资源、平台向德眉资三市布局，重点支持省级国有投资平台、成德眉资四市国有投资平台联合社会资本按规定共同设立天府大道科创投资基金群，推动科技金融深度融合，支持创新研发、未来产业在科创走廊沿线集中有序发展。

（三）充分发挥在蓉"国家队、中科系"等科技资源"磁铁"效应

依托成都已有大科学装置、中国科学院成都分院等中国科学院系统单位，争取更多"国之重器""国之利器"集聚成都，加快提升对成都都市圈的辐射带动能力。前瞻分析国家、省市科技创新发展趋势，衔接国家科技重大专项等相关计划，争取在以成都为核心的都市圈范围内布局国家重点实验室、重大科技基础设施等方面取得新突破，积极培育战略科技力量。

（四）持续深耕高校科技成果"寻矿挖宝"以推动优势学科与本地产业良性互动

加强对本地高校成果的挖掘跟踪，以成都市环高校知识经济圈为试点示范，持续跟踪在本地有较强产业基础的高校优势学科、创新团队，挖掘出与成德眉资四市主导产业相关的创新成果并推动落地转化。持续引入区域内外创新资源，支持成都都市圈区域内外高校院所围绕电子信息、航空航天、医药健康、新型材料等领域，在四市组建具有产业创新重大支撑功能的新型研发机构，持续导入创新团队和科技成果。

（五）强化跨区域协同创新与服务平台建设见行见效

加快推进成资、成德、成眉协同创新中心建设，进一步推进成德、成眉协同创新中心实质运行，深化成资协同中心建设；依托在蓉高校院所的智力资源和科技成果，精准对接德眉资本地主导产业和重点企业的创新需求，做实运行一批创新平台，促进更多科技成果向德眉资转移转化和产业化。优化升级"科创通"德阳分平台，持续完善"科创通"资阳、眉山分平台。整合三市科技服务功能，积极对接成都在知识产权、成果转化、科技金融等方面的优质资源，在德眉资实现咨询科技政策、办理科技业务等科技业务一网通办。加快共建一批跨区域中试熟化平台。支持成德聚焦高端装备制造、成眉聚焦新材料、成资聚焦农业科技等领域，共建中试熟化平台，为域内创新主体提供概念验证、小试中试等服务。

（六）着力提升创新主体研发投入水平

加快实施企业研发投入提升行动，开展"六上"企业研发投入提升走访调查，实行"季度通报、年中分析、年度考核"的统计分析和监测评价制度，对研发投入增速高的企业进行政策资金分级奖补。鼓励成德眉资创新主体联合申报重大科技专项，聚焦重点产业领域发展需求，支持四市联合申报国家、省市重大科技专项，积极与域内外高校院所合作开展技术创新与成果转化，切实提高创新主体研发投入。

专家建言篇：筑强交往平台

高质量建设"中欧班列+西部陆海新通道"成都集结中心的建议

范文博

成都市科学技术发展战略研究院 副研究员

2024年4月，习近平总书记主持召开新时代西部大开发座谈会时强调，要大力推进西部陆海新通道建设，推动沿线地区开发开放，深度融入共建"一带一路"[①]。当前成都正加快建设向西开放战略高地和参与国际竞争新基地，成都集结中心是西部陆海新通道和"一带一路"建设关键一环。当前，成都集结中心省域联动集结体系已成型成势，但在综合立体通道链接、国际陆港集疏运、国际货运货源竞争能力上还有待优化提升。高质量推动中欧班列集结中心建设，以大开放促进大开发，提高成都对内对外开放水平，奋力谱写新时代西部大开发成都新篇章。

一、成都集结中心建设现状和基础

（一）"一主一辅、干支协同"的空间格局基本形成

成都作为5个首批中欧班列集结中心示范工程建设城市，正以成都国际陆港重点片区为核心承载，持续做强青白江为主、彭州为辅的国家陆

---

① 《镜观·回响丨大力推进西部陆海新通道建设》，载新华网，2024年11月1日，https://www.xinhuanet.com/20241101/4f1416e61a554f10b2635a937a337202/c.html。

港门户枢纽功能，着力打通成都—德阳—绵阳—广元、成都—遂宁—南充—达州等5条支线通道，并联合绵阳、宜宾、泸州等地（市）州设立了15个中欧班列组货基地，为对外经贸合作持续拓展提供了强有力的支撑。

（二）"成链成圈、开放合作"的适铁产业集群式发展

依托"中欧班列+西部陆海新通道"集结中心，初步形成以"新三样"、机电产品、农产品等为特色的外向型适铁产业集群。截至2023年，电动汽车、锂电池、光伏产品"新三样"出口增长46.7%，高于全国增长水平近17个百分点[①]。支持TCL智能终端产品、精密电路主控板等销往欧洲市场，年出口保持30%增速。推动本地农产品出口销售收入增长3~6倍，特有花木品种占据欧洲85%市场份额并取得市场定价权。

（三）"多向多式、量质齐升"的通道体系不断完善

南向推动形成以西部陆海新通道为主，中越、中老铁路为辅的国际多式联运网络。西向强化公铁联运班列线路，推进中吉乌公铁联运班列。东向推动铁海联运大通道共建共享，2021年开行首列蓉甬铁海联运班列。截至2024年，中欧班列（成渝）累计开行量突破3.6万列[②]，成为全国开行量最多、运行频率最稳定、辐射面最广泛的中欧班列品牌。

---

① 数据来源：《"新三样"出海，激发成都工业强劲动能》，载成都经信发布微信公众号，2024年6月27日。
② 数据来源：《"枢纽·制造"双向赋能，青白江何以行稳致远？》，载每日经济新闻微信公众号，2025年3月26日。

（四）"智慧赋能、机制驱动"的通关效能大幅提升

智慧枢纽软实力持续提升，成都国际陆港智慧平台实现货物进场信息前置、工作流程全数字化管控、场内箱位分配和场内计费自动化处理，进场效率提升40%以上。口岸通关便利度稳步提升，形成航空口岸、铁路口岸和生物制品、肉类、水果等9类特殊商品指定口岸功能的"2+9"口岸功能体系，创新实施"快速通关""抵港直装""单一窗口"和口岸"7×24小时"通关服务，进境指定口岸功能中西部领先。

二、成都集结中心建设存在的问题

（一）综合立体通道链接能力有待提升

一是四向拓展铁路网络布局尚未贯通。目前成都西向通道缺失（川藏铁路和成格铁路尚未全线贯通），成都西部陆海新通道主线尚未贯通，泛亚铁路还未建成，现有铁路网络对外运输通道运输能力受限，技术标准有待提升，难以支撑城市发展新格局。二是境内外班列布局不足。除中欧班列中线、北线稳定运行，南线及境外物流网络节点还需拓展，中越、中老等南向班列组织力度仍需加大。

（二）国际陆港集疏运能力有待增强

一是班列运力有待提升。近年来，与西安、郑州相比，中欧班列运力增长相对偏慢，2023年，中欧班列（成渝）开行量虽超5300列，但同期中欧班列（西安）开行量已达到5351列，中欧班列（郑州）开行量也已超3200列[1]。二是陆港国内辐射能级有待提高。"智慧陆港"建

---

[1] 数据来源：《中欧班列（成渝）2023年累计开行超5300列》，载国新网，2024年1月25日，http://www.scio.gov.cn/gxzl/ydyl_26587/jmwl_26592/jmwl_26593/202401/t20240125_830024.html。

设还需深化,客货分流体系尚未完全建立,货物吞吐能力和物流集疏运效率还需提升。三是成都枢纽体系布局仍不完备。青白江国际铁路港和(双流)空铁国际联运港两个枢纽场站之间尚未建立起有效货源调配机制,整体运营效能不高,且对成都以外货源集聚能力不强。四是基础设施衔接较差。多式联运体系建设还处于起步阶段,交通运输结构仍以公路运输为主(超过85%)。

(三)铁路港外向型产业附加值不高

一是外贸产品缺乏核心竞争力。外贸产品主要依赖英特尔、鸿富锦、戴尔等大型代工企业,出口产品多为零部件组装设备,加上外资企业本地配套率不高、企业关联度不强等问题,外贸总体呈现"有企无业、有业无链"和"两头在外"被动局面。二是临港产业对陆港发展支撑偏弱。"港—产—贸"协同发展水平有待提升,国际贸易、跨境电商、加工贸易等临港产业处于培育壮大期,跨境转运中心、区域分拨中心、总部结算中心类企业相对较少,金融信贷、电子交易平台、信息集成服务功能仍较缺乏。三是服务贸易竞争力不强。成都服务贸易主要集中在劳务输出、旅游服务等传统领域,金融、商务、科技等领域服务贸易较少,跨境电子商务、数字贸易等新业态有待发展。2023年,成都服务贸易实现进出口额161.24亿美元[1],远低于上海(2089.6亿美元)[2]、北京(1535.3亿美元)[3]、深圳(1300.7亿美元)[4]、苏州(220.6亿美元)[5]等城市。

---

[1] 数据来源:《2023年成都市国民经济和社会发展统计公报》,载成都市统计局网站,2024年3月30日,https://cdstats.chengdu.gov.cn/cdstjj/c154795/list.shtml。

[2] 数据来源:《<上海市推动数字贸易和服务贸易高质量发展的实施方案>解读》,载上海市人民政府网站,2025年1月16日,https://www.shanghai.gov.cn/wzjd/20250116/4436fc0017d64d4888709874eb23c347.html。

[3] 数据来源:《擦亮"北京服务"品牌,绽放更多"京"彩→》,载发展北京微信公众号,2024年5月11日。

[4] 数据来源:《深圳服务贸易进出口成绩亮眼》,载深圳政府在线网,2024年8月8日,https://www.sz.gov.cn/cn/zjsz/fwts_1_3/yxhjjc/content/post_11489495.html。

[5] 数据来源:《2023年苏州市国民经济和社会发展统计公报》,载苏州市人民政府网站,2024年3月13日,https://www.suzhou.gov.cn/szsrmzf/datasz/datasz.shtml。

（四）改革创新活力有待进一步释放

一是班列运营组织能力偏弱。由于缺少市级统筹主体，无法对全市物流班列进行统一规划、信息归集和统筹调配，缺少多式联运综合信息共享平台，涉及多式联运的海关、铁路、公路等数据共享水平不高。二是贸易便利化制度不优。与国际接轨的数据标准、交易流程标准、商品和服务质量标准等建设较滞后，服务贸易出口仍受国际标准和资质约束。三是国内部分集结中心同质化竞争激烈。国内中欧班列开通城市较多，出境后线路大多重复，货运不足导致返程空车现象突出。此外，当前班列运营对财政补贴具有一定的依赖性，补贴退出后，将对中欧班列运营主体参与市场竞争、应对风险挑战的能力提出新要求。

三、高质量建设"中欧班列+西部陆海新通道"成都集结中心

（一）构建陆海联动、四向开放的综合立体通道

一是西向拓展泛欧泛亚陆上通道。加快布局成都经日喀则至尼泊尔、成都经喀什的中吉乌公铁联运通道和成都至瓜达尔港班列线路。探索开通绕过里海，另经乌兹别克斯坦、吉尔吉斯斯坦公铁联运至伊朗、土耳其衔接欧洲的中欧南线新通道。二是南向全面打通泛亚陆海贸易通道。衔接中老、中越通道，打通成都经云南临沧至缅甸仰光、成都经瑞丽至缅甸皎漂两条线路，谋划拓展成都—钦州—海防、朱莱等海铁联运班列线路，加快拓展成都经云南河口至越南班列。三是链接北向通道。挖掘高附加值产品，加快推进成都—莫斯科蓉欧速达班列开行，深度挖掘中

欧北线高附加值产品。四是畅通东向通道。共同创建陆海"组合港",借力"长江班列"开通,推进连接长江水道的铁水、铁江海联运东向班列开行。

(二)着力提升陆港集疏运能力

一是加快"智慧陆港"建设。深化"智慧陆港"数据交换中心建设,启动建设综保区数字服务平台。推动成都国际陆港智慧平台与海关、国铁等系统深度融合,与东盟、中亚多国外贸平台系统打通接口。二是提升货源集聚能力。强化成都—德阳—绵阳—广元、成都—遂宁—南充—达州等联系通道能力,强化成都与广元、泸州、宜宾等省内15个中欧班列组货基地高效互联,推动成都与德阳、南充等二、三级物流基地协同发展。三是强化两港协同。发挥成都天府国际机场、双流国际机场枢纽功能和成都国际铁路港口岸优势,协同彭州、金牛、新都和金堂等重点区域,构建空铁联运、两港协同的空间格局,推动临港产业集聚发展。四是打造多式联运体系。强化与泸州、宜宾等内河港口合作,强化与云南、广西、新疆等地区边境口岸对接,强化与宁波、上海等大型海港合作,有效降低公铁水联运成本,发展跨境公路运输、国际公铁联运等服务,加快"门到港、港到门、门到门"海铁联运产品开发。

(三)大力发展适铁适港产业

一是升级发展"蓉欧+"物流业。完善冷链物流,发展佩南顿、银犁、玉湖等冷链市场,深耕冷链进口和预制菜产业链。升级智慧物流,建设集智能转运中心、智慧电商云仓等于一体的综合示范园区。探索新型物流，推广无人机、无人仓等无人物流和共享云仓、共享集装箱等共享物流。二是开放发展"保税+"国际贸易。做大优质商品贸易，重点开展食品、酒水饮料、生鲜冷冻品等进出口商品贸易，探索开行新能源汽车、光伏、电子产品等高附加值产品专列。做强跨境电子商务，推动成都跨境电商综合试验区建设，做大做强跨境电商交易、跨境电商技术服务等，探索"跨境电商+海外仓""跨境电商+产业集群"等新模式。三是重点发展"临港+"制造业。培育壮大优势主导临港产业，突出发展新型材料、智能终端、工业无人机、新能源汽车等重点产业链，优化发展智能家电、粮油精深加工优势产业。承接高端加工贸易梯度转移，建立适铁产品加工贸易集聚区，引进加工贸易上下游配套企业在港区聚集，形成加工产业配套集群。

（四）加强班列发展制度改革创新

一是提升班列运营组织与统筹能力。建立健全任务分配机制、考核监督机制，加强对全市物流班列进行统一规划、信息归集和统筹调配。搭建多式联运综合信息共享平台，高质量运营成都国际铁路港多式联运中心、集装箱共享运营基地项目，增强集装箱还箱、保管、堆存、交接等公共服务功能，提升多式联运效率。二是优化促进班列双向均衡运行。探索在中欧班列、西部陆海新通道等沿线设立"海外仓"，拓展与境外优质企业战略伙伴关系，提升回程揽货率，提高货品附加值，促进中欧（亚）、中老、中越等班列双向均衡运行，提升国家陆海物流服务能力与质量。三是强化贸易便利化的制度设计。创新"区港一体化"监管方式，推动海关、口岸运营企业业务"并联"操作，实现通关"零等待"。建立新通道肉类、水果等生鲜及易腐货物"随到随检、快速验放"通关服务机制。深化"分类监管"模式创新,促进保税货物实现仓内内销申报。四是促进班列市场化运营。逐步取消按箱直接补贴运营方式,将以运价为重点方向的补贴转为对物流短板建设和产业转型升级的投入。鼓励民营企业参与园区开发建设、委托管理班列平台公司,探索多元化资金渠道,采用管办分离、开放合作运营模式推进国际陆港运营。

成都参与共建面向印度洋国际陆海大通道的路径及建议

李大伟

中国宏观经济研究院对外经济研究所 主任 研究员

面向印度洋国际陆海大通道是中国经过周边国家通往印度洋方向的复合型运输通道，通过建设有形陆路通道联通中老泰、中缅方向，可达印度洋的港口，促进人员、物资、资金等生产要素的跨国流动，顺应全球产业链"南移"，连接"一带一路"共建国家的产业链和供应链。当前，建设面向印度洋的国际陆海大通道已经成为共建"一带一路"框架下重要的基础设施互联互通工程，但受制于合作方局势不稳定、资金缺乏等因素，面向印度洋国际陆海大通道建设仍然面临一些障碍。本文将在评价面向印度洋国际陆海大通道的战略价值和经济效益基础上，对未来推进国际陆海大通道建设的思路进行论证，重点提出成都联动沿线城市共同推动面向印度洋国际陆海大通道的建议。

一、客观评价面向印度洋国际陆海大通道的战略价值和经济效益

（一）这条通道建设对于降低我国对外贸易合作风险意义重大

从我国的海上运输航线看，前往南太平洋地区或美洲的航线基本上

只能经过太平洋；我国向东非、欧洲、中东的海上贸易基本上必须经过马六甲海峡。因此在极端情况下，一旦海峡因各种原因被封锁，必然导致我国对外贸易受到严重影响。届时即便我国能够通过绕行印度洋和太平洋形成新的航道，其所需时间也会大幅度延长。由于欧洲、中东、非洲等地在我国对外贸易占据重要地位，特别是我国对中东地区的能源资源进口依赖度较高，因此这一风险确实有规避的必要。因此，这条通道建设具有重要战略意义。

但需要明确的是，这条通道只能降低风险、分散风险，但并不能认为其可以彻底消除风险。其原因在于两个方面：一方面，在极端情况下，任何通道都存在被中断的可能性，特别是这条通道同样存在地缘博弈问题，决不能认为该通道"一劳永逸"；另一方面，当前内地货物出口通道已经明显增多，包括中欧班列、"空中丝绸之路"等，且在规划北极航线，已经发挥了一定降低风险的作用。

（二）这条通道能为中西部地区带来显著的经济效益，但在正常情况下最大的利好集中于云南、四川和重庆等地

在分析经济效益时，一般不考虑受到外界封锁的极端情况。在马六甲海峡通畅的正常情况下，我国西部地区如果走长江经上海港出海，再走马六甲海峡开展对印度洋沿线地区和欧洲的贸易，其路程将十分遥远。而这些地区如果能够通过铁海联运的方式面向印度洋开展贸易，其时间成本将能被显著节约，也有利于带动沿线地区开放型经济的发展，这种经济效益是很明显的。但需要指出的是，随着西部陆海新通道的建成，西部地区面向环印度洋地区开展贸易合作已经有了"西部各省—钦州—新加坡—马六甲—环印度洋地区"的主通道，这条通道虽然相较"西部

各省—仰光港、皎漂港—环印度洋地区"的航行时间长 1 周左右,但与以往走长江经上海港出口的路线相比已经节省不少时间,这导致在马六甲海峡通畅的情况下,这条通道通往其他环印度洋地区的时间优势不够突出。当然,这条通道的最大优势在于可以辐射中南半岛,特别是缅甸、泰国等国的内陆地区,这一优势是其他通道所不可能实现的。但这些国家的经济中心都位于沿海地区,目前我国和这些国家内陆地区的贸易规模要远低于和这些国家沿海地区的贸易,因此这种利好作用也不宜过度高估。

需要指出的是,这条通道对于云南省以及四川、重庆等地区开展对外贸易的重要性十分突出。目前,昆明距离皎漂港只有 1516 千米,而瑞丽、清水河口岸距离皎漂港更是只有 1000 千米左右。而如果经钦州绕道,这一距离将延长到将近 5000 千米,两者差距巨大。同时,对于四川、重庆等地,这一通道对时间成本的节约也非常有效。这条通道打通后,有望大幅降低成都与东南亚、南亚、西亚、欧洲地区的物流和时间成本,有利于成都更加深入便捷地嵌入全球产业链、价值链、供应链和创新链分工体系,全面提升成都开放型经济竞争力,融入国内国际经济双循环新发展格局。

二、面向印度洋陆海大通道建设面临的机遇分析

面向印度洋陆海大通道有多条线路,包括西线通道"成渝—昆明—清水河、瑞丽—缅甸皎漂"、中线通道"昆明—磨憨—老挝万象—缅甸土瓦港、泰国拉廊港",等等。整体上看,虽然部分通道沿线地区局势依然复杂,但整体上通道建设面临若干重大机遇。具体如下:

（一）中老铁路正在加速向泰国延伸，为中线方案提供了坚实基础

中老铁路作为共建"一带一路"的标志性工程，目前建设取得了巨大的成就，得到了中南半岛各国的一致支持。在这一背景下，泰国对于将中老铁路延伸到泰国，形成中老泰铁路的态度明显更为积极，目前已经和我国、老挝签署了正式合作协议，中老铁路在未来 5 年内延伸到曼谷指日可待。这一铁路通车后，中线方案中需要在老挝进行换乘的必要性大幅度减少，这条通道的物流成本有望显著降低，对于实现中线方案的积极意义十分明显。

（二）我国与东非等环印度洋地区经贸合作日益深化，非洲矿产资源经通道运输至我国的需求显著提升，有利于提升通道的经济效益

综合考虑物流、时间等成本，面向印度洋陆海大通道在推动东非等印度洋沿岸地区和我国的经贸合作方面的优势十分明显。过去较长时间内，东非经济发展水平相对较低，与我国的经贸合作规模较小。但随着蒙内铁路等重要物流通道的畅通，近年来东非地区和我国的经贸合作正在加速发展，其矿产资源和制成品进入我国市场的意愿也日渐迫切。2023 年莫桑比克、坦桑尼亚、乌干达等东非国家和我国贸易规模分别增长 21.9%、8.9% 和 17%，显著高于我国外贸整体增速，这为发挥通道的经济效益创造了较好的外部环境。

（三）清水河通道公铁海联运模式已具雏形，有望渐进推动缅方针对铁路建设采取更加积极立场

我国先后开通了新加坡—缅甸仰光—临沧—成都、深圳—临沧—缅

甸仰光—印度洋等 6 条公铁海联运线路。中远海运测算结果显示，相较传统经西部陆海新通道"重庆—钦州—阿联酋杰贝阿里港"铁海联运线路，重庆—临沧—缅甸仰光—阿联酋杰贝阿里新线路运距缩短了 2167 千米，用时减少 13 天。在临沧—清水河铁路建成、仰光港实现与印度港口直航、中缅签署第三国货物过境贸易协定的情况下，新线路运距将缩短 4181 千米，用时减少 21 天，综合运输效益更加突出。新线路的开辟也使得缅各方深入了解通道建设对缅经济发展的积极作用，进而转变其对建设皎漂、仰光至云南边境地区铁路的立场。

三、畅通面向印度洋陆海大通道建设的具体思路和主要任务

（一）建议采取加快建设中线通道，同时待机推动西线通道建设的方案

中线通道建设主要包括两个部分：第一，中泰铁路。目前，中泰铁路的进展相对具有确定性，曼谷到呵叻府的 253 千米双轨高铁（客货两用）按照中国铁路标准正在紧锣密鼓建设中，预计 2027 年初竣工开通。之后的二期工程将连通到泰国廊开府，接入中老铁路终点万象。这条铁路通车之后，理论上整个滇中城市群的货物均可以通过老挝万象市入海，云南可以实现真正意义上的铁海联运。在此基础上，只要将这一铁路继续向南延伸至两大港口，就可能实现全程铁路直达印度洋港口。同时，澜沧江经西双版纳的关累港出境后，经缅甸、老挝、泰国、柬埔寨，最终经越南入海。从这条水道的走势看，其境外段大部分在老挝和泰国边境，因此这条通道既可以独立发展江海联运，也可以和中老泰铁路相结

合，形成江铁海联运。从中南半岛情况看，泰国的 GDP 总量高于越南和马来西亚，更远高于缅甸和老挝，是中南半岛最大的市场所在地，可以作为云南辐射中南半岛的主方向。即便这条通道未能打通拉朗港或图瓦港，其经济效益也是相对较大的。而且在和平时期，泰国也能够保证这条通道的外部环境相对稳定。因此，这条通道应作为近期建设这一通道的重点。

重点建设中线通道，并不意味着放弃西线通道。西线的沿边经济合作有了很好的基础，且中缅通道的战略地位更为重要，更重要的是皎漂港大概率由我国进行运营，其地缘意义的重要性是十分突出的。但在积极推动西线通道畅通时，应特别注意，这条通道严重依赖于政治局势而非经济合作空间，必须把握邻国政局变化的有利时机进行决策。此外，这条通道的境内段基础设施也应抓紧完善，如大瑞铁路和临清铁路。

在瑞丽通道和清水河通道两者的建设中，前者应重点做准备工作，待中央政府解决了最关键的中缅铁路修建障碍后再进行；后者则应积极推动公铁海联运模式恢复正常运营，主要目的在于探索缅方各利益集团都能从中获益且保证通道商业运营利益的模式，为瑞丽通道的开通奠定良好基础。

（二）采取切实措施加快建设中线通道

一是加强连接口岸交通建设。由云南方面提请对接中南半岛铁路网，加快推进中泰铁路泰国段准轨项目建设，协调启动泰国曼谷至缅甸土瓦港高速公路、泰国春蓬至拉廊港支线铁路建设，逐步实现中老泰铁路沿线站点与港口高效联通。推进港口设施建设，积极争取我国大型物流企业深度参与运营泰国拉廊港、缅甸土瓦港两大港口，在必要时将其纳入

"一带一路"建设的重点项目。

二是推动昆明建设区域性国际物流枢纽城市。布局建设昆明商贸服务型、昆明—磨憨陆港型（陆上边境口岸型）、昆明空港型3个国家物流枢纽，与中老泰、中越、中缅、孟中印缅6条国际物流通道和成渝地区双城经济圈、粤港澳大湾区、长三角地区国内物流通道无缝衔接，构建"枢纽+集聚区+中心+通道"的现代物流空间布局体系，把昆明建成面向印度洋陆海大通道的关键性节点、面向南亚东南亚和环印度洋周边经济圈的国际物流枢纽城市。

三是高标准建设磨憨国际口岸城市。目前中央已经明确支持昆明创新托管模式，与西双版纳共建磨憨口岸城市，加快建设中国老挝磨憨—磨丁经济合作区，研究制定中方区域适用的税收政策。紧紧围绕打造中老铁路"黄金线路"新机遇，做强磨憨产业，提升磨憨交通物流水平，推动贸易转型升级，以大通道带动大物流、大物流带动大贸易、大贸易带动大产业、大产业带动大发展，一体推进磨憨口岸功能提升、口岸经济发展和口岸城市建设，打造现代化、国际化口岸城市，把磨憨建成面向南亚东南亚和环印度洋地区的重要开放窗口、产业高地、宜居之城。

四是率先打造"成渝—昆明—磨憨—万象—曼谷"沿线产业经济带。优化中老铁路沿线地区产业功能布局，深化国际国内产业合作，统筹利用国际国内两个市场、两种资源，推动形成错位发展、互补融合、联动支撑的发展格局，大力发展跨境农业、跨境旅游、跨境电商、跨境金融、加工制造等产业，推动中老铁路沿线从商品通道转变为沿线产业带。提升园区对产业转移项目的吸纳力和承载力，关注国际产业转移和东部产业转移动向，精准制定承接产业转移重点行业和企业目录，吸引东部有产业转移意向的企业落地昆明以及产业转移至海外的企业回流至昆明。

五是积极降低中线通道运输成本并支持其聚集货源。建议支持在昆明建设跨境物流中心和班列集结中心,协调老挝方面和老中铁路公司,逐步降低老挝段的运输、通关、陆港转运等物流成本,提升中老铁路竞争力。支持依托沿边产业园区基础,在昆明、磨憨设立中老铁路沿线城市带承接产业转移示范区,并给予高水平的税收优惠政策,积极承接东中部产业转移,吸引已转移至南亚东南亚国家的产业链关键环节、关键企业回流。以高质量实施 RCEP、对接 CPTPP 为抓手,请求批准在昆明和磨憨设立中国—中南半岛经贸创新发展示范园区,将昆明经开区、空港经济区等片区以及中国老挝磨憨—磨丁经济合作区的中方区域认定列为国家加工贸易产业园,探索产业链、供应链、价值链深度融合的国际分工合作模式。

(三)支持推动西线通道畅通

一是综合发挥中央和云南地方政府及民间组织作用,推动缅方在通道建设方面达成更多共识。建议充分把握我国打击电信诈骗取得巨大成绩的有利时机,积极推进缅甸各方力量共同就推进通道建设并维护其安全达成相关共识,并对各方所征收的运输费用标准进行规范,保证通道正常顺利运行。充分发挥云南地方政府以及民间组织等作用,向缅境内各方阐明发展仰光、皎漂港与我国边境口岸之间公路和铁路运输的经济可行性,争取各方对通道建设的初步方案达成一致,尽快推动中缅铁路进入实质性建设阶段。

二是加快推动与缅规则标准对接,继续拓展经皎漂港、仰光港至我国内地的公铁海联运新型合作模式。建议商务部、交通运输部、海关总署、中国人民银行加快与缅方合作协商,推动两国签订第三国货物过境贸易协定、道路跨境运输合作协定、孟定清水河口岸扩大开放为国际口岸、本币结算等双边协定。建议商务部、交通运输部支持我国企业积极参与坦桑尼亚、莫桑比克、肯尼亚等东非国家的港口建设，并开辟由东非港口经海运到达皎漂、仰光港，再经公铁联运方式进入我国内地的新型公铁海联运运输线路。

三是以"仰光—清水河—昆明"通道为先导，持续提升西向通道的经济可行性。建议国铁集团尽快开展对境内临沧至孟定清水河段铁路项目预可研、可研报告审查并启动项目建设，有效提升这一通道的经济效益。将这一通道沿线的产业园区全面纳入沿边临港产业园区范畴，实施优惠的税收政策，吸引产业在沿线集聚以形成货源。将西部陆海新通道的所有补贴政策全面向内地向清水河、瑞丽等地的运输通道推广，降低西向通道境内段的运输成本。

四、成都融入面向印度洋陆海大通道建设的几点建议

云南等沿边省份经济总量尚不足以全面支撑面向印度陆海联运大通道的发展。从国家战略看，需要中西部地区的成都、重庆等核心城市积极参与这条通道建设，为构筑新的国际循环创造良好条件；从成都、重庆等西南内陆经济中心发展看，也需要通过这条通道深度参与国际循环，进而实现国内国际双循环的相互促进。因此，成都应准确把握国家层面关于深化务实合作、推动共建"一带一路"高质量发展主基调，一方面，密切跟踪对接国家发展改革委，及时掌握面向印度洋陆海大通道、枢纽及其他重大功能性设施规划建设动向，主动"超前谋划、前瞻布局"，务实推进南向开放基础设施建设，做好链接面向印度洋陆海大通道、枢

纽的"硬件"准备；另一方面，主动"强化合作共建、开展经贸人文交流"，提前打通面向印度洋陆海大通道上的贸易投资合作节点，活跃人文合作氛围，做大"贸易流量""交往流量"。

（一）务实推进南向开放基础设施建设

一是超前谋划铁路货运大通道。应积极对接中老铁路，率先畅通"成都—昆明—磨憨—万象"铁路货运大通道，并积极往泰国方向延伸，在面向印度洋陆海新通道建设方面抢占先机。在时机成熟时重新开通"仰光—清水河—昆明—成都"的公铁海联运班列。以天府新区和成都天府国际空港、成都双流国际航空港、成都国际铁路港和成都国际公路港为核心，联动川南沿江水运港口和泸州、遂宁、达州、攀枝花等国家物流枢纽承载城市，大力发展南向多式联运。

二是前瞻布局南向铁路物流枢纽。建议加强成都铁路枢纽货运系统研究，优化提升新津普兴货站枢纽功能，积极布局建设邛崃羊安客货站、蒲江寿安客货站。按照"北有金青新、南有新邛蒲"的铁路物流枢纽布局思路，深化新津、邛崃、蒲江三地物流枢纽协同，打造成都平原南向辐射川藏、东南亚、南亚的资源共享、错位互补的一体化物流集散群，提升成都面向泛欧泛亚的门户枢纽功能。突出提升成都作为中欧班列集装箱编组站的重要作用，引导面向南亚东南亚以及环印度洋地区的货源尽可能在成都集聚并向南向发送。

（二）积极推动跨区域或跨国合作共建

一是加强与云南相关城市枢纽及通道建设合作。支持成都企业赴境内德宏、临沧等沿边城市参与基础设施建设、物流口岸发展、商贸流通体系构建、物流园区开发等沿边开放布局。重点参与瑞丽国际陆港新城建设，布局成都市的国际物流节点，为货物进出关提供便捷服务，打造成都至东南亚、南亚地区的绿色通关走廊，增强成都市货物的国际竞争力。

二是积极参与通道沿线合作园区或新城建设。加强与宜宾、攀枝花、昆明、瑞丽、木姐、曼德勒、仰光、皎漂等通道沿线重要节点城市合作。在省内范围，建议市国有投资平台在宜宾三江新区、攀枝花国家级钒钛高新区通过园区共建、投资持股、干部交叉任职等方式提前布局外向型产业基地和物流基地。在省外及国外范围，建议市国有投资平台主动寻求参与缅甸仰光新城、中缅瑞丽—木姐跨境经济合作区、中国猴桥—缅甸甘拜地跨境经济合作区和缅甸密支那经济开发区、皎漂港经济特区建设，探索通过投资参股、园区共建、产业合作、资产并购等方式在通道重要节点地区提前布局，为产业布局、物流通关、跨境贸易等领域做好准备。

三是支持企业赴缅开展经贸投资合作。支持成都企业加强与央企省企合作，以央企、国企带民企、大企业带中小企业、龙头企业带配套企业、中小企业联合等多种"抱团"方式赴东南亚、南亚地区开展基础设施建设、产能合作、产业链协同分工等务实合作，投资建立境外基地（办事处）、设立境外研发中心等。

（三）主动开展对缅经贸人文交流合作

一是加快培育南向经贸合作新优势。面向东南亚、南亚地区贸易投资合作需求，着力优化出口产品结构，在巩固机电产品出口优势的基础上，进一步提高汽车制造、生物医药、轨道交通、新能源、新材料等领域产品在成都对东南亚、南亚国家或地区出口产品中的比重。推动本地企业积极对接东南亚、南亚国家或地区基础设施建设和发展需求，承接或参与国家重点援建工程，带动成都机械电子、轨道交通、建筑材料等产品以及设计咨询、建筑服务、运营维护等服务出口。有针对性地进口东南亚、南亚国家产品，吸引更多东南亚、南亚国家在自贸试验区内设立国家馆，开展特色文化、贸易商品展示展销活动，巩固马来西亚、越南、缅甸等国家的初级矿产品、初级农产品进口。

二是积极开展多种形式的人文交流。主动邀请东南亚、南亚地区相关城市参与成都的重大国际性交流活动，如成都国际友城青年音乐周、成都国际友城市长交流活动、成都东盟经贸周等；鼓励东南亚、南亚地区优秀学生选择来蓉就读，培养亲蓉、友蓉、知蓉的青年人才；推动东南亚、南亚地区重要城市的公务人员来蓉交流并重点考察相关项目，深入宣传、推介成都。

专家建言篇：优化服务环境

新发展阶段成都以推动制度型开放提升内外开放水平的路径及举措

彭星[1]　廖清凤[2]
[1] 成都市经济发展研究院　高级经济师
[2] 成都市经济发展研究院　首席研究员

党的二十届三中全会进一步明确提出"推动规则、规制、管理、标准等制度型开放"，标志着我国对外开放不断向制度层面纵深推进，并由规则为主的制度型开放向规则、规制、管理、标准等更宽领域、更深层次拓展。制度型开放突破了以面向国外为主的商品和要素流动型开放的传统理念，引领开放走向内外一体、变革创新的新阶段，是推动国内国际双循环高效畅通、提升对内对外开放水平的重要制度保障。成都作为"一带一路"向西向南的对外开放前沿，成渝地区双城经济圈建设的极核城市，研究双循环新发展格局下以制度型开放提升内外开放水平，对更好地发挥双循环新发展格局下极核城市功能作用，加快打造国内大循环战略腹地和国内国际双循环门户枢纽，具有十分重要的现实意义。

一、新发展阶段制度型开放的内涵及重点方向

（一）新发展阶段的制度型开放

正确认识我国的历史方位和发展阶段，是我们提出制度型开放的重

点领域、路径举措的根本依据。2021年5月,习近平总书记在《求是》杂志上发表的题为《把握新发展阶段,贯彻新发展理念,构建新发展格局》的文章指出,新发展阶段明确了我国发展的历史方位,是贯彻新发展理念、构建新发展格局的现实依据;贯彻新发展理念明确了我国现代化建设的指导原则,为把握新发展阶段、构建新发展格局提供了行动指南;构建新发展格局明确了我国经济现代化的路径选择,是应对新发展阶段机遇和挑战、贯彻新发展理念的战略选择。经过改革开放四十多年的发展演进,我国开放已经由注重规模速度的快速成长期走向兼顾质量效益的深化拓展期,开放发展是一个动态演化和螺旋跃升的过程,以新的规则、规制、管理、标准等制度为主导的开放策略蕴含着发展阶段变化和国内国际循环历史变化的深层逻辑(见图3-12)。新发展阶段需要践行新发展理念,需要准确把握新发展格局路径方向,制度型开放是保障新发展格局路径实施的关键所在。

图3-12 国内国际循环历史阶段与开放策略的历史演进过程

2020年9月,习近平总书记在中央全面深化改革委员会第十五次会议上的讲话强调,要把构建新发展格局同实施国家区域协调发展战略、建设自由贸易试验区等衔接起来,在有条件的区域率先探索形成新发展格局,打造改革开放新高地[①]。当前,我国正加速构建国内大循环为主体、国内国际双循环相互促进的新发展格局,相较于"两头在外"的传统开放路径,新发展格局更加注重构建强大的内需体系,更加强调国际循环对国内循环升级的促进作用。新发展格局要求国内国际双循环相互促进,要求深化制度型开放以促进两个循环相互交融,只有在相关制度壁垒显著减弱的情况下,国际循环中的优质要素才能够顺利进入国内大循环,国际循环对国内大循环全要素生产率的正向溢出效应才能够充分实现,最终引导国内大循环向更高层次跃升。

在国内大循环层面,需要通过制度型开放提升内部要素优化配置水平、促进国内大市场建设。畅通国内大循环,主要依托强大国内市场,形成需求牵引供给、供给创造需求的更高水平动态平衡。这就亟须在京津冀地区、粤港澳大湾区、长三角地区、成渝地区等重点区域,由一些具有区域乃至全国引领力的极核城市率先探索构建高效适配的新市场机制,破除行业管理、市场体系、商事制度等领域障碍,推动相关要素在市场机制的决定性作用下优化配置,促进要素跨区域有序流转,进而推动国内大循环结构优化和质量升级。

在国内国际双循环层面,需要深化制度型开放提升与国际规则的融合对接能力、促进两个循环相互交融。当前,以 WTO 为代表的传统经贸规则面临日益严峻的挑战,新一轮科技革命和产业变革催生的新规则

[①] 《习近平主持召开中央全面深化改革委员会第十五次会议强调 推动更深层次改革实行更高水平开放 为构建新发展格局提供强大动力》,载中国政府网,2020年9月1日,https://www.gov.cn/xinwen/2020-09/01/content_5539118.htm。

加速形成,世界进入了以经济分工重组、规则体系重构为特征的疫后再全球化时代。这就亟须一些开放前沿城市、枢纽型城市积极对接高标准国际经贸规则,依托自贸试验区、服务业扩大开放综合示范区等试点优势,探索国际投资、国际贸易等领域新的规则体系,引领形成国际共识,破除或者减弱国内循环体系和国际循环体系之间所存在的相关制度壁垒,推动国内国际双循环相互促进。

(二)新发展阶段成都推动制度型开放的重点方向

制度型开放突破了以面向国外为主的商品和要素流动型开放对城市区位条件和资源禀赋的设限,引领开放走向内外一体、变革创新的新阶段,赋予地方城市提升能级、厚植优势的战略价值。成都是"一带一路"向西向南的开放前沿城市,具有对接南亚、东南亚等国家地区的发展优势,同时又是成渝地区双城经济圈的极核城市,具有广阔的腹地市场。在国内国际双循环新发展格局中,成都应围绕打造国内大循环战略腹地和建设国内国际双循环门户枢纽,在供给侧重点优化双向投资制度体系,吸引高能级产业、企业集聚,提供高质量的产品与服务;在需求侧和流通环节重点优化国际贸易制度体系、区域开放合作制度体系,服务国际贸易发展质效提升、消费市场拓展、有序高效现代流通市场建设,充分发挥国家中心城市对畅通国民经济内循环和链接全球经济外循环的引领支撑作用。具体来说,应从以下两个方面发力:

围绕支撑成都打造国内大循环战略腹地。聚焦服务有序高效现代流通市场建设、提升消费能级及辐射范围,促进有效投资和高端要素流动,通过制度型开放打破行业垄断、市场分割、行政区划边界限制,在行业管理、市场体系、商事制度等领域逐步消除制约要素跨区域流动和市场化优化配置的障碍，促进内部市场规则统一，实现市场竞争自由化。具体实施过程中应以成渝地区为重点，引领推动区域一体化发展，进而辐射带动西部地区市场规则统一，更好服务国家建设国内统一大市场。

围绕服务成都打造国内国际双循环门户枢纽。聚焦服务精准扩大有效投资、产品及服务高质量供给、高端要素精准供给，从外商投资、投资促进、对外投资角度探索构建与国际高标准接轨的双向投资制度体系；聚焦服务国际贸易发展质效提升、内畅外联现代流通网络构建，吸聚高能级流通主体、高端要素，从口岸通关便利化、陆上贸易规则、贸易方式创新等角度探索逐步消除产品服务及资源要素跨境流动障碍。具体实施过程中应发挥自贸试验区对外开放窗口作用，以自贸试验区为重点，通过系统性的"边境"制度体系和"边境后"制度体系的协同发力，促进要素、资源、商品跨境循环，实现国际双向投资、国际贸易更加便利化。

二、成都推动制度型开放现状及问题差距分析

近年来，成都聚焦促进国际投资贸易规则接轨国际和区域市场一体化建设，大力推动开放领域制度体系创新，积极构建接轨国际的开放型经济体制机制。对标中央关于制度型开放新要求、对标先发城市先进经验、对照成都发展现实需求，目前成都国际投资、国际贸易等传统对外开放合作领域制度体系基本和国际接轨，但自由化、便利化水平仍有待提升，国内区域合作深入推进，但仍然存在行业垄断、市场分割、行政区划边界限制等现实问题。

（一）贸易制度体系加速接轨国际，但自由化、便利化程度仍有待提升

1. 贸易新业态新模式亟须制度创新

一是服务贸易开放滞后。海南自由贸易港率先推出全国首张跨境服贸负面清单，开放度高、灵活度大，极大程度提升了海南自由贸易港服务贸易自由化水平，相较而言，成都文化、娱乐、研发等高端服务业开放程度较低。二是数字贸易监管服务体系尚不健全。上海依托数字贸易国际枢纽港建设，在临港新片区开展数据跨境流动安全评估试点，探索推进数字贸易规则制度建设，相较而言，成都数字贸易发展滞后，监管服务体系还有待完善。三是跨境电商创新管理制度不足。广州跨境电商制度创新走在全国前列，为全国贡献了多项"广州经验"，如率先推出跨境电商商品溯源体系，被 APEC 成员复制推广；在全国首创跨境电商出口退货"合包"模式，解决了跨境电商"退货难"问题，相较而言，成都跨境电商发展较为滞后，创新制度较少。

2. 陆上贸易规则探索还需加强①

一是陆上贸易金融服务支持规则探索还需加强。针对陆路贸易融资难题，成都积极开展基于单证、多种模式的贸易结算融资试点，创新陆路运输"一单制+银担联合"全程货押融资模式，重庆开立全球首份"铁路提单国际信用证"，但目前，铁路运单、提单信用结算还未上升为国际规则，"一带一路"陆上贸易在金融服务便利化方面仍存在诸多障碍和缺陷，陆上贸易金融服务支持规则还需加快探索。二是陆上贸易争端解决机制不健全。当前，"一带一路"共建国家（地区）缺少统一可适

---

① 陆上贸易规则的构建是一个体系庞大、内涵丰富的系统工程。针对陆上贸易所覆盖的重要领域，以现有海上贸易惯例和规则为参照，陆上贸易规则体系的核心规则至少应包括运输规则、金融规则、通关规则、贸易争端解决规则等。

用的规则,跨境铁路运输争端解决还存在司法管辖权及适用法律不确定的问题,重庆在此方面已率先开始探索,对全球首例涉"铁路提单"商事案件做出宣判,为解决跨境铁路运输物权纠纷案件提供司法指引。

3. 口岸通关监管制度有待优化

一是"减单证"改革措施仍需加强。围绕"减单证",广州试点推进基于区块链的集装箱电子放货平台应用、深入推进简化进出口环节随附单证,相较而言,成都在此方面创新举措还较为缺乏,货物进出口监管证件还较为繁多,需进一步精简。二是口岸通关合作机制有待健全。目前,成都与各地海关、检验检疫等口岸部门的合作紧密度不强,仍存在口岸通关查验结果不能互认、口岸信息数据资源不能互换等问题,影响口岸通关便利化水平的提升。

(二)双向投资制度体系逐步构建,但精准化和配套衔接程度不够

1. 外商投资准入准营门槛仍然较高

一是外资准入限制有待进一步放开。与海南、上海等先发城市相比,成都社会服务、专业服务等领域和行业外商进入限制仍然较严。以服务业为例,目前成都外商投资主要集中在房地产、商务服务业、软件和信息技术服务业、零售业等传统领域,在金融、文化、医疗等领域和行业对外商进入限制仍然较为严格,而海南通过在全国率先发布《海南自由贸易港外商投资准入特别管理措施(负面清单)(2020年版)》,进一步放开了在电信、教育、商务服务等重点领域准入条件。二是外资准营便利化程度仍需提高。与海南自由贸易港实施市场准入承诺即入制改革相比,成都自贸试验区事中事后监管仍需加强,监管模式创新不足,市场

主体信息的流转、部门监管执法的流程、监管力量匹配的划分等配套和细则无法达到事中事后监管的要求。

2. 外商投资促进保护制度仍需完善

一是投资促进政策体系有待健全。对标深圳、上海，成都外商投资促进政策和服务体系有待进一步系统集成和完善，缺乏对优质外资企业成长发展的扶持和引导机制。如深圳打造"秒批"外资服务模式，上海编制《外商投资政策概览》、制作《投资上海地图》、打造"外商投资促进服务平台"，构建外商投资促进机制，搭建起系统完善的外商投资促进服务体系。二是投资保护制度和争端解决机制亟待建立。对标国际高标准经贸规则，成都在公平竞争、争端解决等投资保护体系方面仍有较大提升空间，尚未放开对境外知名仲裁及争议解决机构在成都设立分支机构的限制，目前仅有一家本土涉外商事与法律服务中心（即成都市涉外商事与法律服务中心），为企业提供符合国际惯例的"一站式"综合涉外商事法律服务能力较弱。而上海早在2019年便允许境外知名仲裁及争议解决机构在自贸试验区范围内设立分支机构；苏州2020年在地方法院设立全国首家国际商事法庭，推出视频见证在线委托、智慧审判模式、中立评调等创新举措，便利了涉外法律服务。

3. 对外投资制度体系亟待进一步创新

一是对外投资服务促进体系有待健全。与上海、重庆相比，成都在政府层面尚未建立起对外投资服务咨询机制，完善的中介咨询服务体系和统一的信息服务平台建设较为滞后，难以系统、准确、及时地向企业"走出去"提供投资对象国相关的扶持政策、市场信息、领事签证等高质量的信息咨询服务。如上海浦东成立"浦东境外投资服务联盟"，涵盖融资、保险、综合咨询、境外投资备案、投资项目推荐、投资地介绍、境外投资服务等功能。二是对外投资便利化改革亟待深化。与上海、重庆等城市相比，目前成都对企业"走出去"管理重心尚未完全转移向"事中事后"，如重庆积极推动管理重心移向"事中事后"，形成"事前合规备案事后规范报送统计数据合规建设、投资障碍、安全事件、问题困难、人员信息"全链条"走出去"管理体系。

（三）区域统一市场建设不断推进，但高效适配市场机制仍需完善

1. 行业管理标准引领水平不足

一是成都服务行业产品、品质、流程和方式的标准化建设较为滞后。目前尚未形成体系，新兴行业标准尚存缺失，部分管理制度与新时代高质量发展的要求不相适应。而自2001年起，上海市就相继出台《上海市地方标准管理办法》《上海市标准化条例》等政府规章，初步构建起标准化工作的规范体系，同时也针对各种新技术、新产业和新业态创设"上海标准"标识制度。二是成都行业管理制度对区域、国家乃至国际标准化工作的辐射影响作用有限。相比而言，上海借力第83届国际电工委员会（IEC）全球大会，推动1000多项国际标准制修订，提交国际标准提案10项，提升了"上海标准"国际影响力[①]，为进一步消除区域规则、标准差异，成都在创新和推广楼宇经济、首店经济等具有大量实践基础、有先行优势行业领域服务规范和标准体系的工作力度仍需加强，以期在区域形成示范引领作用。三是成渝地区尚未形成市场标准化工作

---

① 数据来源：《2019，上海市场监管做了哪些工作？请看成绩单》，载上海市场监管局官方百家号，2020年1月9日，https://baijiahao.baidu.com/s?id=1655246156739193197&wfr=spider&for=pc。

合作机制。如成都现行标准重点在新材料、生物医药等领域,重庆侧重新能源汽车及智能汽车、节能环保等领域,对化妆品等行业管理标准的界定归属也不一致,而长三角地区已经探索建立了标准化合作机制,共同研究制定一批城市管理、旅游、家政等领域的区域协同标准,并优先在信用、旅游、交通、环境保护等领域推动标准共享和互认。

2. 市场规则和监管体系尚未统一

一是以成都为核心的成都都市圈和成渝地区双城经济圈区域尚未建立统一的市场规则体系和基础制度。市场信息互通、信用体系互认、政策协作互动任重道远,市场主体注册许可服务标准和流程设计的差异仍然存在。相较而言,长三角地区实现了市场体系一体化建设市场监管联席会议制度常态化,推动《长三角地区市场体系一体化建设合作备忘录》市场体系一体化建设"三联三互三统一"工程的落地落效,在市场准入"一扇门"、市场信息"一张网"、市场监管"一把尺"、质量服务"一体化"等方面均取得了显著成效。二是市场一体化监管体系尚不完善。成德眉资、成渝地区虽已逐步深入推动市场监管一体化,但仍存在审批服务标准尚未深度统一、监管执法联动效能尚未有效激发、信息资源共建共享格局尚未全面形成等难题,而长三角市场监管体系一体化建设正在加速,在建设跨区域失信惩戒机制、监管联动执法制度、区域食品药品安全联动监管协作机制等领域均取得积极进展,成立了全国首个网络市场监管领域跨区域协作联盟,共建了长三角食品安全信息追溯平台,未来还将建立市场监管科技一体化发展联席会议制度。

3. 商事制度集成创新力度不够

一是政府职能协同转变不彻底。成渝地区仍存在市场准入、质量检验、工商登记、投资优惠等方面的非市场化管理行为，企业信用信息和服务功能尚未完全联通。而对标长三角地区，三省一市充分发挥各自优势，深度融合三省一市商事制度改革举措，率先在全国开通长三角政务服务"一网通办"平台，实现企业登记和许可在政策条件、服务措施等方面统一化、便利化，并持续深入推动建立三省一市优化营商环境工作沟通机制，探索以跨省（域）办成"一件事"为目标的跨省（域）通办服务等，加快建设长三角一体化示范区统一线上线下服务标准、服务信息平台。二是在政务服务效率提升、营商环境优化等方面协同改革深度和创新程度仍有不足。例如暂且尚未在成渝地区推进证照分离改革全覆盖，电子营业执照在不同部门的接受程度不同，未充分实现跨领域、跨行业互通互认。而对标长三角地区，沪苏浙皖四地依托政务服务"一窗通办"系统，积极探索三省一市"跨省通办"新模式，打造"标准统一、相互授权、异地受理、远程办理、协同联动"的政务服务，实现四地围绕企业生产经营、个人服务等高频事项政务服务协同联动发展；长三角示范区探索从"跨区通办""一窗通办"到"证照联办"，允许企业在同一登记管辖区域内实行"一照多址"，建立覆盖企业准入、业务开展、清算退出全生命周期的便利化服务监管制度，并建立普通注销登记制度和简易注销登记制度相互配套的市场主体退出制度。

三、新发展阶段成都推动制度型开放提升内外开放水平的路径及举措

新发展阶段成都应以服务双循环新发展格局下成都打造国内大循环战略腹地和国内国际双循环门户枢纽为统领，以自贸试验区和成渝地区双城经济圈作为对外制度型开放和对内制度型开放的核心抓手，聚焦

服务贸易、数字贸易等重点领域制度创新,加强各领域制度创新举措的有机衔接和融会贯通,由点及面、串珠成链、逐步推广,打破内外循环联通互促的制度性障碍,促进国际国内要素自由流动、资源高效配置、市场深度融合,推动成都制度型开放更加注重首创性探索、集成性创新,在集聚国际国内高端资源要素中提升位势能级,在规则外溢正向效应中增强竞争能力。在推进制度型开放的路径上应突出"内外有别",找准制度型开放重点实施抓手,"分类施策"积极推进重点领域制度创新,"系统集成"推动形成高水平新型规则体系(见图3-13)。

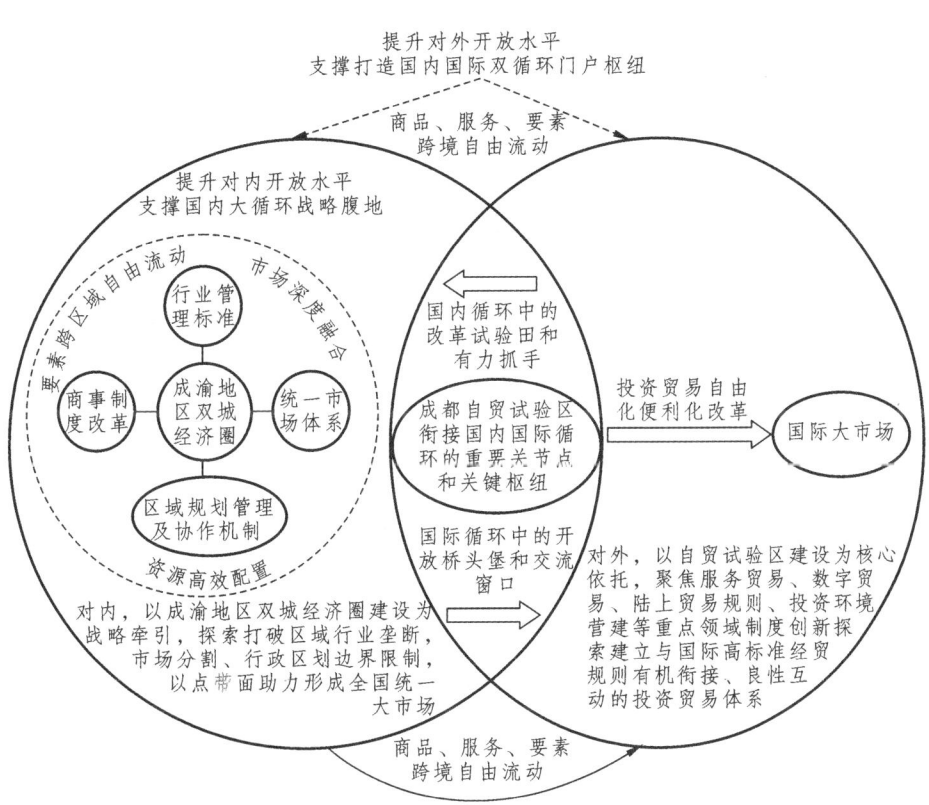

图3-13　新发展格局下成都推动制度型开放的总体思路

（一）深化贸易自由化、便利化改革，提升"买卖全球"、链接国内国际的贸易畅通能力

1. 推动新型贸易方式制度创新

一是深化服务贸易制度创新。依托成都自贸试验区，在科技服务、租赁和商业服务、教育、金融等重点服务领域加强政策储备，积极争取服务业扩大开放综合试点权限。探索在成都自贸试验区内试行跨境服务贸易负面清单制度，有序减少跨境交付、境外消费、自然人移动模式下服务贸易限制措施，制定与负面清单相配套的监管措施和制度，完善开放风险防控体系，强化服务贸易监测预警和开放安全审查。

二是深化数字贸易制度创新。放宽数字贸易重点领域市场准入，探索在成都自贸试验区范围内允许外商投资音像制品制作业务。探索在自贸区天府新区片区设立数字贸易保税区，开展数字贸易开放试点，允许数字贸易保税区内符合条件的企业提供跨境数据库服务。完善知识产权（包括专利、商标、著作权）质押融资工作机制，鼓励评估、担保等服务机构为企业利用专利权质押融资提供服务。

三是深化跨境电商制度创新。支持在成都自贸试验区探索开展跨境电商线下新业态，制定跨境保税线下业务监管办法和操作规程，推动跨境商品"存、展、销"一站式监管运营。借鉴广州先进做法，探索建立以大数据为基础的跨境电商全球质量溯源系统，形成以标准、质量为核心的全链条、闭环式新型智慧监管机制。针对跨境购物"退货难"痛点，支持成都海关试点开展出口退货"合包"模式。

2. 加快探索陆上贸易规则

一是探索陆上贸易金融规则创新。推动跨境铁路及铁海、铁空、铁

公联运"一单到底",深化以铁路运单、铁路多式联运单证物权化集成创新试点,探索建立具备物权性质的多式联运运输单证市场化推广机制。鼓励金融机构与海铁联运企业、铁路运输企业、水路运输企业开展战略合作,探索创新运用多式联运运单、提单及国际信用证、托收、汇款等各种结算和贸易融资业务。

二是探索陆上贸易纠纷解决机制。支持四川自由贸易试验区人民法院、"一带一路"法律研究中心等机构,深入开展铁路运单物权化问题、铁路提单交易问题等涉"一带一路"、陆上自由贸易法律问题研究,推动形成陆上贸易法律问题裁判规则,为完善国内相关立法、健全陆上贸易法律法规体系提供支撑。

3. 优化提升口岸通关监管效能

一是加强"减单证"改革举措。借鉴广州先进做法,在国际铁路港探索试点推进基于区块链的集装箱电子放货平台应用,对于对铁路运单、提单等电子单证上链的进口集装箱货物,实现全程电子放行。依托国际贸易"单一窗口",深入推进无纸化方式申报,简化进出口环节随附单证,借鉴广州先进做法,进口环节简化合同、装箱清单、载货清单,出口环节简化合同、发票、装箱清单、载货清单。

二是健全口岸通关合作机制。借鉴上海先进做法,抢抓 RCEP 机遇,争取国家部委支持,实现与日本、韩国、新加坡等 RCEP 成员国的相关许可证件、贸易单证等的联网核查。积极落实国家部署,探索建立中欧班列沿线铁路部门、海关、检验检疫机构等信息系统电子数据库的交换与共享机制。借鉴北京先进做法,推动成都、重庆两地海关 AEO（Authorized Economic Operator）高级认证企业便利化措施互认,在成渝两地海关增设 AEO 认证企业专用通关窗口。积极推进成渝地区通关一体化改革，建立健全成渝地区各口岸通关协作机制，开展成渝地区国际贸易单一窗口合作共建。

（二）完善双向投资适配政策体系，打造国际高能级主体引力场和"走出去"竞争优势

1. 放宽外商投资准入准营

一是落实准入前国民待遇加负面清单制度。积极向上争取在数字贸易、文化创意、生物医药等领域进一步探索缩减外资准入负面清单、提高外资准入负面清单与成都重点产业全产业链的精准匹配度。放宽对东盟、日韩、澳新等国家和地区的投资准入范围，深化汽车制造、广播电视设备制造等制造业领域开放，加快推动科研和技术服务、电信、健康及社会服务、金融服务等重点领域实现更大力度的开放。

二是探索实施市场准入承诺即入制。借鉴海南自由贸易港出台《海南自由贸易港市场准入承诺即入制管理规定》做法，在成都自贸试验区探索实施"非禁即入"的市场准入承诺即入制，在"管得住"的前提下，对具有强制性标准的领域，原则上取消许可和审批，建立健全备案制度，市场主体承诺符合相关要求并提交相关材料进行备案，即可开展投资经营活动。

三是创新完善投资自由制度。优化投资主体资格证明审核机制。允许境外专业人才备案后直接开展服务。争取外商投资建设工程设计领域审批权限下放。借鉴上海和深圳先进做法，强化以过程监管为重点的投资便利制度，推进营业执照便利、准营资质许可便利、要素获取便利等，以"有事必应""无事不扰"为主的经营便利，以公告承诺和优化程序

为主的注销便利,以尽职履责为主的破产便利等政策制度。

2. 完善投资促进政策体系

一是构建高效的外商投资招引工作机制。借鉴上海先进做法,建立健全由商务部门牵头的外商投资促进服务联席会议制度,推动在全市设立外商投资促进服务咨询点,推进面向欧洲、日韩、东盟、"一带一路"共建国家(地区)的招商工作。建立健全与驻华机构尤其是在蓉领事机构、商协会、咨询公司、中介组织等的沟通交流机制,及时收集信息,对接投资合作意向和经贸往来需求。建立健全招商重点领域与主导产业精准对接机制,结合成都电子信息、装备制造、汽车等在国内已初具规模优势的产业领域,着力引育链主企业,补齐成都重点产业链缺失环节,增强成都乃至成渝地区产业链供应链稳定性和竞争力。

二是完善投资全生命周期保障制度。强化外商投资实际控制人管理,建立外商投资信息报告制度和外商投资信息公示平台,充分发挥国家企业信用信息公示系统作用,提升外商投资全周期监管的科学性、规范性和透明度。完善外资企业服务制度,借鉴广州先进做法,建立健全外资企业联系员制度,尤其是要加强与外资链主企业的常态化沟通机制,积极学习先进技术,为供应链核心企业开辟绿色通道,增强区域产业链供应链稳定性;推进以高质量、高效益、可持续成长为导向的外资企业扶持激励制度改革,加速优质资源要素向优势外资企业集聚,助推优质外资企业进得来、留得住、发展好。

三是完善外商投资金融服务体系。稳步推进本外币合一银行账户体系建设试点;持续推进跨国公司跨境资金集中运营业务,探索建立跨国公司资金池本外币一体化管理；争取设立人民币国际投贷基金，促进国际合作；支持开展合格境内投资企业（QDIE）和合格境内有限合伙人（QDLP）试点。

3. 建立健全对外投资制度

一是推进对外投资便利化改革。确立企业对外投资主体地位，支持企业开展多种形式的境外投资合作，在法律法规规定的范围内，允许自担风险到境外自由承揽项目。借鉴重庆先进做法，推动企业走出去管理重心移向"事中事后"，形成"事前合规备案事后规范报送统计数据合规建设、投资障碍、安全事件、问题困难、人员信息"全链条"走出去"管理体系。加强境外投资事后管理和服务，完善境外资产和人员安全风险预警和应急保障体系。

二是健全对外投资服务促进体系。探索制定动态化的敏感行业、敏感国家/地区动态调整机制，科学制定对敏感行业、敏感国家和地区投资的核准程序，积极推进相关规则标准透明化。积极对接 RCEP 新规则，制定差异协同、精准适配、优势互补的市场策略，加快从北美传统市场向东盟、日韩、澳新、"一带一路"共建国家（地区）拓展，大力开辟国际市场。借鉴上海、河南先进做法，探索建立对外投资合作"一站式"服务平台，成立"成都境外投资服务联盟"，涵盖综合咨询、境外投资备案、投资项目推荐、投资地介绍、境外投资服务等功能。

三是推进国际产能合作制度创新。对一般性境外投资项目和设立企业实行备案制。鼓励地方政府引入社会资本在自贸试验区内设立境内机构投资者投资基金和境外合作基金。提高办理境外资产评估和抵押处置手续便利化程度。推动企业用好"内保外贷"等政策，开展企业"走出去"综合性金融创新服务。加快"成都标准"国际化推广,积极开展与主要贸易国别标准的比对,推动认证认可结果与主要贸易投资合作国家(地区)双向互认。

(三)协同共建区域统一市场规则,辐射带动成渝地区乃至西部阵地统一市场建设

1. 引领建设区域行业管理标准体系

一是完善宽领域、深层次、一体化的行业管理标准体系。加快构建覆盖农业、工业、服务业以及社会事业等各个领域的标准体系,精细化地方标准的制定范围和制定程序,逐步建立健全既具有区域特色,又与上级接轨、高效能的标准化管理机制。借鉴长三角地区先进做法,与成渝地区双城经济圈相关城市建立标准化协调和合作机制,优先从合作意愿较强的重点领域、小范围先行启动区渐进式推动开展标准化建设、标准共享和互认,逐步建立一体化市场标准化制度工作体系。聚焦智能、绿色等重点产品和体育旅游、金融、健康养老等重点服务消费领域,形成一批具有国际领先水平的商品服务标准和行业规范,建立消费品测评和遴选机制,以先进标准引领产品品质和服务质量提升。

二是围绕重点领域加快推动行业管理标准探索创新和形成引领性标准。在新制式轨道交通、工业无人机、碳中和等新一轮科技革命和产业变革的关键领域,积极布局一批技术标准创新研发中心,并鼓励企业参与产业技术标准制定,以先进标准引领产业共性技术、关键技术研发实现突破。鼓励成渝地区在电子信息、装备制造、汽车、先进材料和医药健康等传统优势产业领域加强承担国际标准化技术委员会及标准制修订项目的支持力度,主导制定一批有影响力的国际标准;促进战略性

新兴产业和新兴业态主动对接国际规则和行业标准，深化楼宇经济、首店经济等优势领域的评价标准和管理体系，积极创制"成都标准"标识制度和形成国际一流标准，不断提升行业管理标准的国内外显示度和影响力。

三是建立多元共治的行业管理标准跨区域协同创新机制。形成政府、市场和社会互相协作、优势互补的行业管理标准创新机制，探索实施头部企业首席质量官制度、企业标准"领跑者"制度等，引导企业争当高水平标准创新引领排头兵。引导成立行业标准联盟和新型标准化组织，鼓励各区域平台企业、行业组织、研究机构等联合研究制定新型行业标准体系，围绕地方标准制定、企业标准制定、标准化试点示范项目、标准化技术组织等，持续探索成渝地区标准化合作交流，着力消除各类市场封锁和地方保护。

2. 带动建立跨区域统一市场体系

一是促进市场准入和公平竞争制度衔接统一。贯彻落实"全国一张清单"管理模式，健全市场准入负面清单动态调整机制，建立破除市场准入隐性壁垒工作机制，探索成渝地区建立统一的"负面清单"市场准入规则。同步推动企业登记和许可在政策条件、程序方式、服务措施等方面的统一，全面落实公平竞争审查制度，强化公平竞争审查刚性约束，提升各个领域竞争规则和程序透明度，加快清理、废除妨碍统一市场和公平竞争的各种非市场化规定和行为。

二是构建以信用一体化为基础的新型监管机制。依托省级重要产品质量追溯体系和社会信用信息平台，加快实现成渝地区企业信用信息联通，推进市场监测、重要产品全过程质量追溯、消费者维权、监管联动执法、失信联合惩戒等机制改革，逐步形成统一的区域信用政策法规制度、标准体系和评级体系，实现全区域、全领域、全环节信用监管领域全覆盖。完善反垄断执法体制机制，聚焦市场环境、产品质量、消费环境联管等重点领域，建立健全跨行业、跨区域监管部门协调配合机制，逐步消除多重检验、超严执法、选择执法、错位执法等不良现象。建立全社会数据授权存证、数据溯源和数据完整性检测体系，通过分类精准监管、数据归集共享、建立重点产业运行分析机制，深化政府智慧监管，加快构建成渝地区双城经济圈的"大市场、大质量、大监管"新格局。

三是构建统一开放的要素市场制度。共同申请国家支持成渝地区要素市场化配置综合改革试点，探索开展要素市场负面清单、权力清单、责任清单管理，提升监管制度化、规范化水平。探索实施统一的建设用地指标"人地挂钩"调配方式，探索构建建设用地结余指标跨区域交易机制，推动形成区域农村土地产权统一大市场。建立产权交易、土地出让、环境权交易等要素市场业务协同机制，联合争创全国能源价格属地改革试验示范区，促进资本要素在更大范围流动配置。建立统一的人力资源服务许可互认制度、从业人员职业资格证互认制度、人力资源服务业发展联席会议制度和职业培训信息互通共享机制，共创西部地区国家级教育综合改革试验区。协同深化全面创新改革试验和完善科技创新支持政策，加快推动西部科学城联席会议机制、对上争取机制和工作推进机制建设，鼓励金融机构联合开展科技金融创新试点，深化职务科技成果所有权和长期使用权改革。

3. 协同推进商事制度集成化改革

一是持续深化"放管服"改革。对标国际国内最高标准和最佳实践，最大限度精简行政审批事项和环节,深化营商环境综合改革。继续共同推进"证照分离""多证合一"改革深化,推动电子营业执照跨领域、跨行业、跨平台互通互认,逐步实现成渝地区电子营业执照"一次验证、全网通用"。深入推进高新区自贸试验区商事主体登记确认制改革试点,加快深圳、江苏等地商事登记确认制试点经验的复制推广,加强登记文件互认,降低企业跨区域制度性交易成本,打造国内稳定、公平、可及、可通的营商环境先行标杆。

二是加强制度集成创新提升政务服务便利化水平。深化"异地同标"便利化市场准入机制,推动成渝地区市场主体准入同标准、无差异、无障碍,深化工程建设项目审批制度改革,同步推动行政审批、企业投融资、市场监管、机构调整等方面配套改革,实现市场主体信息互联互通互认。推动市场准入一体化方面不断提速增效,探索实施市场准入自动许可制度①,借鉴上海先进做法,创新构建跨省跨区域"企业从注册到注销全链条、集成化、系统化改革"的准入准营服务制度,提升企业开办和退出便利化水平。

---

① 即对市场准入负面清单内许可准入措施,企业设立后、办理许可证之前,允许企业直接从事相关经营活动,只需企业承诺在规定期限内按照相关规定办理许可证、并在办理许可证之前承诺按照许可有关规定从事生产经营活动即可等。

从营商到宜商，世界银行新旧营商环境评估体系的比较分析及对成都的启示

王沙

成都市经济发展研究院 首席研究员

营商环境优化提升、营造宜业优良环境，是成都建设践行新发展理念的公园城市示范区的发展目标与主要任务。成都市第十四次党代会报告明确提出，营商环境达到国内领先水平，奋力打造中国西部具有全球影响力和美誉度的现代化国际大都市的工作目标。《中共成都市委关于深入贯彻党的二十届三中全会精神 进一步全面深化改革奋力谱写中国式现代化成都新篇章的决定》明确要求，健全优化营商环境体制机制。营商环境是成都参与全球合作的核心竞争力和走向世界的城市名片。世界银行营商环境评估体系是成都打造国际一流营商环境的重要参考。世界银行短暂中止营商环境（Doing Business，简称 DB）项目后，启动 Business Ready（营商环境成熟度或营商就绪，简称 B-READY）项目，并于 2024 年 10 月发布新营商环境报告《营商环境成熟度 2024 报告》（Business Ready 2024），为全球营商环境评估和企业投资选择提供新的视角与参考。

本文通过对比发现，世界银行营商环境 B-READY 项目与原 DB 项目相比，在评估指标、评估视角、评估内容、评估方法、评估范围、评估结果等方面均作出较大调整。从营商便利（Doing Business）到商业就

绪（Business Ready），世界银行对营商环境的评价更加落地与务实，澄清了对营商环境"最少监管是最好监管"的误读，加强了对政府公共服务、企业感受和政策落地等方面的考察，更加突出了数字赋能和可持续发展的价值导向。据此，提出建立营商环境政策"落实—监督—完善"全流程管理机制，推动营商环境改革话语体系从政府视角向企业视角转变，推进数字政府与营商环境工作协同发展的建议。

一、新评估体系主要指标及内容

世界银行营商环境 B-READY 项目与 DB 项目相似，同样按照企业从开办到退出的全生命周期构建评估体系，对全球主要经济体商业环境进行量化评估，以促进经济改革（见表3-3）。B-READY 项目坚持监管框架、公共服务和办事效率三大支柱三位一体的评估维度，围绕企业生命周期中开办、经营与退出三大阶段，设置 10 个评估主题。开办阶段包括商业准入、商业选址 2 个主题，经营阶段包括公共事业服务、劳动力、金融服务、国际贸易、争端解决、税务以及市场竞争共 7 个主题，退出阶段包括企业破产 1 个主题。B-READY 项目更加强调数字赋能、可持续发展与性别平等的价值导向，将政府数字化转型作为贯穿整个评估体系，将支持绿色环保、可持续发展以及性别平等的政策制定纳入评价范畴，营商环境优化改革的价值导向更加突出。

表 3-3 世界银行 Business Ready 评估体系框架

企业生命周期	主题	评估指标
开办阶段	商业准入	监管框架：企业准入条例的质量
		公共服务：数字公共服务与企业准入信息透明化
		办事效率：企业准入的办事效率
	商业选址	监管框架：企业选址条例的质量
		公共服务：企业选址的公共服务质量和信息透明度
		办事效率：获得经营场所的办事效率
经营阶段	公共事业服务	监管框架：公共事业服务法规的质量
		公共服务：公共事业服务的治理和透明度质量
		办事效率：公共事业服务的办事效率
	劳动力	监管框架：劳动法规质量
		公共服务：劳动公共服务充分性
		办事效率：劳动法规与公共服务的办事效率
	金融服务	监管框架：金融服务的监管质量
		公共服务：信贷基础设施信息可及性
		办事效率：获取金融服务的办事效率
	国际贸易	监管框架：国际贸易法规质量
		公共服务：促进国际贸易便利化的公共服务质量
		办事效率：进出口货物及参与数字贸易的办事效率
	税务	监管框架：税法质量
		公共服务：税务部门提供的公共服务
		办事效率：税收制度的实际办事效率
	争端解决	监管框架：争端解决条例的质量
		公共服务：争端解决的公共服务
		办事效率：解决商业纠纷的难易度

续表

企业生命周期	主题	评估指标
经营阶段	市场竞争	监管框架：促进市场竞争的法规质量
		公共服务：促进市场竞争的公共服务
		办事效率：促进市场竞争关键服务的施行
退出阶段	企业破产	监管框架：破产程序条例的质量
		公共服务：司法破产程序制度及运营基础设施的质量
		办事效率：解决司法破产程序的办事效率

（一）商业选址（Business Location）

商业选址指标主要衡量不动产交易、建筑许可、环境许可的监管质量，公共服务可用性及透明度，以及相关办事效率等。该指标合并原营商环境指标"办理建筑许可"和"不动产登记"，并在此基础上将评估范围延伸至外资企业及不动产租赁，评估内容还将涵盖绿色建筑、环保许可等环境保护相关政策。

（二）商业准入（Business Entry）

商业准入指标主要衡量企业市场准入的程序标准和注册限制，数字化服务、业务交互性和信息透明度，以及注册新公司所需时间和成本等。该指标在原营商环境指标"开办企业"基础上，评估范围延伸至外资企业，评估内容增加了开办企业相关信息透明度，以及在线服务平台建设和应用情况。

（三）公共事业服务（Utility Connections）

公共事业服务指标主要衡量电力、水及互联网服务的监管质量，服务可靠性和透明度，以及企业获得电力、水及互联网的时间及供应可靠性等。该指标在原营商环境指标"获得电力"基础上，评估范围延伸至获得用水及互联网。评估内容还将涵盖环境可持续发展、公共事业服务业务互通互联情况等。

（四）劳动力（Labor）

劳动力指标主要衡量劳动力市场监管质量、劳动力市场公共服务的充足性，以及雇佣劳动力的难易度等。该指标在原营商环境指标"雇佣劳动力"基础上，增加直接从企业层面收集数据，以评估非工资成本、就业限制以及企业实际体验的公共服务效率等内容。

（五）金融服务（Financial Services）

金融服务指标主要衡量商业贷款、担保交易、电子支付监管质量，信贷基础设施信息的可及性，以及获得金融服务的办事效率等。该指标在原营商环境指标"获得信贷"基础上，增加电子支付监管质量、获得贷款障碍、电子交易的成本与时间等内容。

（六）国际贸易（International Trade）

国际贸易指标主要衡量货物贸易、服务贸易和数字贸易的国际贸易法规质量，数字和物理基础设施及边境管理等促进国际贸易便利化的公共服务质量，以及进出口货物及参与数字贸易的办事效率等。该指标在原营商环境指标"跨境贸易"基础上，将评价内容延伸至政府提供的公共服务，以及环保可持续贸易等领域。同时，对评价方法进行调整，增加企业调研，不再使用标准化假设案例。

（七）税务（Taxation）

税务指标主要衡量税法质量，税务部门提供的公共服务，以及税收制度的实际办事效率等。该指标在原营商环境指标"税务"基础上，丰富了税务监管质量和税务部门服务质量相关内容，并调整了税务负担计算方法等内容。同时，增加了环境保护方面的税务举措，以衡量一个经济体是否通过财政手段阻止或限制对环境有害的活动。

（八）争端解决（Dispute Resolution）

争端解决指标主要衡量商业争端解决程序确定性及法律保障，法院程序的数字化、仲裁及调解公共服务，以及法院程序和仲裁程序的办事效率等。该指标在原营商环境指标"执行合同"基础上，评估范围延伸至涉外商事争端，同时更多关注政府公共服务。评价方法上，将直接从企业调查层面收集数据，不再使用标准化假设案例。

（九）市场竞争（Market Competition）

市场竞争指标主要衡量促进市场竞争的法规质量，促进市场竞争公共服务的充分性，以及促进市场竞争关键服务的施行效率。该指标基于原营商环境项目研发中的"政府采购"指标内容，新增竞争政策、知识产权保护和创新政策相关内容,侧重于改善私营经济竞争的政策法规执行情况。

(十)企业破产(Business Insolvency)

企业破产指标主要衡量破产法律和程序标准,在线法庭数字服务和信息公开,以及清算、重组程序所需时间与成本等。该指标与原营商环境指标"办理破产"相比,将重点关注清算及重组程序,新增国际破产、破产工作人员专业度等内容。同时,还将涵盖破产中的环保义务等内容。评价方法上,不再使用标准化假设案例。

二、新旧指标体系的主要变化

世界银行 B-READY 项目在评估视角上,从本地中小企业转向包括外资外企的整个私营经济,以平衡企业成本与社会收益之间的关系;在评估内容上,兼顾政府监管政策与公共服务供给,以鼓励政府促进善治积极改革;在评估方法上,增加企业调查,减少假设案例的使用,以更好反映各地实践的真实情况;在评估范围上,将覆盖更多样本城市,以更好体现各经济体内部的地区差异性;在评估结果上,从 10 个主题和 3 个维度分别评分,以提供更加全面和细致的评估视角。

(一)评估视角从本地中小企业转向整个私营经济

B-READY 项目的评估视角从单个本地中小企业开展业务的便利性转变为对包括外资外企的整个私营经济发展环境综合水平进行评估。B-READY 项目将不同性质和规模经营主体纳入评估视野,倡导更加平等的市场参与机会。世界银行提出，在全球范围内私营经济雇用了90%的工人，生产了70%的产出，参与了75%的投资，并提供了80%的政府收入，是支撑全球经济发展的重要支柱。由于单个企业的经营成本与整个经济的社会收益之间存在一定矛盾关系，例如部分税务制度可能会增加单个企业经营负担，但对整体经济发展会产生积极影响。B-READY项目通过平衡个体企业与整体社会的利益关系，从社会效益（Social Benefit）与企业灵活性（Firm Flexibility）两方面分别赋分，以期推动构建更有益的营商环境，激励新公司成立，助力现有企业发展，创造良好就业机会，促进市场参与者享有的各类机会更加平等，最终进一步推动经济增长的长期可持续性。

（二）评估内容兼顾政府监管政策与公共服务供给

B-READY项目的评估内容将兼顾政府监管给企业带来的负担与政府公共服务给企业带来的便利，将政府主动作为、提供公共服务的优劣纳入考量，更为全面地对区域商业环境进行评估。B-READY项目不再过度强调政府政策对个体企业经营的制度性成本，而是对政府监管与公共服务对市场正常运作起到的重要作用给予同等关注，为政府在创造有利的商业环境方面所扮演的角色提供一种更加积极的视角。通过在政府监管维度评估法规制度的程序标准和监管限制等内容，在公共服务维度评估公共服务的可用性、数字化和透明度等内容，在办事效率维度评估在政府监管和公共服务交叉影响下企业实际耗时、成本及办事可靠性等内容，对全球经济体营商环境情况给出更加综合、平衡、客观的评估。

（三）评估方法注重实际体验减少假设案例

B-READY 项目在评估方法上增加企业调查，以填补原营商环境项目中真实实践数据的缺失，从而更好地体现评估对象在商业运营中的实际体验。原 DB 项目采用的标准化假设案例，虽然在一定程度上保证了各经济体数据的可比性，但由于案例假设可能并不是当地普遍做法，根据案例所收集的数据也就不能代表当地商业环境的真实水平。B-READY 项目采用专家问卷和企业调查相结合的方法收集数据，加强了对政策法规落实落地情况评估，不再主要依据各经济体法律法规制定情况作出评价，而是加强对法律法规实际实施情况的研判。其中，企业数据收集工作与世界银行企业调查 Enterprise Surveys 项目结合，每年对约 60 个经济体开展企业调查，每三年对各经济体数据更新一次。通过直接从企业端获取数据，反映相关政策执行情况和企业实际办事效率，提高营商环境评估的真实性和准确性。

（四）评估范围覆盖经济体更多代表性城市

B-READY 项目在评估范围上将覆盖更多的样本城市，以弥补原营商环境项目在评估结果代表性上的不足，更好体现各经济体内部的地区差异性。原营商环境项目在评估中，选择各经济体的最大城市作为唯一样本城市，仅对中国、美国等 11 个人口超过 1 亿的经济体，扩大选择常住人口最多的两个城市作为样本城市。B-READY 项目通过扩大样本城市范围和增加企业调查，在"经济体之间的数据可比性"和"特定经济体的数据代表性"之间取得平衡。B-READY 项目将依据主题，在各经济体中选取具有代表性的城市，例如商业选址主题选择商业地产交易活跃、土地规划和管理政策具有代表性的城市，国际贸易主题选择在进出口贸易中占据重要地位、拥有主要港口或贸易枢纽的城市等。同时，B-READY 项目在企业调查中也将兼顾城市各类企业集聚情况，包括大型、中型、小型等不同规模和国有、民营、外资等不同所有制的企业。

（五）评估结果不再综合排名而是分领域评分

B-READY 项目在最终评估结果呈现方面，不同于 DB 项目对参评各经济体进行总体评分及排名，而是按照商业准入、商业选址、公共事业服务、劳动力、金融服务、国际贸易、税务、争端解决、市场竞争、企业破产十个主题，以及监管框架、公共服务、运营效率三个维度，分组进行评分和排名。原 DB 项目的年度营商环境综合排名被视为各经济体全球营商环境竞争力成绩表，受到各地政府与媒体的关注。但 DB 项目也因过于突出最终得分和排名受到质疑，被认为变成榜单游戏而忽略营商环境改革本身。B-READY 项目不再对各指标加总形成营商环境总体得分，而是提供更加全面和细致的评估视角，对每个经济体按照 10 个主题和 3 个维度分别从 0 到 100 进行评分，方便各经济体更加深入分析研判，识别自身在营商环境具体主题或维度方面的优劣势，从而为决策者提供更加有价值的信息，促进各经济体更有针对性地进行改革优化。

三、新评估指标首份报告情况

2024 年 10 月 3 日，世界银行发布新营商环境评估体系 B-READY

的首份报告《营商环境成熟度报告2024》(*Business Ready* 2024)。作为B-READY项目试行期间第一阶段成果,报告对匈牙利、爱沙尼亚、卢旺达、新加坡以及中国香港等50个经济体分两组指标进行评分,一组是企业全生命周期的十个主题表现情况,另一组为监管框架、公共服务和办事效率三个维度表现情况。下一步,B-READY项目将在未来两年逐步扩大覆盖范围,在2025年发布第二份报告,评估约110个经济体,在2026年发布第三份报告,最终完成对180余个经济体的评估。

(一)主题间表现差距较大

从主题表现来看,十个主题的表现差距较大。商业准入得分最高,为96.58分,且平均得分及中位数也在十个主题中最高,显示各经济体在商业准入环节表现较好。市场竞争是B-READY项目新增主题,其最高得分仅68.55分,在十个主题中最低。企业破产主题的差异最大,最高分89.69分,而最低分为零分(见表3-4)。撒哈拉以南非洲和中东北非地区部分经济体企业破产制度不完善、破产管理机构效率低下和破产清算程序不畅等问题突出。从各经济体表现来看,商业准入主题希腊表现最好,商业选址主题、劳动力主题表现最好的为格鲁吉亚,公共事业服务主题表现最好的为斯洛伐克、金融服务主题表现最好的为柬埔寨、国际贸易主题表现最好的为中国香港、争端解决主题表现最好的为卢旺达、税务主题表现最好的为新西兰、市场竞争主题表现最好的为哥斯达黎加、企业破产主题表现最好的为新加坡。总的来说,不同经济体在各个主题上表现各异,但整体表现模式较为一致,其中16%的经济体在5个以上指标中均处于第一梯队。

表 3-4 《营商环境成熟度报告 2024》总体得分情况

主题	最小值	最大值	中位数	平均值	标准差
商业准入	40.99	96.58	72.23	69.96	16.52
商业选址	33.42	83.01	61.85	61.32	12.06
公共事业服务	35.04	86.42	65.34	65.13	11.52
劳动力	49.22	83.46	65.21	64.99	8.41
金融服务	24.82	86.03	62.1	61.49	13.4
国际贸易	34.82	90.77	64.16	63.67	14.35
税务	23.28	71.74	55.65	53.5	10.62
争端解决	36.47	82.87	61.54	59.26	12.91
市场竞争	16.69	68.55	51.42	48.04	14.12
企业破产	0	89.69	49.61	49.99	19.61

数据来源：《营商环境成熟度报告 2024》。

注：每个 B-READY 主题得分范围为 0 到 100。

（二）公共服务维度是短板

从维度表现来看，公共服务是短板。各经济体的制度制定比公共服务做得更好，监管框架平均得分为 65.5，而公共服务平均得分仅有 49.7。在商业选择、公共事业服务以及纳税主题中，办事效率维度得分高于监管框架及公共服务，显示这些领域政策落地执行及企业实际感受表现更好（见图 3-14）。从各经济体表现来看，监管框架方面匈牙利得分最高，其次是葡萄牙和格鲁吉亚；爱沙尼亚在公共服务方面得分最高，其次是新加坡和克罗地亚；办事效率方面新加坡得分最高，其次是格鲁吉亚和卢旺达。总的来说，尽管许多经济体在制度制定方面做得较多，但在公共服务供给方面仍存在不足。

| 专家建言篇：优化服务环境 |

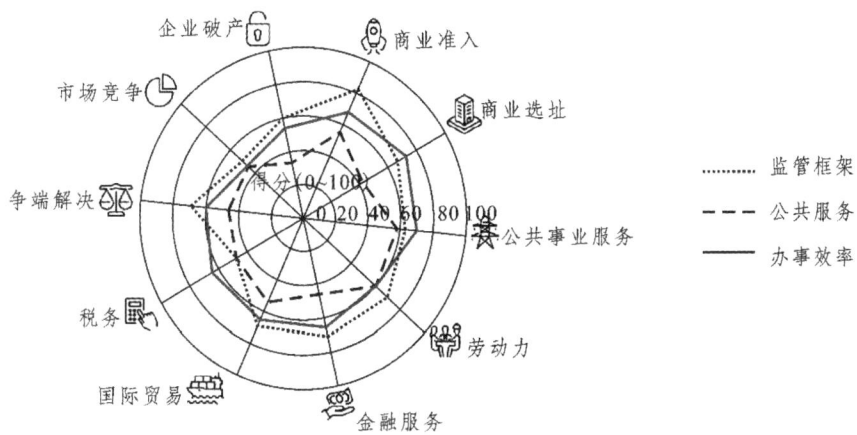

图 3-14 《营商环境成熟度报告 2024》领域得分情况

数据来源：《营商环境成熟度报告 2024》。

（三）营商环境不完全取决于经济水平

《营商环境成熟度报告 2024》提出，不是只有高收入经济体才具备成熟的营商环境，低收入和中等收入经济体也有可能取得高分。该报告显示，一方面，高收入与中高收入经济体表现总体较好，新加坡和中国香港等富裕经济体得分较高，数字技术应用水平与收入水平呈正相关。但另一方面，如卢旺达等低收入国家在争端解决主题和办事效率维度中也同样表现出色，显示地区营商环境水平并不完全取决于当地经济水平。同时，大多数经济体在 B-READY 评估中都有改进空间，例如许多可持续发展政策未能广泛实施，支持性别平等的法律法规有待加强落实。

四、对成都营商环境优化工作的建议

从营商便利（Doing Business）到营商就绪（Business Ready），世界

银行 B-READY 项目对营商环境的关注点从单个企业视角的便利度拓展到整个私营经济的发展环境，评价视角更加宏观与平衡，评价方法更加落地与务实，澄清了对营商环境"最少监管是最好监管"的误读，加强了对政策落地执行、公共服务供给和企业实际感受等方面的考察，数字赋能、可持续发展、性别平等的价值导向也更加突出。首份报告《营商环境成熟度报告 2024》通过对首批 50 个经济体的综合评估，发现公共服务供给是普遍短板，经济水平不是营商环境的决定性因素，低收入和中等收入经济体也能取得高分，为全球营商环境优化改革工作提供了重要参考借鉴。建议成都主动适应国际营商环境优化改革发展趋势，积极开展世界银行营商环境 B-READY 评估体系对标改革，建立健全营商环境政策"落实—监督—完善"全流程管理机制，推动营商环境改革话语体系从政府视角向企业视角转变，推进数字政府与营商环境工作协同发展。

（一）坚持国际视野，积极开展对标改革

积极关注全球营商环境优化改革的先进理念和最佳实践，以世界银行营商环境评价指标为参照，以打造国际一流营商环境为目标，对标最高标准、最高水平，结合城市发展目标和产业发展需要，主动对接国际高标准投资贸易规则，提升营商环境国际化水平和国际竞争力。对标世界银行营商环境 B-READY 评价指标中监管框架评分点，借鉴北京、上海相关做法，在事权范围内针对通信基础设施接入、国际贸易公共服务、知识产权公共服务、纠纷化解与破产等领域完善相关制度规则，以支持高标准对标改革。把握制造业外资准入限制措施"清零"和新一轮服务业扩大开放试点机遇，依托中国（四川）自由贸易

试验区、国别合作园区等区域建设，积极对接国际高标准经贸规则，扩大规则、规制、管理、标准等制度型开放，构建与国际通行规则相衔接的营商环境制度，增强对国内外高端资源的吸引力，加快打造中国西部具有全球影响力和美誉度的社会主义现代化国际大都市，提升成都营商环境国际竞争力。

（二）坚持目标导向，完善政策管理机制

建立营商环境政策"制定—发布—执行—评估"全流程管理机制，不断增强政策科学性、稳定性和可行性。有序推进营商环境政策更新迭代，在政策制定环节，加强政策衔接性、互斥性、经济测算等方面加强评估，健全惠企政策前置协同审查机制，优化完善政策制定、出台和决策程序，健全民营企业和企业家参与涉企重大政策制定和评估制度机制。在政策发布环节，实现政策文件、实施细则、解读文本同步发布，通过手机短信、政策兑现平台等渠道，向企业精准推送政策解读信息、关联性政策，提高政策及时性，会同各类协会商会，面向各类企业开展热点政策专题解读系列活动。在政策执行环节，依托大数据、区块链、人工智能等数字技术，探索政策兑现智能核验、信用核查、免申即享，加快促进政策落地。在政策评估环节，常态化开展基于企业感受的营商环境政策效果评估，及时根据政策落实效果和经营主体反馈进行优化调整，有序推进营商环境政策更新迭代。

（三）坚持用户视角，转变改革话语体系

提升营商环境优化改革工作中的用户意识与服务体验，转换营

环境优化改革工作话语体系，从政府视角向企业视角转变，将改革话语权和服务选择权更多交给企业，实现从政府主导的固定套餐式的被动接受服务模式，向企业需求导向的自主选择服务模式转变。破除改革中政府部门的传统路径依赖，不再是政府觉得企业需要什么或者部门可以提供什么，而是更多地从企业端获取更多反馈，发现企业真正需要什么，及时对政策举措进行调整和修正。从系统功能设计上的"能办"，向企业实际操作中的"好办"转变，提升服务可及性以及企业获得感。探索开展涉企服务白话改革，将专业法律术语和行政术语转化为通俗易懂的日常语言，方便企业能够读得懂文、办得成事，提升企业获得感和满意度。加强普惠性、基础性、兜底性服务能力，通过前置服务、帮办代办、"办不成事"窗口等方式，增强实体服务保障，加强线下兜底服务。

（四）坚持数字赋能，提升监管服务质效

加快谋划营商环境数字化转型，推进营商环境优化改革从"技术应用"向"数字赋能"转变，推进数字政府与营商环境工作协同发展。进一步聚焦高效服务与有效监管，在深化数字技术应用优化营商环境实践中，围绕企业"设立—发展—退出"全周期发展需求，依托大数据、区块链、人工智能等数字技术，推进系统、数据、证照、业务互联互通，加强涉企服务和市场监管的标准化规范化建设，推动有效市场和有为政府更好结合。聚焦高效服务，以全流程智能化、集成化办理为重点，深化行政审批"秒批秒办"、服务事项"精准推送"、惠企政策"免申即享"等改革探索，加快推动"一网通办"再升级，提升政府服务的数字化、智慧化、便利化水平。聚焦有效监管，坚持包容

审慎与严格监管并重，充分运用非现场、物联感知、掌上移动、穿透式等新型监管手段，提升监管科学性、有效性、精准性，通过信用监管、无感监管、智慧监管等新型监管方式，最大限度减少对企业正常生产经营活动的干扰。聚焦融合服务，加强线上线下融合发展，推动传统服务方式与数字化服务方式融合创新与突破，推进线上线下政务服务无差别、同标准，做到数据同源、渠道互补、流程衔接。通过电子证照、电子印章和电子材料的互通互认，提升在线办理平台的易用性，减少群众和企业的办事时间和成本。